Geseeser Büchlein

des Pfarrers J. G. Ad. Hübsch

Bayreuth 1842

Neuauflage zur 700-Jahrfeier der ersten urkundlichen Erwähnung Gesees 2021

Ein Heimatbuch zur Orts- und Kirchengeschichte von Gesees in Oberfranken 1321-2021

Lithographie in der Erstausgabe von 1842

Gesees

und

seine Umgebung.

Ein

historischer Versuch

von

Dr. J. G. Ad. Hübsch,

kgl. b. II. Pfarrer in Gesees und der historischen Vereine
für Unter- und Oberfranken Mitgliede.

Bayreuth 1842.
Im Selbstverlage des Verfassers.

Bibliografische Informationen der Deutschen Nationalbibliothek:
Die Deutsche Nationalbibliothek verzeichnet diese Publikation in der Deutschen Nationalbibliothek; detaillierte bib-liographische Daten sind im Internet über http://dnb.dnb.de abrufbar.

Bearbeitung, Design und Layout:
Jürgen Joachim Taegert

Herausgeber: Gemeinde Gesees

© 2020 Taegert, Jürgen Joachim, Kirchenpingarten

Herstellung und Verlag:
BoD – Books on Demand, Norderstedt

ISBN: 978-3-752899-03-0

Johann Georg Adam Hübsch – Lithographie Naila 1858

Inhalt

Zum Geleit	**9**
Grußwort des Ersten Bürgermeisters der Gemeinde Gesees Harald Feulner	9
Einführung zur Neuausgabe des Geseeser Büchleins	**12**
Pfarrer Hübsch und seine Bücher	12
Auf der Suche nach dem „protestantischen Profil"	16
Ein brüderlicher Amtskollege	20
Vorreiter bei den diakonischen Aufgaben der Kirche	23
Ein bescheidener Pionier bei der Kirchwerdung der Protestantischen Landeskirche	27
Anmerkungen zur Neuauflage	33
Vorrede	**36**
Land und Leute	**39**
Gesees	39
Die Tracht	49
Der Charakter	53
Die Gebräuche	61
1) Kindtaufen	61
2) Hochzeiten	62
3) Beerdigungen	70
4) Sichel- und Drischellege	72
5) Schlachtschüsseln	73
6) Kirchweihen	73
Die Hummeln	75
Die Abstammung der Hummelbauern	77
Die Mistel	80
Die altdeutschen Gräber	84
Religion	**87**
Das Heidentum	87

Das Christentum mit dem Mariabilde	92
Die Geseeser Mariensage	95
Das Geseeser Kirchen-Ensemble	**97**
Die Kapelle und Kirche unserer lieben Frau zum Gesees	97
Die Sage über die Stätte des Kirchbaus und die erste urkundliche Erwähnung 1321	97
Hussitensturm und kirchlicher Wiederaufbau	100
Der Innenraum der Kirche	101
Der Kirchturm	109
Das Glockenhäuschen	115
Der Kirchhof	117
Kirchenvermögen und -verwaltung	**121**
Der Stiftungswald	121
Das Kirchenvermögen	122
Die Verwaltung	124
Die Ortsteile und ihre Geschichte	**126**
Der Pfarrsprengel	126
I. Die Landgemeinde Gesees	128
II. Die Landgemeinde Forkendorf	131
III. Die Landgemeinde Thiergarten	132
IV. Die Landgemeinde Obernschreez	135
V. Die Landgemeinde Pettendorf.	136
VI. Die Landgemeinde Pittersdorf.	137
VII. Die Gesamtzahl der Gemeindeglieder	137
Die Pfarrstellen und ihre Inhaber	**138**
Die Erste Pfarrstelle	138
Liste der Ersten Pfarrer in Gesees	145
Die Zweite Pfarrstelle.	162
Liste der Zweiten Geistlichen	171
Frühmesser	172
Kapläne und Frühmesser	173

Verzeichnis einiger gelehrter Männer, die zu
Gesees geboren sind   **185**
Schulische Verhältnisse   **188**
  Die Schule   188
  Der Schulsprengel   191
  Liste der Schullehrer   197
  Die Nebenschule zu Pittersdorf   201
Die Grundherrschaft   **210**
  Die Herren von Mistelbach zu Mistelbach   210
  Die Herren von Heerdegen   213
Landschaft   **220**
  Der Sophienberg   220
    Berauschende Aussicht   220
    Ein alter Herrensitz   224
    Bedeutsame Feiern   228
Geschichtliche Ereignisse und Kriege   **230**
  Die Reformation.   230
  Der Bauernkrieg   235
  Der Dreißigjährige Krieg   239
    Der Dreißigjährige Krieg im Bayreuther Land   243
  Die Napoleonischen Kriege 1792-1815   247
  Teuere Zeiten: Das Notjahr 1816   252
  Viktualienpreise   255
Gesees auf den Uraufnahmeblättern 1850   **257**
Synopse   **258**
  Pfarrer und Ereignisse in Gesees 1321 - 2021   258
Übersichtskarte:
  Der Kirchensprengel Gesees und seine Ortschaften   280

Zum Geleit

Grußwort des Ersten Bürgermeisters der Gemeinde Gesees Harald Feulner

Liebe Mitbürgerinnen und Mitbürger, liebe an den Geseesern Interessierte,

froh und dankbar bin ich, mit diesem Buch ein Kleinod Geseeser Geschichtsschreibung in Händen zu halten, welches in seiner Urform vor fast 180 Jahren entstanden ist.

Im ersten Drittel des 19. Jahrhunderts hatte es sich der damalige Pfarrer der hiesigen Kirchengemeinde, Herr Dr. JOHANN GEORG ADAM HÜBSCH, zur Aufgabe gemacht, die Geschichte des Ortes Gesees – seiner *ersten* Pfarrstelle – umfassend zu recherchieren und für die Nachwelt festzuhalten. Das dabei entstandene „*Geseeser Büchlein*" ist aber längst vergriffen. Auch ließ er es in der damals üblichen Frakturschrift drucken, einer Schriftart, die heutzutage für viele nur noch schwer lesbar ist.

Jetzt hat Herr Pfarrer JÜRGEN JOACHIM TAEGERT, der in Gesees seine *letzte* Pfarrstelle innehatte, dieses einmalige und voller geschichtlicher Kostbarkeiten steckende Werk neu eingelesen, mit ergänzenden Anmerkungen zum einstigen Verfasser, Erläuterungen zu schwer verständlichen Begriffen und einer Synopse zu den geschichtlichen Zusammenhängen versehen und uns damit einen wahren Wissensschatz allgemein zugänglich gemacht. Etliche seltene Farb- und Schwarzweißbilder vervollständigen die Neuausgabe. Dafür gebührt ihm ein ganz herzliches *Vergelt's Gott*!

Was die beiden Geseeser Kirchenvertreter, Pfarrer HÜBSCH und Pfarrer TAEGERT, über die Jahrhunderte hinweg verbindet, ist die große Liebe zu den Menschen hier in der Region. Das Interesse an Details der Geschichte über die Gemeinde hinaus, verknüpft mit der Frage nach den politischen und sozialen Bewegungen der jeweiligen Zeit; das Ganze geleitet von der Sehnsucht nach passender pädagogischer Vermittlung von Glaube und Wissen, zum Wohle und Glaubensbildung der Menschen vor Ort.

Auszüge des Hübsch'en Vermächtnisses waren zuvor bereits dankenswerterweise vom ortsansässigen Kreisheimatpfleger, Herrn RÜDIGER BAURIEDEL immer wieder einmal im *„Hummelgauer Heimatboten"* veröffentlicht und erläutert worden. Sogar eine Gesamtausgabe des Geseeser Büchleins konnte man seinerzeit aus Einlageblättern zusammenstellen. Mit diesem Band liegt das Buch nun in einer geschlossenen Gesamtausgabe vor.

Überlegungen für eine Neuausgabe gab es schon vor 100 Jahren, nachdem Hübschs Urausgabe vergriffen war, wurden aber nicht realisiert. Neben KARL-MEIER-GESEES befasste sich auch der seinerzeitige Inhaber der II. Pfarrstelle Pfarrer FRIEDRICH BUCKEL persönlich damit. Lehrer DÜMLEIN ließ gar den Inhalt des Geseeser Büchleins in die Schulchronik abschreiben und lieferte selbst zusätzliche

Informationen in Form von Fußnoten (Bauriedel). Dass dieses Projekt nun umgesetzte werden kann, ist Ideen im Arbeitskreis *„700 Jahr-Feier Gesees"* zu verdanken. Das nun vollendet vorliegende und einer breiten Öffentlichkeit zugängliche Werk wird als wertvolle historische Ergänzung zum „Heimatbuch" für dieses große Jubiläum im Jahr 2021 dienen können. Bei dieser Gelegenheit gilt mein ganz besonders herzlicher Dank auch allen anderen Mitarbeitenden, welche in zeitaufwendiger, ehrenamtlicher Arbeit diese Chronik zur 700 Jahr-Feier von Gesees verfassen.

So bin ich als amtierender Bürgermeister mehr als dankbar, dass diese historische Schrift anlässlich des großen Jubiläums von Gesees nun eine späte liebevolle Wertschätzung auch durch die breite Öffentlichkeit erfahren darf.

Uns allen wünsche ich auch zu den anderen Planungen und Veranstaltungen rund um die *700-Jahr-Feier* unseres schönen „G'sees" allseits gutes Gelingen und spannende Impulse.

Harald Feulner
1. BGM Gemeinde Gesees
Frühjahr 2020

Einführung zur Neuausgabe des Geseeser Büchleins

Pfarrer Hübsch und seine Bücher

Noch heute, viele Jahre nach dem Ende meiner Dienstzeit in GESEES, blättere ich gern im alten „Geseeser Büchlein", das ich in einer Paperback-Kopie der Staatsbibliothek BAMBERG besitze.[1] Ich versetze mich zurück in die menschenfreundliche Ausstrahlung der hier beschriebenen gut 20 Dörfer, Weiler und Einöden, die ihren geistlichen und räumlichen Mittelpunkt im weithin sichtbaren Ensemble der WEHRKIRCHE ST. MARIEN ZUM GESEES haben. Dieses ausstrahlende geistliche Kleinod ragt vom Sporn des Bayreuther Hausberges auf, des Sophienberges; doch trotz der fußläufigen Nähe zur quirligen Bezirkshauptstadt BAYREUTH ist dieser benachbarte Raum des östlichen Hummelgaues noch völlig unverstädtert geblieben; er ruht trotz mancher Zuwanderung von Neubürgern in sich selbst.

Der einstige Verfasser JOHANN GEORG ADAM HÜBSCH ist in diese Landschaft und ihre Menschen verliebt und begegnet ihnen mit Achtung – das spürt man seinen Zeilen noch heute an. Sein kurzweiliger Schreibstil hat es mir angetan; von seiner Lebendigkeit kann man als Verfasser von Publikationen, die sich mit der Verbindung von Geschichte, Kultur, Landschaft und menschlichem Geschick

---

[1] Das Büchlein ist in digitalisierter Form auf verschiedenen Internetseiten greifbar, allerdings zumeist in Frakturschrift, z.B. http://bsb3.bsb.lrz.de/~db/1037/bsb10374768/images/index.html?id=10374768&fip=qrssdaseayaxsxse-ayaewqweayaqrsewq&no=3&seite=15

befassen, viel lernen.

Einen „historischen Versuch", so nannte der Autor bescheiden sein im Jahr 1842 im Selbstverlag erschienenes kleines Taschenbüchlein im unscheinbaren erdbraunen Hardcover-Einband. Es ist aber bis heute das einzige geschlossene Werk zur Orts- und Kirchengeschichte des oberfränkischen Dorfes GESEES geblieben und wird von Kennern immer noch gern als kompetente Quelle zitiert. Schon dieses Alleinstellungsmerkmal wäre ein Grund für eine Neuausgabe, die ich hiermit im Einvernehmen mit der Gemeinde GESEES aus Anlass der 700-Jahr-Feier der ersten urkundlichen Erwähnung von Ort und Kirche im Jahr 1321 wage. Hinzu kommt aber, dass Hübschs feuilletonartiger Schreibstil noch heute Genuss bereitet; von ihm kann jeder Heimatkundler lernen, der an der Verbreitung seiner Erkenntnisse interessiert ist.

Anstatt vom Katheder herab zu dozieren, setzt HÜBSCH betont am Empfinden der Leser an. Wenn er z.B. den aufwendigen Bau der ortsbildenden Bezirksstraße von Pottenstein nach BAYREUTH im Jahr 1817 in der Startphase des jungen bayerischen Königreiches beschreiben will, der die einst bodenlosen Fahrspuren im dort verbreiteten Lehmgrund ablöste, dann redet er nicht vom Aufwand für die Straßenbauer oder die sicher deftigen Kosten des Projektes. Sondern er sieht den aufatmenden Bauern vor sich, dessen zwei Ochsen auf dieser Straße nun die gleiche Last ziehen, „wie deren sechs in früheren Jahren, und kommen doch schneller und wohlbehaltener mit Wagen und Geschirr am Ziele an." Oder wenn er die Misere des unbefriedigenden Trinkwassers beschreiben will, dann redet er nicht vom pH-Wert bzw. der „potentia Hydrogenii", sondern er schildert, wie „schwächliche Personen" beim Genuss dieses Wasser „Magenbeschwerden" erleiden; oder er beschreibt den Kummer der Hausfrau, der dieses harte Wasser zum „Kochen der Hülsenfrüchte ebenso wenig taugt, wie zum Reinigen der Wäsche und zum Bleichen der Leinwand", und die erleben muss, wie sich die Seife nicht auflösen will, sondern „wie geronnene Milch" aufflockt.

Bedauerlicherweise erfährt man über diesen hochbegabten, umtriebigen, kulturhistorisch und sozial engagierten Theologen, promovierten Philologen und Heimatforscher in der sonst allwissenden gemeinnützigen Enzyklopädie Wikipedia noch gar nichts und auf anderen Internetseiten auch nur wenig. Auch die Geschichtsschreibung der Evang.-Luth. Landeskirche hat ihn noch nicht entdeckt, obwohl dieser Pfarrer in einer sehr markanten und bedrängenden Phase der protestantischen Kirchwerdung im Bayerischen Königreich wirkte und sehr Charakteristisches zu ihrem Werden beigetragen hat, was gleich noch zu zeigen sein wird.

Aufschlussreich mag aber vorab die Tatsache sein, dass Pfarrer HÜBSCH fast über jede wichtige Station seines Lebens ein solches Geschichtswerk wie das „Geseeser Büchlein" hinterlassen hat, sodass man auf diese Weise Vergleiche über das unterschiedliche Wesen der damaligen Gemeinden, wie über den Fortschritt der Zeit anstellen kann.

Dr. HÜBSCH hat immerhin 11 Jahre lang, von 1837-48, auf der II. Geseeser Pfarrstelle gewirkt. Bereits vor der Hälfte seiner Amtszeit hat er dieses Heimatbüchlein auf eigene Kosten herausgegeben. Seine nächste Pfarrstelle war NAILA am Frankenwald. Auf die dortige I. Pfarrstelle hatte er sich im Revolutionsjahr 1848 beworben. Unter dramatischen Umständen folgte im Jahr 1862 die Pfarrstelle in HELMBRECHTS. Im Jahr 1866 bewarb er sich schließlich ins mittelfränkische Dreieck zwischen ROTH, ALLERSBERG und THALMÄSSING und übernahm die Gemeinde EYSÖLDEN. Dort starb HÜBSCH im Jahr 1872 im Alter von erst 66 Jahren. Er hatte sich in seinem intensiven und engagierten Leben vorzeitig aufgebraucht.

Seine fundierten Chroniken legen Zeugnis ab von seiner Leidenschaft als Historiker. Die wichtigsten Schriften sind heute in digitalisierter Form im Internet greifbar: In NAILA verfasste er seinerzeit eine Geschichte seiner Geburtsstadt BAIERSDORF, die zwischen ERLANGEN und FORCHHEIM liegt; dieses mit 31 Seiten recht schmale Büchlein erschien 1862 in ANSBACH und ist z.B. auf der Webseite der Bayer. Staatsbibliothek MÜNCHEN als Faksimile zu lesen, allerdings, wie auch das Geseeser Büchlein, nur in der damals üblichen Frakturschrift.[2]

Als Gemeindepfarrer in HELMBRECHTS brachte HÜBSCH im Jahr 1863 seine „Geschichte der Stadt und des Bezirks Naila" heraus. Diese Chronik ist mit immerhin gut 180 Seiten etwas stärker, als das Werk über GESEES. Sie ist ebenfalls in Frakturschrift auf der Webseite der Staatsbibliothek einsehbar bzw. bestellbar.[3]

Auf seiner letzte Pfarrstelle in EYSÖLDEN verfasste HÜBSCH zunächst seine 112-seitige „Chronik der Stadt und Festung Forchheim", die in NÜRNBERG 1867 erschien und

---

[2] https://opacplus.bsb-muenchen.de/Vta2/bsb10333257/bsb:BV005198143?page=5

[3] https://opacplus.bsb-muenchen.de/Vta2/bsb10999765/bsb:BV004266990?page=5

ebenfalls digitalisiert ist.⁴

Im folgenden Jahr 1868 gab er, ebenfalls in NÜRNBERG, die 100-seitige „Geschichte des Marktes Eysölden und seiner Umgegend" heraus. Auch für diesen Ort ist es bezeichnenderweise bis heute die einzige umfassende Monographie, sodass man unschwer daraus folgern kann, dass diese Arbeit so ordentlich war, dass niemand sich bisher an die Abfassung einer Nachfolgerin herangetraut oder eine solche für nötig befunden hat. Im Jahr 2014 hat MARKUS TRÄGER eine Neuauflage als E-Book herausgegeben, die in moderner Antiquaschrift gesetzt und damit auch für jüngere Generationen lesbar ist.⁵

Auf der Suche nach dem „protestantischen Profil"

Nicht zu folgen vermag ich aber der Einschätzung, die TRÄGER in seinem Vorwort zum Eysöldener Büchlein äußert, wenn er den Autor etwas abschätzig als „fleißigen Heimatkundler" und „Hobby-Historiker" bezeichnet, dessen Arbeit „nicht wissenschaftlichen Standards" entspreche. Die Historischen Vereine, wie das Forum des Nordoberfränkischen Vereins für Natur-, Geschichts- und Landeskunde e.V., sehen das nämlich anders. Sie nennen HÜBSCH vielmehr einen „bedeutenden Geschichts- und Heimatforscher." Mit Recht erinnert auch der Heimatpfleger des Landkreises Bayreuth RÜDIGER BAURIEDEL an Hübschs Tätigkeiten und Verdienste als Vorstand beim

---

⁴ http://www.bsb-muenchen-digital.de/~web/web1037/bsb 10374769/images/index.html?id=10374769&fip=qrssdaseayaxsxseayaewqweayaqrsewq&no=6&seite=1

⁵ https://www.thalmaessing.de/fileadmin/Dateien/Dateien/ Geschichte_des_Marktes_Eysoelden_und_seiner_Umgegend.pdf

Historischen Verein für Oberfranken. HÜBSCH soll auch an den archäologischen Ausgrabungen bei Gosen und Spänfleck verantwortlich beteiligt gewesen sein.

Auch wenn es zutreffen mag, dass „einige Feststellungen und Mutmaßungen des Autors ... nach dem heutigen Stand der Geschichtsforschung als widerlegt bzw. unzutreffend gelten [müssen]", so hat der genannte Kommentator doch wohl die Intention von Pfr. HÜBSCH überhaupt nicht verstanden. HÜBSCH hat, in durchaus pädagogischer Absicht, ein typisches „Heimatbuch"[6] für eine ländlich strukturierte Gemeinde mit einer ausdrücklich pädagogischen Zielsetzung geschaffen. Bei der hier vorherrschenden charakteristische Mischung von Stilarten, wie Geschichtsschreibung, Landeskunde, Geographie, Volkskunde, Soziologie, Sprache und Literatur, hat er den „Landmann" vor Augen, dem er „eine würdige Unterhaltung in müßigen Stunden des Sommers und in den langen Abenden des Winters" vermitteln will.

Dieser Ansatz ist typisch auch für andere gelehrte protestantischen Pfarrer dieser Zeit, die ihre Aufgabe neben der geistlichen auch in einer allgemeinen Bildung der Bevölkerung sahen und die sich bewusst nicht als erhabene Geschichtsdozenten, sondern bisweilen als sehr wirkungsvolle „Volksschriftsteller" betätigten. Ein typisches und bekanntes Beispiel dafür ist der Gründer und Redakteur des kirchlichen „Sonntagsblattes" Pfarrer WILHELM REDEN-

---

[6] Vergl. zum Begriff des „Heimatbuches" den Bericht über das Symposion der Universität TÜBINGEN im Oktober 2007 zu diesem Thema, nachzulesen auf der Webseite https://www.hsozkult.de/ conference-report/id/tagungsberichte-1807, bzw. als Text einsehbar bei der Gemeinde Gesees bzw. in meinem Archiv.

BACHER aus PAPPENHEIM (1800-1876), der hochgeachtete Großvater des in WEIDENBERG von 1919-49 tätigen Bekenntnispfarrers GEORG REDENBACHER.[7] Das ist deshalb interessant, weil HÜBSCH und WILH. REDENBACHER praktisch gleichalt waren. Somit erhält man ein Bild über die damaligen Zeitumstände für die Protestanten.

Genau im Jahr der Veröffentlichung des „Geseeser Büchleins" 1842 wurde WILHELM REDENBACHER in der evangelischen Welt durch sein mannhaftes Auftreten im „Kniebeugungstreit" weit über Bayen hinaus bekannt. Der Katholikenfreund KÖNIG LUDWIG I. hatte nämlich die tolerante Linie seines Vaters MAXIMILIAN verlassen, die den Protestanten in Bayern bis dahin eine weitgehende Anerkennung und Gleichstellung mit den Katholiken garantiert hatte. König LUDWIG hatte im revolutionären Klima seiner Zeit aus Sorge um seinen Thron und seinen Kopf Rückhalt bei den Katholiken gesucht und die Protestanten dabei auf verschiedene Weise düpiert.

So hatte der König den protestantischen Soldaten befohlen, vor dem „Sanctissimum" der Katholiken – also der beim „Umgang" an Fronleichnam mitgeführten Monstanz – das Knie zu beugen. Gegen diese Praxis hatte REDENBACHER mit der Veröffentlichung eines kritischen Synodalvortrages protestiert und zum Ungehorsam aufgerufen. Er war darauhin wegen „Verbrechens der Störung der öffent-

---

[7] Vergl. dazu von JÜRGEN JOACHIM TAEGERT das Projekt „Myrten für Dornen" zur Weidenberger Kirchen- und Ortsgeschichte, insbesondere die Folge 2 „Licht und Schatten – Alltags-Erleben und Kirche in der Vorahnung der Katastrophe". Hier wird die Vita der beiden genannten Protagonisten ausführlich geschildert (ISBN 978-3-9472-4716-5).

lichen Ruhe durch Missbrauch der Religion" zu einer einjährigen Festungshaft verurteilt worden, konnte sich aber dem Strafantritt durch ein Exil beim König von Preußen entziehen. Sein Fall führte dazu, dass die aus vielen Kirchen zusammengewürfelten Protestanten Bayerns näher zusammenrückten und diese junge Landeskirche nun stärker ihr eigenes Profil suchte und ausbildete.

Dieses Streben nach konfessioneller Profilierung ist auch bei HÜBSCH erkennbar, z.b. in der Weise, wie er sich immer wieder vom römischen Katholizismus abzugrenzen sucht. Zudem will er in der Volksbildung „Aufklärer" auch auf dem Lande sein. So strebt er an, den verbreiteten Aberglauben auszuräumen. Die entstehende „Lücke" will er durch „ernste Gespräche" ausfüllen, „welche der Männerkreis beim Lesen der vaterländischen Geschichte über die merkwürdigsten Begebenheiten anstellt". Seine Ziele sind „Belehrung, Unterhaltung und Liebe zum Vaterlande".

HÜBSCH gehört damit zum damals wachsenden Kreis der rational eingestellten protestantischen Pfarrer, die den demokratischen Bestrebungen ihrer Zeit skeptisch gegenüberstehen und die Erfüllung ihrer Träume eher in einer monarchisch geführten christlichen Nation sehen, eine Einstellung, die man heute gern als „Deutschnational" bezeichnet und die im protestantischen Bürgertum weit verbreitet war. Delikaterweise ist der „summus episcopus" – der oberste Herr auch der evangelischen Kirche und Dienstherr der evangelischen Pfarrer – in Hübschs Zeit bis zum Ende des Bayerischen Königtums 1919 der *katholische* Landesherr, also der jeweilige König.

Ein brüderlicher Amtskollege

Pfarrer JOHANN GEORG ADAM HÜBSCH war am 22. August 1805 als Sohn eines Schuhmachermeisters in BAIERSDORF im heutigen Landkreis ERLANGEN-HÖCHSTADT geboren worden. Er hatte in ERLANGEN von 1824 bis 1828 Philologie und Theologie studiert und war dort zum Dr. phil. promoviert worden. Nach verschiedenen Anfängerstellen war er 1832-1837 als Religionslehrer an der „höhere Bürgerschule" in KITZINGEN eingesetzt. Im Jahr 1837 hatte ihn der oberste Dienstherr der Protestanten, der katholische König LUDWIG I., zum Antritt seiner ersten Pfarrstelle nach GESEES gerufen.

Pfarrer HÜBSCH war verheiratet und hatte mindestens drei Kinder. Die Situation in GESEES war für ihn nicht einfach. Denn es gab zwar seit dem 27. November 1824 eine formale Gleichstellung der Pfarrer durch den Titel „Zweiter Pfarrer". Und er wohnte, wie auch der I. Pfarrer, in einem festen und einigermaßen ordentlichen zweistöckigen Steinhaus aus der Barockzeit, während zu dieser Zeit die meisten Gemeindeglieder noch in recht kleinen einstöckigen Holzhäusern mit Stroh- oder Schindeldach und offenem Herd hausten. Aber noch lange Zeit hindurch waren die Dotierungen der Pfarrstellen sehr unterschiedlich. So lagen die Einkünfte des II. Pfarrers zur Zeit von Pfr. HÜBSCH nur bei 58% der I. Stelle. Gleichwohl spürt man bei ihm darüber nur verhaltenen Unmut. Vielmehr erweist er sich trotz solcher eklatanten Einkommensunterschiede als vorbildlicher Kollege, ja sogar in gutem Sinn als Amts-„Bruder".

Denn als er im Alter von 34 Jahren seine Stelle in GESEES antritt, findet er in JOHANN JAKOB DÖHLA einen Kollegen vor, der zu diesem Zeitpunkt schon 75 Jahre alt ist, aber trotz dieses hohen Alters weiter amtiert! DÖHLA ist ein oberfränkisches Urgestein aus ZELL am westlichen Fichtelgebirgsrand und hat noch die beiden letzten Markgrafen FRIEDRICH CHRISTIAN und CHRISTIAN ALEXANDER miterlebt.

Die Zusammenarbeit der beiden im Alter und wohl auch in ihrer Prägung so unterschiedlichen Pfarrer erwies sich als ein Glücksfall. HÜBSCH unterstützte vorbehaltlos seinen hochbetagten Kollegen und machte es so möglich, dass DÖHLA sogar noch bis zu seinem Tode mit 86 Jahren (!) in GESEES pastoral wirken konnte. Um das zu ermöglichen, nahm HÜBSCH seinem Amtsbruder die gesamte umfangreiche Kirchenverwaltung ab, die ja auch das Management für die ausgedehnten Stiftungsgrundstücke und das leidige Bauwesen mit umfasste, das zum Erhalt des spätgotischen Kirchenensembles auf dem Geseeser Kirchberg und der Pfarrgebäude notwendig war.

Resolut wie junge Leute manchmal sind, wollte HÜBSCH gleich zu Beginn seiner Amtseit Platz für mehr Gräber schaffen. So veranlasste er leider 1838-39, dass vier der fünf baufälligen Wehrtürmchen dieses mittelalterlichen Ensembles auf der Burgmauer abgebaut und die östliche Mauer eingerissen wurde. Sturmschäden erzwangen im Folgejahr Bauarbeiten an der Kirche und die Neuerrichtung des Turmhelms. Dabei wurde zur Vereinfachung der Wartung auf die charakteristischen vier Ecktürmchen verzichtet. Bei dieser Gelegenheit entdeckte HÜBSCH auch die in seinem Büchlein genannte Jahreszahl 1583. Das Zifferblatt der Turmuhr wurde 1841 erneuert, die Glocke von 1665 wegen Rissbildung umgegossen.

Obwohl also HÜBSCH, ohne dazu verpflichtet zu sein, sich auch um Dienstobliegenheiten seines älteren Amtsbruders kümmerte, stellte er diesem doch in eigener Bescheidenheit das glänzende Zeugnis aus, *„durch gewissenhafte Amtstreue und Herzensgüte allgemein geehrt und beliebt auch in hohem Alter"* zu sein und widmete ihm den liebenswerten Segenswunsch: *„Gott lasse den Abend seines Lebens recht heiter und ungestört sein und ihn noch lange das Glück seiner Kinder und Enkel schauen".*

Pfarrer HÜBSCH hatte in seiner Zeit also alle Hände voll zu tun, wenn er neben seinem eigenen Dienst auf der II. Pfarrstelle als Sprengelseelsorger für das benachbarte Pittersdorf und Pettendorf noch die Verwaltungstätigkeit des I. Pfarrers mit ausübte. Darüber hinaus bereiste er auch die entsprechenden Archive, um seine historischen Forschungen abzusichern. Deshalb suchte er trotz seiner kargen Einkünfte Unterstützung für seinen Familien-Haushalt

Er fand sie in der jungen, ledigen, um 1820 geborenen MARGARETHA HACKER. Laut Kirchenbuch war sie die dritte Tochter des Geseeser Bauern JOHANN HACKER, Haus Nr. 47. Sie stammte also aus dem „Veit'n-Anwesen" oberhalb des Pfaffenberger'schen Wirtshauses am „Schmiedshügel", mit der heutigen Anschrift Hauptstr. 6. Die junge Frau arbeitete seitdem als Köchin und Wirtschafterin im zweiten Geseeser Pfarrhaus. Sie wurde im Jahr 1844 Mutter einer Tochter BARBARA, blieb aber ledig. Der Vater ist unbekannt. Im Jahr 1870 erbaute sie zusammen mit dieser Tochter und ihrem Schwiegersohn ANDREAS HACKER, welcher aus Pettendorf stammte und in Nürnberg als Bäckermeister erfolgreich geworden war – er trug zufällig denselben Nachnamen, wie seine Braut, ohne verwandt zu sein –

das bekannte „Lindis-Wirtshauses" am nördlichen Geseeser Ortseingang.

Vorreiter bei den diakonischen Aufgaben der Kirche

Nach Pfr. Döhlas Tod 1848 hätte HÜBSCH, versiert durch so viel Erfahrung, sicher auch die I. Stelle in GESEES übernehmen können. Aber in diesem Jahr herrschte in Bayern, hervorgerufen durch die überall spürbare Forderung nach Liberalisierung und angeheizt durch das allseits missbilligte Verhältnis des reaktionären Königs LUDWIG I. mit der irischen Tänzerin LOLA MONTEZ, eine revolutionäre Stimmung, die aber nach der freiwilligen Abdankung des Monarchen im März 1848 sofort in ein Klima des begeisterten Aufbruchs umschlug. Der protestantischen Kirche winkten unter dem toleranteren Nachfolger MAXIMILIAN II. mehr Anerkennung und ganz neue Aufgabenfelder. So zog es Pfarrer HÜBSCH in die Stadt. Er bewarb sich für die Kreisstadt NAILA im Frankenwald, die damals 4.500 Einwohner hatte und noch heute Dekanatssitz ist.

Die Überlegungen für die Profilierung der protestantischen Kirche gingen seinerzeit in zwei Richtungen: Nach innen war die Frage nach dem lutherischen Bekenntnis zu stellen, das die Gläubigen dieser Kirche verbindet und sie erkennbar macht. Dieser Arbeit nahm man sich zwar schon länger an der Universität ERLANGEN an. Die Aufgabe hatte sich aber neu vertieft durch kirchenübergreifende Glaubensbewegungen, die den kühlen, rationalen Geist der Aufklärung überwinden und hin zu einer persönlichen Frömmigkeit wandeln wollten. Zum anderen stellte aber auch der gesellschaftliche Wandel durch die industrielle Revolution die Kirche vor neue Herausforderungen. Viele

Menschen waren entwurzelt. Die Jugend drohte zu verwahrlosen. Dies wurde von vielen Pfarrern nicht nur als *seelsorgerliche* Aufgabe wahrgenommen, sondern zugleich als Aufforderung zum deutlichen christlichen *Handeln* verstanden.

So hatte der Pfarrer und Pädagoge JOHANN HINRICH WICHERN, der nur wenige Jahre jünger war als HÜBSCH, im Jahr 1833 mit dem „Rauhen Hauses" in HAMBURG ein beispielgebendes Pilotprojekt zur Rettung verwahrloster Kinder gestartet. Im revolutionären Jahr 1848 hatte WICHERN auf dem ersten Evangelischen Kirchentag in WITTENBERG eine programmatische Rede gehalten und damit breite Begeisterung entfacht. Eine Folge war die Gründung des „Centralausschusses für die Innere Mission der deutschen evangelischen Kirche", der Vorläuferorganisation des heutigen Diakonischen Werkes.

Die Botschaft zur Neuentdeckung der Diakonie muss damals auch bei Pfarrer HÜBSCH gezündet und ihn vom geordneten Geseeser Landleben weggezogen haben. Er erkannte in NAILA das diakonische Anliegen als Gebot der Stunde und griff es auf.[8] Ganz im Geist seiner Zeit wurde er hier zum Gründer eines **Rettungshauses** für „arme, verlassene und verwahrloste Kinder".

Auf einer kleinen Anhöhe im Süden der Stadt NAILA im

---

[8] Die folgenden Informationen verdanken sich dem Aufsatz von THOMAS HOHENBERGER „Ordnende Verwaltung und Aufbrüche der Erweckung, Die kirchengeschichtliche Entwicklung des Evangelisch-Lutherischen Dekanatsbezirks Naila seit seiner Gründung 1810/11 bis zur Gegenwart" – greifbar auf der Seite: http://dekanat-naila.de/sites/dekanat-naila.de/files/dokumente/200_Jahre_Dekanat_Festvortrag_Dr._Hohenberger_ Hohenberger.pdf

Bereich der heutigen Neulandstraße entstand so die erste Einrichtung der **Diakonie Naila**. Sie wurde nach dem Reformator MARTIN LUTHER „Martinsberg" benannt und ist noch heute, in erweiterter und pädagogisch angepasster Form, ein Aushängeschild des praktischen christlichen Handelns in NAILA. In der Folge entstand in den 1970er Jahren außerhalb der Stadt NAILA das Kinder- und Jugenddorf „Am Steinbühl", ein beispielhaftes heilpädagogisch-psychotherapeutisches Zentrum.

Das Haupthaus des Martinsberges in den 1950-er Jahren

Nach seinem eigenen Bericht hatte Pfarrer Dr. HÜBSCH seinerzeit im Jahr 1851 am sogenannten Kupferschmiedsberglein in einem kleinen Miethäuschen mit drei Jungen und drei Mädchen begonnen. Dabei musste er gegen manche Anfangsschwierigkeiten ankämpfen. Doch rasch wurde die Arbeit dieser Rettungsanstalt zum Erfolgsmodell. Zahlreiche Bürger unterstützten ihn bei dem ehrgeizigen Projekt. Von Jahr zu Jahr mussten Erweiterungsbauten errichtet werden, und im Jahr 1854 kam sogar eine eigene

Schule hinzu. Immer wieder freilich warfen Brandunglücke in den Gründerjahren die Arbeit zurück. Sie nahmen vorweg, was dann im Jahr 1862 mit dem großen Stadtbrand die ganze Stadt NAILA und auch Pfr. HÜBSCH selbst betraf.

Auffallend ist ja heute der neugotische Neubau der Stadtkirche. Er hat in diesem gewaltigen Stadtbrand seine erschütternde Wurzel. Für Pfarrer HÜBSCH war dieser Großbrand von 1862 eine persönliche Katastrophe. Weil mit weiten Teilen des Ortes auch das Pfarrhaus mit abbrannte, verlor dieser gelehrte und sozial engagierte Mann nicht nur seine ganze Habe, sondern auch viele unersetzliche Schätze seiner wissenschaftlichen Arbeit. Ein Glück, dass er manches von seinen Schriften durch Druckherausgabe rechtzeitig verewigt hatte!

Da an den Neubau des Pfarrhauses so rasch nicht zu denken war, wechselte Pfr. HÜBSCH schweren Herzens ins 13 km entfernte HELMBRECHTS. Dort gab er dann rückblickend 1863 seine schon genannte „Geschichte der Stadt und des Bezirks Naila" heraus.

Im Vorwort beklagt er, dass seine Darstellung einem NAILA gelte, das durch den Brand unwiederbringlich der Vergangenheit angehöre. Das Rettungshaus jedoch blieb seinerzeit unbeschädigt und bot den Kindern weiterhin eine Heimat, einen geregelten Tagesablauf und eine Erziehung zu „Disziplin und christlichen Tugenden". Im Jahr 1953 wurde das „Erziehungsheim Martinsberg" in ein „Heilpädagogisches Kinderheim" mit Sonderschule umgewandelt. Seit dem Jahr 1990 leistet das Diakoniewerk Martinsberg e.V. auch stationäre und häusliche Altenpflege in NAILA und Umgebung. Im ehemaligen „Rettungshaus" in der Neulandstraße entstanden Wohnungen für betreutes

Wohnen und gegenüberliegend ein stationäres Hospiz. Für seine Verdienste ehrte NAILA seinen engagierten Stadtgeistlichen mit der Benennung der „Pfarrer-Hübsch-Straße".

Ein bescheidener Pionier bei der Kirchwerdung der Protestantischen Landeskirche

Mit seinem Engagement gehört Pfr. HÜBSCH zu den Pionieren in der dritten Phase der Neuausrichtung[9] der Protestantischen Landeskirche in der Bayerischen Monarchie.

Durch die Vereinnahmung Frankens, der Pfalz und schließlich des zuletzt französischen Fürstentums BAYREUTH war ja das alte, noch fast durchwegs katholische Wittelsbachische Herzogtum Bayern auf doppelte Ausdehnung angewachsen. Von den nun über drei Millionen Einwohnern der jungen Monarchie waren jetzt immerhin ein Viertel Protestanten.

Sie waren bisher freilich auf 90 Kirchenwesen höchst unterschiedlichsten Charakters in den zerstückelten Territorien verteilt gewesen und hatten vorher völlig unabhängig voneinander existiert. Doch der neue Staat – beeinflusst von französischen Ideen des Zentralismus – war auf Einheitlichkeit und klare zentrale Verwaltungsstrukturen bedacht und fasste die Vielzahl der vorgefundenen evangelischen Kirchenwesen in den neu erworbenen Gebieten zu einer zentral verwalteten **Staatskirche** zusammen. Diese protestantische Kirche sollte eine einzige

---

[9] Vergl. dazu auch bei JÜRGEN JOACHIM TAEGERT im Projekt „Myrten für Dornen" in Folge 4 „Christsein am Scheideweg" das Kapitel „10 Wunder bei der Entwicklung der Protestantischen Landeskirche in Bayern und im Kirchenkampf im Dritten Reich", BoD 2021.

Gesamtgemeinde bilden und auf irgendeine Weise das bisherige kirchliche Chaos bei den Lutherischen und Calvinisten bändigen, war aber anfangs nur ein untergeordneter Behördenapparat der Monarchie ohne gemeinsame geistliche Substanz und ohne regionale Einheitlichkeit.

Es war in einer ersten Phase der jungen Bayerischen Monarchie das Dreigestirn aus dem katholischen Thronprätendenten MAX IV. JOSEPH – der als gebürtiger Mannheimer aus den pfälzischen Neuerwerbungen kam, – mitsamt seiner evangelischen Gattin Prinzessin KAROLINE VON BADEN, sowie drittens Max' Vertrautem und „Superminister" JOSEPH DE GARNERIN GRAF MONTGELAS, welche die sehr zukunftsweisende Idee hatten, ihr geplantes Königtum mit geistvollem Leben zu füllen. Sie fragten sich nämlich sehr pragmatisch, wie man im Geist der Aufklärung das bekannte reiche kulturelle und geisteswissenschaftliche Erbe des Protestantismus dem neuen Königreich nutzbar machen könnte. Gegen die starre Bastion der katholischen Altgläubigen konnte dies nur mit Privilegien und rechtlichen Absicherungen für die Protestantische Kirche funktionieren. Denn nach dem gewaltigen Aderlass der Säkularisation und dem Ende ihrer geistlichen Fürstentümer verteidigten die Katholiken die verbliebenen Bastionen mit Zähnen und Klauen und ließen sich dabei von Rom massiv unterstützen.

So war es das **Religionsedikt**, das MAXIMILIAN bereits im Jahr 1803, noch als bayerischer Kurfürst, nach dem Vorbild der kurpfälzischen Religionsdeklaration vom Jahr 1799 unterschrieb. Es führte für die Protestanten in Bayern eine „Konstantinische Wende" herbei: Denn es garantierte den drei nun anerkannten Konfessionen der Katholiken, Lutheraner und Reformierten im neuen Bayern gleiche Rechte auf Niederlassung und Gottesdienste.

Als dann aber MONTGELAS im Jahr 1802 ein Fanal der aufgeklärten Vernunft gegen die angeblich überholte katholische Volksreligion suchte und einen völlig unnötigen gewaltsamen „Bildersturm" vom Zaun brach – er ließ in der Oberen Pfalz und in Altbaiern die Martern, Feldkreuze und Kapellen zu Tausenden als Symbole der alten Religion „demolieren", – rief das bei den Katholiken viel bleibende Wut gegen die Regierung, die katholische Kirchenleitung, aber auch gegen die Protestanten hervor. Darüber hinaus weckten die Privilegien der Protestanten und ihr unverhohlener Anspruch, „geistige Elite" im neuen Staat zu sein, allerhand Missgunst bei den Altgläubigen. Das führte in MÜNCHEN sogar zu Pogromstimmungen und Attentatsversuchen gegen Evangelische.

Gleichwohl wurde die junge evangelische Kirche im Jahr 1818 in der neuen Bayerischen Verfassung verankert. Und diese Konstitution hatte nun für genau 100 Jahre Gültigkeit. Die evangelische Landeskirche, die seit 1824 auf Geheiß des Königs **„Protestantische Kirche"** hieß, war nun eine unierte Staatskirche unter Leitung von Beamten, mit einem Oberkonsistorium in MÜNCHEN und den drei untergeordneten Konsistorien ANSBACH, BAYREUTH und „für den Rheinkreis zu SPEYER". Diese Staatsordnung blieb bis zum Ende von Kaiserreich und Königtum in den Revolutionswirren vom Jahr 1918 in Kraft.

In der ersten Phase dieser Kirchwerdung war es für die Kirche vor allem darum gegangen, die Gläubigen zu sammeln und sich mit den kirchlichen Erwartungen im

Königtum vertraut zu machen. In den ländlichen Gebieten blieben die alten Traditionen in Kraft; aber die Pfarrer bemühten sich – wie in GESEES zu sehen – neben der Seelsorge und der Weckung der Moral auch um die Bildung des Volkes und die Überwindung des Aberglaubens. In den Städten hingegen pflegte man zumeist eine schöngeistige, bürgerliche Religiosität ohne vertiefte Frömmigkeit.

Eine Veränderung dieser Gemeindefrömmigkeit hatte sich aber in der zweiten Phase gewissermaßen wider Willen, „von oben", angebahnt, als Maximilians oben genanter Nachfolger, KÖNIG LUDWIG I., den Protestanten die „Lutherische Linie" verpasste, aber selbst zum „Protestantenfresser" wurde. Denn mit der Berufung des Württembergischen Juristen, Finanzmanns und autodidaktischen Gelehrten FRIEDRICH ROTH (1780-1852) zum Präsidenten des kirchlichen Oberkonsistoriums hatte der König einen einflussreichen Mann an die Spitze der Kirche gestellt, der durch eigene Forschungen einen erstaunlichen inneren Wandel vom Aufklärer hin zu einem Lutheraner vollzogen hatte. Ihm hatten sich viele Pfarrer angeschlossen. Im breiten Bewusstsein der Protestanten war LUTHER nun nicht länger der deutsche Held und Garant der Nation, sondern zunehmend der Prediger des biblischen Evangeliums und der Verkünder der Rechtfertigung aus Gnaden.

Diese liberale Phase, in der sich das lutherische Bekenntnis festigte, war aber seit der Französischen Juli-Revolution von 1830 überschattet von den Ängsten des bayerischen Monarchen um seinen Thron; sie hatten ihn nach Bundesgenossen Ausschau halten lassen. Er hatte sie in den erzkonservativ-katholischen Kreisen gefunden, mit entsprechenden Verhärtungen gegenüber den Protestanten.

Der oben geschilderte „Kniefallstreit" war dann in diesem Konflikt der Höhe- und Wendepunkt zugleich. Mit Ludwigs Demission hatten sich die Protestanten wie befreit gefühlt. Mit neuem Mut suchten sie ihre Aufgaben in Kirche und Staat. Diese Aufgaben lagen auf der Hand.

Denn das moderne Leben wies in seiner Mitmenschlichkeit tiefgreifenden Defizite auf. Zu dem Zeitpunkt, als Pfr. HÜBSCH von GESEEs nach NAILA wechselte, lag es praktisch in der Luft, die Diakonie als wesentlichen Teil des christlichen Auftrages neu zu entdecken. Sie wurde nun zu einem Zentrum des kirchlichen Handelns. Zugleich galt es, auch die kirchliche Glaubensverkündigung zu vertiefen. Sie stand ja seit der Aufklärung in einem wachsenden Kampf mit dem Rationalismus. Mit den Entdeckungen der modernen Naturwissenschaften vertieften sich die theologischen Fragen. So suchte man neue Wege, um die Frömmigkeit in der Bevölkerung zu wecken.

Pfr. HÜBSCH hatte an diesen geistlichen Prozessen vollen Anteil. Der Kirchenleitung gegenüber gehörte er jedoch mehr zu den „Stillen im Lande". Andere waren lauter, so sein impulsiver mittelfränkischer Alterskollege WILHELM LÖHE. Dieser wilde junge Mann fiel schon in seiner Vikarszeit im nahen KIRCHENLAMITZ dadurch auf, dass er mit seinen erwecklichen Predigten zwar die Gemeinde aktivierte; aber man warf ihm doch vor, dass seine gutbesuchten Erbauungs- und Bibellesestunden die Jugend von allen weltlichen Vergnügungen (!) abhielten. LÖHE wurde deswegen sogar angezeigt! Er störte in der biedermeierlichen Beamtenkirche den damals vorherrschenden angepassten Zeitgeist. Das Bayreuther Konsistorium berief LÖHE ab. Man war auf Ruhe in den Gemeinden bedacht.

Das hinderte LÖHE aber nicht, weiterhin die Auseinandersetzung mit seiner Kirche zu suchen. Er wurde in den nächsten Jahren das unzähmbare „enfant terrible" dieser Kirche und schafft es zunehmend, sich mit seinem vierfachen Ansatz von Frömmigkeit, Gemeindebezug, diakonischem und missionarischem Engagement im Selbstverständnis der Bayerischen Landeskirche zu verewigen.

Anders Pfr. HÜBSCH; seine damalige verbale Zurückhaltung bewirkte, dass man ihn bis heute in seiner Bedeutung leicht übersieht. Dabei wirkte er durch die Erfolge seiner diakonischen Arbeit in Oberfranken sehr nachhaltig. Er wurde damit ein beispielgebender Mahner seiner Kirche: Eine zeitgemäße Kirche muss immer wieder ihren biedermeierlichen Geist abstreifen und ihr Evangelium mit den Problemen der Zeit konfrontieren.

Aber HÜBSCH trug seine großen Ziele nie plakativ vor sich her, sondern hielt sich in seiner typischen Bescheidenheit eher im Hintergrund. Das macht ihn sympathisch und soll eine Ermutigung für alle diejenigen sein, die in einem geschwisterlichen Miteinander im Geiste Jesu einen grundlegenden Wesenszug der Kirche sehen. Diesem seinem Anliegen einer *geschwisterlichen Kirche* soll auch die Neuauflage seines Geseeser Büchleins gewidmet sein.

Anmerkungen zur Neuauflage

Die vorliegende Ausgabe kommt auf Initiative der Gemeinde GESEES und ihres Bürgermeisters HARALD FEULNER zustande und dient, wie schon oben gesagt, der vertiefenden Ergänzung des 700-jährigen Jubiläums der ersten bekannten urkundlichen Erwähnung von GESEES und seiner Kirche. Zu dieser Neuausgabe des „Geseeser Büchleins" sei noch folgendes angemerkt:

Der Text entspricht inhaltlich Wort für Wort dem in Fraktur gedruckten Urtext von Pfr. HÜBSCH. Bedauernd ist anzumerken, dass diese Schriftart heute von der jüngeren Generation nicht mehr gelesen wird. Eine Diskussion über die Verwendung von „Antiqua" oder „gebrochener Druckschrift" gab es zu allen Zeiten, ebenso über die früher geschriebene „Kurrent- bzw. Sütterlinschrift" und über die „lateinische Schreibschrift". In den Tagen von Pfr. HÜBSCH war dieses Problem so gelöst, dass man beim Druck für den deutschen Laufttext Fraktur, für lateinische Begriffe aber Antiqua verwendete. Dies ist in seiner Ausgabe des Geseeser Büchleins erkennbar. – Übrigens verfasste HÜBSCH seine handschriftlichen Kirchenbucheinträge seinerzeit in der üblichen „Kurrentschrift".

Fraktur und Kurrentschrift gelten gemeinhin noch heute als „deutsche Schriften". Man benutzt heutzutage aber Fraktur gern abfällig, um damit Nazis zu kennzeichnen. Das ist freilich völlig anachronistisch. Nur wenigen dürfte wohl bekannt sein, dass es ja ausgerechnet ADOLF HITLER war, der diese beiden Schriftarten im „Normschrifterlass" von 1941 sogar *verbieten* ließ. Seitdem stirbt die Fraktur, wie viele Ältere sie auch noch aus ihren Kinderbüchern, dem Gesangbuch, der Bibel u.v.a.m. kennen, vollständig aus. Hitlers Vorstellung war, dass einst ganz Europa unter der Herrschaft des Nationalsozialismus leben sollte und die Erlasse dieser Diktatur überall lesbar sein müssten. Seitdem wurden auch die Kirchenbucheinträge in lateinischer Schrift abgefasst, außer von einigen „Unverbesserlichen", über deren Schreibweise man vielleicht stöhnen, deren Ungehorsam man aber würdigen muss.

Angemerkt werden darf in diesem Zusammenhang noch, dass die Redaktion des „Hummelgauer Heimatboten" bereits vor vielen Jahren das komplette Geseeser Büchlein eingelesen und auf den Innenseiten ihrer Hefte in Antiquaschrift abgedruckt hat. Die Blätter konnten seinerzeit herausgenommen und zu einem eigenen Büchlein gebunden werden. Auch ich bin für diese nützliche Vorarbeit dankbar.

Behutsam angepasst habe ich die Rechtschreibung, die sich damals bei manchen alten deutschen Worten (Thal, That usw.), aber auch bei Worten aus dem Französischen noch im Fluss befand. Bei den Ortsnamen habe ich die damals wohl üblichen Bezeichnungen in der Regel beibehalten.

Personennamen, die bei HÜBSCH meist gesperrt geschrieben werden, sind in dieser Fassung in Kapitälchen gesetzt. Jahreszahlen sind bei Hübsch fett geschrieben; dies habe ich aber nur dann übernommen, wenn sie besonders hervorgehoben werden sollen. Umgekehrt habe ich solche Hervorhebungen von Begriffen oder Aussagen auch dann durchgeführt, wenn es mir vom Sinn her geboten schien.

Abkürzungen oder Zahlen bis Zehn sind jetzt meist ausgeschrieben. Wo es mir notwendig schien, wurden heute ungebräuchliche Ausdrücke in erklärenden Verweisen erläutert.

Bei den Anmerkungen habe ich den Bestand erheblich erweitert. Hübschs Anmerkungen, auf die er in seiner Erstausgabe mit einem Sternchen verweist, tragen nun fortlaufende Ziffern ohne weitere Beifügungen. Dort, wo ich selbst Erläuterungen vornehme, erscheinen die Ziffern mit einem beigefügten „(jt)".

Auch habe ich zur besseren Lesbarkeit zusätzliche Überschriften und Zwischenabsätze eingefügt. Diese bedeuten gewissermaßen den größten Eingriff am Text, ermöglichen aber andererseits die Erstellung eines aussagekräftigen Inhaltsverzeichnisses und damit eine bessere Orientierung in diesem gehaltvollen Werk.

Im Ganzen mag deutlich werden, dass ich mich bemühe, der Person des Autors und seinem Werk mit dem größten Respekt zu begegnen. In diesem Zusammenhang danke ich auch dem Vorsitzenden des Diakonievereins „Martinsberg Naila", Herrn KARL BAYER, für die in GESEES noch unbekannten Lithographien mit dem Bild von Pfr. HÜBSCH und seinem Nailaer Projekt, die hier erstmals gezeigt werden können. Für die Mitarbeit bei der Korrekturlesung danke ich Herrn RÜDIGER BAURIEDEL. Für die Unterstützung bei dieser Neuausgabe verdient Herr Bürgermeister HARALD FEULNER großen Dank.

Jürgen Joachim Taegert

Kirchenpingarten, im März 2020

Vorrede

Jedem vernünftigen Menschen drängt sich von selbst die Frage auf, **wie sein Wohnort entstanden und durch welche Veränderungen und Schicksale derselbe zu seiner gegenwärtigen Gestalt und Beschaffenheit gekommen sei.** Aus diesem Grunde fand die Geschichte größerer Städte fast überall ihre fleißigen Bearbeiter und eifrigen Leser, nur das platte Land blieb als zu unbedeutend mehr oder weniger im Dunkel der Vergessenheit liegen. Selten nur ist der Landmann so glücklich, über sein Dorf eine gründliche Geschichtskenntnis zu erlangen; meistens muss er sich mit ungewissen Sagen begnügen.

Auch über die Geschichte von GESEES war bisher nirgends eine genauere Auskunft oder zusammenhängende Nachricht zu finden, obgleich es durch seine Lage wie durch seine Bewohner vor anderen Dörfern der Umgebung sich auszeichnet und schon längst die Aufmerksamkeit eines würdigeren Geschichtsforschers verdient hätte.

Der Bauer bedarf ja auch, und zwar aus mehr als einem Grunde, einer umfassenderen Belehrung über den Ursprung und die Schicksale seines Dorfes und dessen Bewohner. Denn sie liefert ihm eine würdige **Unterhaltung** in müßigen Stunden des Sommers und in den langen Abenden des Winters und vermag gewiss die **Lücke** auszufüllen, die durch den zunehmenden Verfall des **Aberglaubens** immer fühlbarer hervortritt. Viel lieber noch als den faden Märchen von Gespenster- und Teufelserscheinungen, Hexen und Hexen-bannern, Schatzgräbern u. dergl. wird sich die verständige Jugend beiderlei Geschlechts den ernsten Gesprächen zuwenden, welche der Männerkreis beim Lesen der vaterländischen Geschichte über die merkwürdigsten Begebenheiten anstellt. Oder sollte unsere Jugend keinen Sinn für das Vaterland und sein Wohl und Wehe haben, während SCHILLER in seinem Tell die Schweizerin GERTRUD, des edlen Ibergs Tochter, also redend einführt:

> *... Wir Schwestern saßen,*
> *die Wolle spinnend, in den langen Nächten,*
> *wenn bei dem Vater sich des Volkes Häupter*
> *versammelten, die Pergamente lasen*
> *der alten Kaiser, und des Landes Wohl*
> *bedachten im vernünftigen Gespräch.*
> *Aufmerkend hört' ich da manch kluges Wort,*
> *was der Verständ'ge denkt, der Gute wünscht,*
> *und still im Herzen hab' ich mir's bewahrt.*

Die Wahrheit dieser Worte trat dem Verfasser dieses Büchleins selbst recht lebendig entgegen, als er im Jahre 1826 die Schweiz bereiste und dort aus dem Munde der Bauernmädchen und Hirtenknaben oft eine so genaue Auskunft über geschichtliche Begebenheiten und Denkmäler erhielt, wie er sie über die eigene Heimat nicht leicht zu geben vermochte. Auch wollte es ihm immer bedünken, als ob gerade in dieser innigen und frühen Vertrautheit des Schweizers mit der Geschichte seines Landes und Volkes der edle Nationalstolz und die große Vaterlandsliebe dieses Volkes ihren vorzüglichsten Grund hätten.

Belehrung, Unterhaltung und Liebe zum Vaterlande will auch dieses Büchlein in seinem Kreise fördern. Zwar sind die gleichen Monographien in der Regel auf ein kleineres Publikum beschränkt, weil außerhalb des Distriktes, mit welchem sie sich beschäftigen, nur wenige ein Interesse an der Beschreibung eines friedlichen Dörfchens finden. Doch rechneten wir bei der Bearbeitung dieser Bogen auf die Teilnahme der Freunde oberfränkische Geschichte, denen kein Punkt ihres Landes gleichgültig ist, und welche in der Beleuchtung einer bisher dunklen Partie eine Vorarbeit zur vollständigeren Behandlung der Geschichte des gesamten Oberlandes erblicken werden.

Und dass wir uns nicht täuschen, beweist die wirkliche Erscheinung dieses Werkchens, zu der wir durch hinreichende Subskriptionen in den Stand gesetzt wurden. An den aufrichtigen Dank für die freundliche Unterstützung und Förderung unseres Vorhabens knüpfen wir die herzliche Bitte um liebevolle Aufnahme und nachsichtige Beurteilung dieses Schriftchens, dessen Bearbeitung bei dem Mangel an Hilfsmitteln und bei der Unzulänglichkeit der Quellen oft mit mehr Schwierigkeiten zu kämpfen hatte, als man auf den ersten Blick zu glauben geneigt ist. Wollte Gott, dass der gute Zweck des Verfassers erreicht und bei aller Unvollkommenheit dieser Arbeit doch die darauf verwendete Mühe und Sorgfalt nicht verkannt würde!

Gesees bei Bayreuth, in Christmonate 1841

– Dr. H. [Hübsch]

Land und Leute[10]

Gesees[11] [12]

GESEES, nicht zu verwechseln mit einem aus zehn Häusern bestehenden kleinen Dörflein gleichen Namens vor BAD BERNECK, ist unter den 111 Dörfern und 52 Gemeinden des Landgerichtsbezirks BAYREUTH gewiss nicht der unbedeutendste und letzte Ort.

Es liegt 1 ¼ Stunden in südlicher Richtung von BAYREUTH am nordwestlichen Abhange des Sophienberges, unter dem 47½ Grade nördlicher Breite und 29° 14' der Länge auf mehreren kleinen Hügeln. Es wird von Norden nach Süden von der **Vicinalstraße**[13], die von BAYREUTH nach POTTENSTEIN führt, und von Osten nach Westen von dem **Funkenbache** durchschnitten und so gleichsam in vier Hauptteile geteilt. Der Bach, welcher ¼ Stunde vom Dorfe am südwestlichen Abhange des SOPHIENBERGES aus

---

[10] (jt) Gliederungsvorschlag JÜRGEN TAEGERT 2019

[11] Gliederung von Pfr. HÜBSCH.

[12] Alt GESEZZE, kommt wohl unstreitig, wie SAAS, von sitzen, und bedeutet einen Ort, wo mehrere sich niederlassen und ansiedeln. In der Mainzer Bibel von 1472 heißt Gesees s.v.a. Stuhl, Thron. Der Zusammensetzungen mit -sezze oder -sees gibt es sehr viele, wie Won-, Obern-, Neu-, Auf-, Weidensees, Kirmesgesees u.a.. Ein Beweis mehr für die deutsche Abstammung von GESEES ist die Stelle 'Regesta Vol. VII. Cant. III. Monaci 1833 p. 12.': „*W. v. Beroltsheim und Agnes, seine eheliche Wirthin, verkauften ihr Haus und ihr Gesees.*"

[13] (jt) Als „Vicinalstraße oder -weg" wird eine historische Straße bezeichnet, die schon lange vor der Einführung von Gesetzen und Verordnungen zum Straßenbau bestand. Diese „Pottensteiner Straße" entspricht der heutigen Kreisstraße BT 11.

einigen kleinen Quellen entspringt, ist den größten Teil des Jahres so unbedeutend, dass man ihn in GESEES gar leicht von seinem breiten Bette in einen schmalen Kanal einschließen und ebensowohl zur Verschönerung des Dorfes, als zum Nutzen seiner Bewohner unter der Erde fortleiten könnte. Nur bei heftigem oder anhaltendem Regen und beim Schmelzen des Schnees und Eises schwillt er zu einer ansehnlichen Höhe an, überschwemmt die angrenzenden Höfe und erschwert den Verkehr seiner Uferbewohner. Er fließt in einem wahrhaft romantischen Tale unter herüberragenden Felsblöcken und üppigem Erlen-gebüsche gegen Mistelbach zu, treibt, durch mehrere reichhaltige Quellen des besten Trinkwassers verstärkt, mittels eines überschlächtigen Rades die THALMÜHLE und ergießt sich oberhalb der POPPENMÜHLE in die Mistel.

GESEES an sich zählt gegenwärtig 360 Einwohner, die in **50 größtenteils ganz von Holz (!) erbauten und mit Stroh oder Schindeln bedeckten (!)** Häusern wohnen. Nur hie und da schimmert ein rotes **Ziegeldach** durch das mannigfaltige Grün der Bäume und über das Nebelgrau der Schindeln in die Ferne hinaus und verleiht dem Bilde des sonst sehr schön gelegenen Dorfes mehr Anmut und Frische.

So zweckmäßig hölzerne Gebäude in einer hohen Gebirgsgegend sind, indem sie mehr Schutz gegen die strengere Kälte und den oft staubartig und überreichlich herabfallenden Schnee des Winters gewähren, so leisten sie doch den **Feuersbrünsten** unglaublichen Vorschub. Und nur dem musterhaften Zusammenwirken der Geseeser und ihrer Nachbarn ist es nächst Gott allein zuzuschreiben, dass immer frühzeitig die Wut des losgebrochenen Elementes in ihre Grenzen wieder eingeschränkt und der Einäscherung des Dorfes vorgebeugt wurde. Der täglich steigende Preis des Holzes und die Schwierigkeit, neue Schindeln zu erhalten, werden übrigens, neben der neuen **Ziegelhütte** dahier (erbaut 1837 und zum zweitenmale 1840 nach dem **Brande im Mai desselben Jahres**), das beste Mittel werden, **massiv gebaute und ziegelbedachte Häuser** an die Stelle der hölzernen zu bringen.

Bei weitem die meisten Bewohner des hiesigen Dorfes und seiner Umgegend nähren sich von **Ackerbau und Viehzucht** und teilen sich in vier Klassen:

1. Bauern, die einen halben oder Viertelhof als geschlossenes Gut besitzen und darauf 2-3 Paar Ochsen halten,

2. Söldner, zu deren Häusern nur so viel Felder gehören, dass sie ein paar Kühe halten können, die sie gewöhnlich auch einspannen und zum Zuge verwenden,

3. Tropfhäusler[14], die höchstens einige walzende Grundstücke[15] besitzen,

4. Hintersassen oder **Herberger**, die zur Miete wohnen und sich als Handwerker oder Tagelöhner nähren und mit den Tropfhäuslern gewöhnlich unter die „kleinen Leute" gerechnet werden. Da diese Letzteren entweder gar keine **liegenden Güter** oder doch nicht so viel besitzen, um von

---

[14] (jt) Der Ausdruck „Tropfhäusler" meint eigentlich einen armen Dorfbewohner, dessen Grundstück nicht größer ist, als der Traufrand seines Daches. Auch Pfr. HÜBSCH rechnet ihn zu den „kleinen Leuten", fasst aber die Besitzlosigkeit nicht so eng.

[15] (jt) „Walzende Grundstücke" (Erb- oder Walzäcker. Wandeläcker) sind, im Gegensatz zu „geschlossenen Gütern" (früher auch unfreien Besitzungen), solche Ländereien, über welche die Besitzer durch Austausch, Abverkauf oder Vererbung frei verfügen können.

deren Ertrag sich und die Ihrigen hinlänglich zu nähren, so sind sie gezwungen, Felder und Wiesen zu **pachten**. Diese werden aber selten von den Besitzern für bares Geld, sondern gewöhnlich um eine Anzahl von Tagen vermietet, welche der Pächter den Eigentümern gegen freie Kost zu arbeiten hat; oder er muss den Acker, den er ein Jahr lang bebauen will, ganz und gar bedüngen. Das Beet wird nach seiner Länge und Qualität auf 3-8 Tage angeschlagen, und der Besitzer hat es zu düngen und zu ackern. Die Weigerung, auf vorangegangene Bestellung beim Bauern zu arbeiten, hat den Verlust der „Lassbeete" zur Folge.

Wer auf der Wiese eines Bauern die Grasweide, d.h. das Recht haben will, auf ihrer Grenze den ganzen Sommer zu grasen und bei der Heu- und Grummeternte einen ·Haufen dürres Futter zu nehmen, der muss im Frühjahre die Wiese von Ameisen- und Maulwurfshügeln, Domen etc. reinigen, während des Jahres die Aufsicht darüber führen und zum Mähen und Heuen behilflich sein. Auch für Wohnungen werden, außer dem Mietgeld, oft noch mehrere Tage Handarbeit gefordert.

Auf diese Weise bringt sich der Unbemittelte leichter fort, weil er auch die Sonntage die Kost bekommt, wenn er die ganze Woche bei einem Bauern gearbeitet hat. Und der Bauer hat den Vorteil einer Anzahl zu seinem Dienste bereit stehender Hände, die besonders zur Zeit der Ernte wichtig und entscheidend sind, wo man oft für doppelten Lohn[16]. keinen Arbeiter aufzutreiben weiß

Die Nachfrage nach Tagelöhnern wächst von Tag zu Tage mit der **Auswanderungslust**, die dem Lande nicht

---

[16] Der Taglohn beträgt ohne Kost 18-20 kr., mit derselben 9-10 kr.

bloß manche entbehrliche, sondern auch viele wohlhabende und arbeitsame Familien entzieht. Mancher Bauer ist jetzt schon gezwungen, **Mägde mit unehelichen Kindern** in sein Haus aufzunehmen und gleich anderen zu halten und zu belohnen.

Dem **Gewerbestande** wenden sich nur sehr wenige und meistens **Minderbemittelte** zu. In GESEES selbst findet man gegenwärtig zwei **Wirte**, wovon einer zugleich **Bäcker**meister ist, zwei **Krämer**, einen **Bader**, drei **Schuhmacher**-, vier **Schneider**-, einen **Schreiner**-, einen **Zimmer**-, einen **Büttner**-, einen **Metzger**-, zwei **Weber**meister, einen **Schmied** und einen **Wagner** nebst einigen **Maurern**, welche auch die treffenden Arbeiten für die umliegenden Dörfer neu zu fertigen und zu reparieren haben und darum nicht immer im Stande sind, den gemachten Anforderungen und Bestellungen rechtzeitig zu genügen.

Der **Boden** in und um Gesees besteht aus Lehm, Ton, Kalk, Gips, Mergel, Sand und Eisenstein und deren Mischung in verschiedenen Abstufungen und mit mehr oder weniger Humus verbunden. Doch findet sich in GESEES der **Sandstein** nur in der Tiefe und liegt teilweise nur am Bache, desto reichlicher aber im Thale und gegen MISTELBACH hin zu Tage, wo er bei seiner oft vorzüglichen Güte viele Arbeiter in den **Steinbrüchen** beschäftigt.[17]

---

[17] (jt) Hier und in der Nähe der STEINMÜHLE, dürfte auch der Stein für die Kirche, die Pfarrhäuser und für viele ortstypische Häuser gebrochen worden sein. Einer dieser Steinbrüche mitsamt dem sorgsam oberhalb angelegten Bewuchs stattlicher Linden und dem vorbeifließenden Fischwasser gehörte lange Zeit der Kirchenstiftung GESEES.

Aus der angedeuteten Beschaffenheit des Bodens und der eigentümlichen Lage des Ortes erklärt es sich leicht, warum GESEES bei einem Überflusse an den Quellen doch kein völlig reines **Trinkwasser** hat, sondern sich seinen Bedarf aus dem Thale gegen MISTELBACH oder von FORKENDORF herholen muss.

Zwar liefern alle Brunnen dahier ein vollkommen helles, klares und geruchloses, jedoch aber mehr oder minder **hartes Wasser**, das sich größtenteils zum Kochen der Hülsenfrüchte ebenso wenig, wie zum Reinigen der Wäsche und zum Bleichen der Leinwand eignet und letzterer eine widrige Steifheit verleiht. Es quillt fast durchgehend nur aus tonigen, lehmigen und kalkartigen oberen Erdschichten hervor, von denen es viele erdige Teile in sich aufnimmt, und da es durch kein Lager von Sand und Sandstein mehr filtriert oder gereinigt wird, auch behält. Namentlich findet man – nach einer genaueren Untersuchung des Herrn Apothekers MEYER in BAYREUTH – in demselben den kohlensauren Kalk und Gips, der sich in steinernen Kanälen und Wassertrögen in einem unregelmässigen Gebilde von Kalksinter niederschlägt,[18] in den Kochgefässen aber den „Pfannenstein" ansetzt.

Außer diesen Kalkverbindungen hat der trockene Rückstand (14 Gran auf 1 Pf.) schwefelsaure Soda und Magnesia, Spuren von Kieselerde und Humusextrakt. **Seife** löst sich deshalb nicht völlig in diesem Wasser auf, sondern schwimmt wie geronnene Milch und flockig darin herum. Sein Genuss erzeugt bei schwächlichen Personen Magen-

---

[18] dessen Zwischenräume mit weicheren oder härteren Tonmassen angefüllt sind.

beschwerden, und man hält es wohl nicht mit Unrecht für die Ursache der dicken Hälse und Kröpfe, die sich hie und da vorfinden.

Die **Vizinalstrasse**, welche im Jahre 1817-18 erbaut wurde, trägt zur Belebung wie zum Wohlstande des Dorfes nicht wenig bei. Zwei Ochsen ziehen auf derselben jetzt die nämliche Last, wie deren sechs in früheren Jahren, und kommen doch schneller und wohlbehaltener mit Wagen und Geschirr am Ziele an. Wie sehr auch mancher in seinem Unverstande über die Frohnen zu ihrer Erhaltung klagt, sobald er nur aus bodenlosen Feld-und Waldwegen auf die gebahnte und sichere Strasse kommt, wird sein Herz wieder zufrieden und voll Dankes gegen eine Regierung, die mit väterlicher Treue für das Wohl ihrer Untertanen sorgt. Wollte Gott, dass mit demselben Eifer und Gemeinsinn auch eine von den beiden **Quellen** auf dem SOPHIENBERG oder in SPÄNFLECK in das Dorf herabgeleitet und dadurch dem drückenden Mangel eines reinen erquickenden Wassers ebenso abgeholfen, als der unnützen Zeit- und Kraftverschwendung beim Wasserholen selbst begegnet würde!

An Gelegenheit, seine Zeit und Kraft zu weit nützlicheren Dingen anzuwenden, fehlt es bei dem schweren Boden dem Landmanne hiesiger Gegend ohnedies nicht. Doch sind die **Felder im Ganzen ergiebig** und lohnen mit einer **reichen Ernte** den Fleiß, der auf ihre Bearbeitung verwendet wird: vorzügliches Getreide (Weizen, Gerste, Korn, Erbsen, Linsen, Wicken und Haber), trefflicher Schmalsaat, Kartoffeln[19], Kraut, gelbe, weiße und rote Rüben, Kohlrabi

---

[19] Diese Frucht, welche ein Engländer, FRANZ DRAKE, um 1586 aus

über und unter der Erde (Brassica oleracea caulo-rapa et br. campestris napobrassica) und sehr gutes Gespinnst (Hanf und Flachs). Auch gerät der **Hopfen- und Obstbau** im Ganzen ziemlich gut, der Weinstock jedoch nur an sonnenreichen Häusern in sehr warmen Sommern.

Trockene und dürre Jahre ausgenommen, hat man an Wiesenfutter sogar noch Überfluss, besonders seitdem der **Kleebau** mehr und mehr in Aufnahme kommt und auf Verbesserung und **Düngung** der Wiesen mit Mistjauche Bedacht genommen wird. Daraus erklärt es sich von selber, warum jetzt im Ganzen fast **doppelt so viel Rindvieh** als ehedem hier gehalten wird. Die besondere Güte und Schönheit desselben ist aber eine erfreuliche Wirkung des **landwirtschaftlichen Vereins** zu Bayreuth, der nicht allein Preise an ausgezeichnete Viehzüchter verteilt, sondern sogar aus dem Ansbachischen und Allgäuischen vorzüglich schöne Kalben und Zuchtstiere in die hiesige Gegend bringen und um den Ankaufspreis an die Landwirte abgeben lässt.

Seit der Verteilung der Gemeindehut hat die Schweinszucht, die sonst viel Geld einbrachte, ab-, die **Pferdezucht** aber seit zwei Jahren wieder bedeutend zugenommen. Auch werden in GESEES allein jährlich gegen 500 **Gänse** und darüber aufgezogen und mit anderem Federvieh (Enten, Hühnern und Tauben) in die Stadt verkauft.

Die Taubenzucht, welche dem Nutzen nach ohnedies

---

dem 1492 neuentdeckten Amerika nach Europa brachte, kam um 1652 nach Deutschland und wird seit 1670 in unserer Gegend angebaut. Wegen ihrer vorzüglichen Güte ist sie hier auf allen Tischen sehr gerne gesehen und bildet eines der Hauptnahrungsmittel.

den letzten Platz in der Ökonomie einnimmt, hat freilich dahier gar geringen Fortgang, nicht etwa weil die Gegend zu arm für sie wäre, sondern weil außer unnützen Buben ihnen auch noch ein Heer von Mardern, Iltissen und Wieseln nachstellt, und, ohne dass zu ihrer Vertilgung etwas geschähe, heute diesen, morgen jenen Schlag plündert und ruiniert.

Unter den Haustieren müssen wir auch noch die **Ziegen und Böcke** erwähnen, von denen letztere ausser dem Fleische auch noch haltbares Hosenleder und erstere die nahrhafte Milch liefern, aus der man die beliebten und schmackhaften Gaiskäse bereitet, welche von Manchem den besten Schweizerkäsen vorgezogen werden. Die jungen Ziegen oder Zicklein werden aufgekauft und nach NÜRNBERG zu Markte geschafft.

Das **Klima** ist in GESEES zwar nicht eben rauh, doch durch die erhabene Lage ziemlich windig und kalt zu nennen. Im Vergleiche mit BAMBERG und WÜRZBURG beginnt hier der Frühling um zwei bis vier Wochen später. Und wer von hier in jene Gegenden oder nach NÜRNBERG reist, um dort während der Ernte einige Gulden durch Schneiden und Dreschen als Taglöhner zu verdienen, kehrt nach Vollendung dieser Arbeit zur Einheimsung seines eigenen Winter- und Sommerbaues immer noch früh genug in die Heimat zurück. Doch werden hier alle Feldfrüchte vollkommen reif, und die Gegend ist eine der gesündesten, wie das blühende und kräftige Aussehen und oft **hohe Alter ihrer Bewohner** beweisen.

Obwohl von einem eigentlichen Holzmangel bei uns noch nicht zu reden ist, so steigen doch durch frühere, zum

Teil sehr unzeitige Waldausrodungen. schlechte Beaufsichtigung und Bewirtschaftung namentlich der Privatwaldungen und bei dem spärlichen Nachwuchse, der mit der stärkeren Holzkonsumtion durchaus nicht gleichen Schritt hält, die Preise des weichen **Holzes** täglich, so dass die Klafter, die vor 100 Jahren um 4-6 Groschen verkauft wurde, nun 9-11 Gulden kostet und mehr Prügel als Scheiter enthält.

Das Suchen nach **Torf** ließ auch in FORKENDORF ein sehr ergiebiges Lager auffinden; allein Sand und andere Erde anstatt Nadelstreu dem Vieh unterzubreiten, kann keinem Ökonomen zusagen, der sein Vieh lieb hat, seine Zeit besser, als zum Spazierenfahren der Erde anzuwenden weiß und die Bedingungen und Bestandteile eines guten Düngers genau kennt.[20]

Die entbehrlichen Produkte aller Art werden fast ohne Ausnahme in die nahe **Hauptstadt** [Bayreuth] geschafft, welche der **Landmann** gar gerne besucht, um teils von dem erlösten Gelde mancherlei nötige Gerätschaften zu kaufen, teils an einem guten Glas Bayreuther Biers sich zu erquicken, welches immer noch einen gewissen Vorzug vor anderm in der Gegend gebräuten behauptet.Auch versäumt der Bauer selten die Brandenburger **Viehmärkte** in St. Georgen, wo der Verkauf des eigenen und der Anblick des fremden Viehes ihm Beschäftigung und Unterhaltung genug gewährt und ihn immer in Bekanntschaft mit dem Preise des Viehes selbst erhält.

Obwohl diese, wie auch die Creussener Viehmärkte, so ganz in der Hand der **Juden** sind, dass sie beim Eintritte

---

[20] Vergl. Landwirtschaftliche Dorfzeitung 1841. Nr. 12

jüdischer Feiertage sogar verlegt werden, weil ohne Juden nur unbedeutende Geschäfte gemacht werden, so ist doch der Einfluss der letztern nicht so verderblich, wie an anderen Orten, sondern vielmehr **wohltätig**, weil sie das entbehrliche Mast- und Zugvieh in die untern Gegenden forttreiben und dadurch den Absatz desselben erleichtern. Übrigens ist der **Preis** des Rindviehes, sowie überhaupt der Viktualien, hier immer niedriger, als in anderen Gegenden, es müsste denn Misswuchs oder Viehseuche eine Steigerung veranlassen.

Da von der Kirche und den übrigen damit zusammenhängenden Gebäuden weiter unten die Rede sein wird, so bemerken wir hier nur noch im Allgemeinen über GESEES, dass fast vor jedem einzelnen Hause, und zwar auf der langen Seite des Einganges, ein mit Sandsteinen geschalter, 4-5 Schuh breiter Weg (**Bruck**) sich befindet, sonst aber der Hofraum und das ganze übrige Dorf an **gepflasterten Fußsteigen** großen Mangel hat. Bei anhaltendem Regenwetter versinkt man deshalb ziemlich tief in Kot und bricht notgedrungen durch Zäune und Hecken, um den festen und reinlichen Boden der Wiesen und Raine zu gewinnen. Dass dadurch vieler Schaden verursacht wird, leuchtet wohl jedem ein, aber schwieriger ist's, dem Übel abzuhelfen, zumal auf dem Lande.

Die Tracht

Wir gehen nun von der Beschreibung des Dorfes zu seinen Bewohnern über und verweilen einige Augenblicke bei ihrer äußeren Haltung und Tracht, die sich von der der übrigen Dorfbewohner des

Bayreuther Oberlandes **merklich unterscheidet** und in ihrer Eigentümlichkeit jedem Fremden sogleich auffällt.

Sie erstreckt sich über das ganze Hummelland (s. unten) und wird insgemein die „Hummel- oder Mistelgauer Tracht" genannt. Obwohl sie hie und da manche Veränderungen erlitten hat, so hat doch die Anhänglichkeit an das Alte dem Eindringen der verderblichen Modesucht hier mehr als an anderen Orten gewehrt. Und wer den Landmann liebhat, muss ihn darüber loben, und ihm raten, **der väterlichen Sitte treu zu bleiben.** [21]

„Der so achtbare Bauer", sagt ein lesenswertes *Schriftchen*[22]*, „ist in meinen Augen ein beklagenswertes Geschöpf, wenn er als Affe des Städters auftritt. Und mag die schönste Sommerhose ihm nur einen, die lederne dagegen 4-5 Taler kosten, so hat er, ehe diese nur geflickt zu werden braucht, schon dreißig andere bei seiner schweren Arbeit zerrissen. Man halte das für keine Hyperbel* (Übertreibung). *Ich rechne in vollem Ernste hundert Ellen Zeug aus ägyptischer Baumwolle auf ein deutsches Bocksfell.*

Wir können bei den verschiedenen Stämmen und in den verschiedenen Gauen unseres deutschen Vaterlandes keine allgemeine Nationaltracht haben, aber die vorhandenen derartigen Gebräuche unter den verschiedenen Stämmen und in den verschiedenen Gauen müssen wir hegen und pflegen. Und wohl sollte es der Deutsche zu Herzen nehmen, dass der lächerliche und verderbliche Wechsel der Mode gerade aus

---

[21] (jt) Vergl. INGRID u. RÜDIGER BAURIEDEL, Die Tracht der Hummelbauern 2009.

[22] (jt) C.B.KÖNIG, Über die Erziehung des Landvolks zur Sittlichkeit, Halberstadt 1840.

Sonntagstracht der Hummelbauern zur Zeit von Pfarrer HÜBSCH, nach Blättern von SIXTUS JARWARTH, Verlag Carl Giessel Bayreuth 1857

dem Lande (Frankreich) zu uns herüber kommt, dessen Bewohner ihrem Charakter nach die veränderlichsten Geschöpfe unter der Sonne sind."

Die Wahrheit dieser Worte wird in ihrem ganzen Umfange von unsern Bauern anerkannt, und der Grundsatz *„Selbst gesponnen, selbst gemacht ist die echte Bauerntracht"* nirgends allgemeiner, als hierzulande geübt.

Die **Wolle,** vom eigenen Schafe gewonnen, am eigenen Herde kartätscht und gesponnen, gibt das schwarze Tuch, aus welchem die Röcke der Männer und Weiber verfertigt werden und welches an Haltbarkeit die modernsten Fabriktücher bei Weitem übertrifft.

Die Röcke der **Männer** sind kurz, mit hinaufgeschobener Taille, einfach und inwendig grün ausgeschlagen. Außer dem einfachen kurzen Hummelröcklein hat jeder Mann noch einen längeren von demselben oder von feinerem Tuche. Beide werden nicht übereinander geknöpft, sondern nur vorne zusammengehäkelt, und der letztere wird vorzugsweise als Kirchenrock gebraucht.

Statt der Westen tragen sie Brustflecke, sonst von scharlachrotem, jetzt von dunkelgrünem Tuche, mit gelben Schnüren besetzt und gelben, roten und blauen Blümchen bestickt. Über dieselben gehen die breiten, schwarzledernen und vorne mehrfach verschlungenen Hosenträger, an welchen in messingenen Haken die kurzen, schwarzen bocksledernen Hosen hängen, die unten am Knie über den weißen Strümpfen hin zusammengebunden sind.

Um den Hals, der bei den Alten ganz bloß oder höchstens mit einem einfachen Sammetbande umschlungen war, trägt man jetzt ein schwarzes seidenes Tuch, das besonders bei den jungen Leuten am Rande mit dunkelroten Streifen durchwirkt ist.

Das Haupthaar wird regelmässig kurz geschnitten, von manchen aber noch gescheitelt getragen. Auf dem Haupte sitzt ein schwarzer breiter Hut mit herabhängender, hie und da auch teilweise aufgestülpter Krempe, oder eine hochaufstehende grünsammetne und reich verbrämte Mütze. In der neuesten Zeit schleichen sich auch tuchene Schirmkappen ein, so wie auch Tuchmäntel im Winter jetzt allgemeiner als ehedem gesehen werden.

Die **Weiber** schnallen um ihren kurzen, faltenreichen und am unteren Rande mit hellblauem Bande besetzten schwarzen Rock einen schwarzledernen, mit metallenen Plättchen reich verzierten Gürtel, tragen eine schwarze

Jacke – Mädchen meist dunkelgrüne – und über eine mit Seide und Flittergold gestickte Haube ein schwarzes oder rotes Kopftuch, das gewöhnlich um einen handbreiten Papierstreifen gewunden und hinten gebunden ist. Zu Kirchgängen setzen viele auch bloß ein weißes Tuch auf den Kopf und werfen ein anderes dergleichen in der Breite von 12-15 Zoll über die Schultern, dessen beide Enden sie vorne mit den Händen Festhalten.

Jungfrauen schmücken bei feierlichen Aufzügen ihre Hauben mit dunkelroten seidenen Bändern, die künstlich durcheinander geschlungen sind, und mit einem bunten Kranz.

Anstatt eines Regenschirmes bedient sich das weibliche Geschlecht großer weißer Leintücher, die in der Mitte einen zwei bis drei Finger breiten roten Streifen haben und bei einem Gange über Land über den Rücken gelegt und vorne zusammengebunden werden. – Auf seine Nationaltracht ist das Volk nicht wenig stolz, rühmt sich, mit derselben vor Königen und Fürsten erscheinen zu dürfen und lässt sich in und mit derselben sogar auch begraben.

Doch genug von der Tracht unseres Volkes; wir wollen nun versuchen, seinen Charakter zu schildern und sodann einen Blick auf seine Gebräuche und Lebensweise werfen.

Der Charakter

Man behauptet zwar, dass Charakterschilderungen, je genauer sie sind, desto mehr Feinde erregen. Allein diese Besorgnis kann den Geschichtschreiber nicht berechtigen, von dieser Aufgabe völlig Umgang zu nehmen oder nur die vorteilhaften Seiten hervorzuheben. Seine Pflicht ist's, die Wahrheit zu sagen und unparteilich in seiner Darstellung zu Werke zu gehen.

Der Charakter unserer Hummeln lässt sich doppelt, nämlich von der intellektuellen und moralischen Seite auffassen.

Es wäre unverzeilich, den ganzen Stamm für minder begabt oder geistesschwach zu erklären und sie mit jener tadelnswerten Vornehmtuerei in die Klasse der „dummen Bauern" zu setzen. Wer länger hier zu Lande lebt, findet nicht nur mehr Witz, List und Klugheit, sondern auch hie und da mehr gesunde Vernunft und und richtige Einsicht in höhere Dinge, als er anfangs zu erwarten geneigt war.

Fast jedes Dorf hat einige Männer aufzuweisen, die einen schönen Vorrat allgemeiner Kenntnisse besitzen und gar wohl im Stande sind, Gedanken mündlich und schriftlich auf eine fassliche und klare Weise auszudrücken und wie im Hause, so auch in der Gemeinde ein gutes Regiment zu führen. Da aber **Ackerbau und Viehzucht die Lieblingsbeschäftigung** im ganzen Lande ist und selbst die unentbehrlichsten **Handwerke nur von Wenigen erlernt**, von noch Wenigeren aber regelmässig betrieben werden – es sei denn, dass besondere Verhältnisse oder körperliche Schwachheit sie dazu zwingen –, so ist es nicht zu verwundern, wenn der Geist, der von früher Kindheit auf der Ökonomie sich hingibt, im Allgemeinen **weniger Sinn und Empfänglichkeit für Wissenschaft und höhere Bildung** hat. Die Mehrzahl begnügt sich mit dem gewöhnlichen Schulunterrichte und dessen notdürftiger Aneignung und gibt sich nach der Entlassung aus der Schule ganz und ungeteilt dem künftigen Berufe hin, der dann alle Zeit und Kraft des Leibes und der Seele in Anspruch nimmt. Daher kommt es, dass man teilweise wohl auch große rationelle, vorzugsweise aber praktische Kenntnisse über fast alle Gegenstände der Feldwirtschaft findet.

Es ist kaum ein Produkt des Feldes, dem man nicht irgendeinen Nutzen abzugewinnen wüsste, selbst wenn es anderwärts übersehen oder verachtet wäre; und auch der wilde und sterile Boden wird durch anhaltenden Fleiß verbessert und fruchtbar gemacht.

Um Politik kümmert man sich gar nicht, und fast in keinem Dorfe wird eine **Zeitung** gehalten. Zur Erlernung von Kenntnissen, die nicht unmittelbar mit seinem Berufe zusammenhängen, hat der Knabe so wenig Lust. als der Erwachsene. Die **einzigen Bücher** im Hause sind **Bibel, Gesangbuch, Katechismus** und hie und da noch ein besonderes Gebet- und Predigtbuch.

Da man aber nicht immer beten und singen kann und doch für müßige Stunden keine anderweitige Lektüre hat oder sucht, so trifft bei manchen ein, was ein geachteter Schriftsteller sagt: Der Bauernknabe, der sich nicht fortbildet, lernt Lesen und Schreiben, um es wieder zu vergessen. Und weil er vor Langerweile nicht weiß, was er anfangen soll, treibt er sich mit Andern geschäftlos herum und muss zuletzt wieder in die Spinnstube und das Wirtshaus geraten. Auf diese Weise bleibt die Mehrzahl **hinter den Anforderungen der Zeit** zurück, und falsche Scham hindert oft bessere Köpfe, das in der Jugend Versäumte in späteren Jahren nachzuholen.

Daher ist es nicht sehr zu wundern, dass hie und da **Aberglaube** und finstere Vorurteile ihre Herrschaft noch über manche Geister üben und zu Tagewählerei, Gespensterglauben und andern Gewohnheiten verleiten, deren Unhaltbarkeit und Grundlosigkeit für jeden gesunden Menschenverstand so sehr zu Tage liegen, dass sie keines weiteren Beweises mehr bedürfen. Was in dieser Beziehung die Alten geglaubt haben, wird ohne Prüfung und als vollgültig vom Sohne festgehalten und beobachtet.

Doch eben diese **Beständigkeit des Willens und dieses hartnäckige Festhalten des einmal Ergriffenen** – sei es Wahrheit oder Irrtum – bildet einen hervorstechenden Zug unter den Eigentümlichkeiten dieses Geschlechts. Verdanken wir dieser Beharrlichkeit im guten Sinne die Erhaltung der väterlichen Tracht und Sitte, so müssen wir sie in ihrer fehlerhaften Richtung als die **Mutter jenes Eigensinnes** und Trotzes bezeichnen, der nicht gerne nachgeben will und oft, wie bei **Prozesssachen**, das Äußerste versucht und wagt, um nur Recht zu behalten und seine vorgesetzte Meinung durchzusetzen. Zu spät sieht oft mancher erst seinen Irrtum ein und beklagt es, nicht früher den Spruch alter Weisheit beherzigt zu haben: *„Schick dich in die Welt hinein! Denn dein Kopf ist viel zu klein, als dass sich schickt die Welt hinein."*

Bei so bewandten Umständen ist es begreiflich, dass mit Geduld und Nachsicht im Ganzen mehr aus erichtet wird. als mit jenem Eifer, der nicht schnell genug zum Ziele kommen kann; und was oft Drohungen und Strenge entweder gar nicht, oder nur unvollkommen ausrichteten, gelang der Liebe, die im Belehren, Bitten und Ermahnen nicht müde wird, und der weisen Mäßigung, die, wenn auch nur allmählich und langsam, doch sicher zum Ziele zu kommen weiß. Wer aber gar nicht hören will, hat sichs dann selber zuzuschreiben, wenn er fühlen muss, und findet nirgends Mitleiden, wenn sein böser Wille ernstlich bestraft und gebrochen wird.

Wie strenge die Bauern auf der **Bewahrung alter Gebräuche** bestehen und deren nicht gerne einen untergehen lassen, erkennt man unter andern auch daraus, dass manche Speisen an gewissen Tagen durchaus nicht fehlen dürfen und manche Arbeiten zu gewissen Zeiten unbedingt verrichtet werden müssen, wobei oft kein anderer Grund, als die alte Observanz entscheidet. Ebenso werden auch hie und da die **Aposteltage** und dergl. wenn auch schon lange nicht mehr kirchlich, doch noch teilweise bürgerlich gefeiert und ohne Not keine besonders schwere und wichtige Arbeit in denselben vorgenommen.

Ebenso haben die **Dienstboten** das Recht, die Lichtmess- und Pfingst-Messe in Bayreuth zu besuchen, und es ist keiner, der sich davon abbringen ließe. Überhaupt muss jeder Fremde, der in diesen Gau zieht, sich sorgfältig nach dem Landesbrauch erkundigen und richten, wenn er nicht vielfach anstossen will.

Im Ganzen ist unser Völklein ziemlich **lustig und lebensfroh**. Eigentliche Trunken- und Raufbolde, deren es ehedem mehrere gegeben haben soll, sind zum Glücke wenige vorhanden, und diese sind so allgemein verachtet, dass Niemand leicht in ihre Fußtapfen treten mag.

Auch nimmt man allenthalben eine bestimmte Stetigkeit im Denken und Handeln wahr, die sich nicht leicht übereilt, aber auch nicht übertreiben lässt. Nur in der **Erntezeit** wird oft Unglaubliches geleistet und an einem einzigen Tage mehr vollendet, als sonst vielleicht in dreien.

Über **Religiosität und Sittlichkeit** kann man im Allgemeinen nicht klagen. Und der eigentlichen Verbrecher werden verhältnismäßig in diesem Gaue recht wenige gefunden.

Auf dem Landmanne ruhen viele Steuern und Abgaben, und er muss sich nicht wenig plagen, mit einfacher Kost sich begnügen und auf manchen Genuss des Städters verzichten, um seine paar Taler zusammenzubringen. Er schätzt aber auch den Wert des sauer erworbenen Geldes und trägt Bedenken, einen Pfennig über die Taxe zu bezahlen. Wer bei einem schuldenfreien Anwesen noch einige Hundert Kapital hat, gilt in seinen Augen für einen reichen Mann.

Zu wundern ist es, dass bei der großen Liebe zum eigenen irdischen Besitze doch von manchen fremdes Eigentum so gering geachtet und sogar beeinträchtigt wird; und dass bei der strengen Zurücksetzung, welche die Unkeuschen trifft, doch noch immer so viele der **Fleischeslust** fröhnen.

Zu diesen **Übertretungen des sechsten Gebotes** trägt aber hier, wie fast überall, die Schwierigkeit bei, welche der Begründung eines eigenen Herdes besonders dann erwächst. wenn beide Liebende nicht das zur Ansässigmachung hinreichende Vermögen besitzen, oder wenn die Eltern ihr Gut an ihre Kinder nicht übergeben, sondern lieber bis an ihr Ende das Regiment im Hause führen wollen. Und in der Tat haben diese zu ihrer Rechtfertigung hie und da Beispiele übler Behandlung anzuführen, welche solche Auszügler oft vom eigenen Kinde, oft von dem eingeheirateten Teile erfahren müssen.

Eigentümlich ist es, dass der **Hof oder das Gut an den**

jüngsten Sohn, oder, in Ermanglung männlicher Erben, an die **älteste Tochter** übergeht, welchen das ganze Anwesen um einen verhältnismässig niedrigen Preis angeschlagen wird, in dessen Betrag sich dann die Erben gleichheitlich teilen. Dagegen hat der neue Hofbesitzer seinen alten Eltern die „Ausnahme", bestehend in Wohnung, Kost, Kleidung, etlichen Gulden baren Geldes etc., lebenslänglich zu reichen. Und die Aufzählung der geringfügigsten Dinge im Übergabevertrage, wie Zwirn, Schmeer, eines Sitzes auf der Ofenbank etc. lässt auf eine große Ängstlichkeit der Alten, sowie auf vorgekommene Fälle schliessen, wo von Seiten der „jungen Leute" dergleichen Kleinigkeiten und Liebesgaben verweigert wurden, weil sie nicht ausbedungen waren.

Die Vorsehung übt aber oft sichtbar ihr Vergeltungsrecht, und mancher büßt vielleicht als Auszügler nur, was er einst an seinen eigenen Eltern verschuldet hat, während fromme Kinder an sich erfahren, was die Verheissung spricht: „Wer Vater und Mutter ehret, dem wird's wohlgehen, und er wird lange leben auf Erden."

Die ganze „Ausnahme" wird in der Regel zu Geld angeschlagen und hypothekarisch sichergestellt. Da der Hofbesitzer immer in großem Vorteile gegen seine Geschwister ist, die sich oft mit Wenigem begnügen müssen, so entstehen gemeiniglich bei solchen Erbteilungen Uneinigkeiten und Feindschaften. Sie lösen sich jedoch bald wieder, wenn ruhigeres Blut der Vorstellung Raum gibt, dass nur Einer den Hof bekommen könne, dass es von jeher so gewesen und viel besser sei, wenn er bei der Familie bliebe, als wenn er unter fremde Leute käme, und dass, wenn die Alten lange leben, der Gewinn für den neuen Hofbesitzer doch auch so gar groß nicht sei.

Sobald der Hof übergeben ist, tritt der neue Besitzer als "Bauer" auf. Die Eltern ziehen sich zurück und überlassen dem neuen Herrn die Herrschaft des Hauswesens, für welches sie im Stillen die ihnen angewiesenen kleineren Geschäfte verrichten. **Der Wille des Mannes lenkt alles im Hause.** Und er lenkt gut, wenn er mit Verstand, Erfahrung und Frömmigkeit gepaart ist. Wo nicht, so geht alles verkehrt. Und in wenigen Jahren seufzt er unter der täglich sich mehrenden Schuldenlast, die ihn anfangs zur Abgabe walzender Grundstücke[23], später wohl auch zur Zertrümmerung des ganzen Gutes führt und für ihn und die Seinigen eine traurige Zukunft bereitet.

Solche Gutszerstückelungen sind aber auch allemal mit großen Nachteilen für den Staat und die Gemeinde verbunden. Je häufiger sie vorkommen, desto mehr leiden Ackerbau und Viehzucht, sinken der allgemeine Wohlstand und die Kraft zu größeren Unternehmungen und Leistungen. Dagegen wachsen die Zahl der Armen, die Last der Gemeinde bei allgemeinen Auflagen und Frohnen und die Verlegenheit, beiden auf eine unparteiische und zureichende Weise zu genügen.

Im Ganzen ist das Volk sonst gut, arbeitsam, gastfrei, höflich und bescheiden gegen seine Vorgesetzten, spendet gerne zu frommen Zwecken sein Scherflein, unterstützt die Armen, leistet Abgebrannten der Nachbarschaft unentgeltlich Holz- und Steinfuhren, trägt Sorgfalt für sein Vieh, und ist immer der besseren Klasse der Landbewohner beizuzählen.

---

[23] (jt) "Walzende Grundstücke" gehören nicht qua Grundbuch zum Hof, sondern sind frei veräußerlich

Nach diesen allgemeinen Andeutungen über den Charakter verdienen auch **die Gebräuche** in hiesiger Gegend eine besondere Berücksichtigung.

Die Gebräuche

1) Kindtaufen

Das neugeborene Kind wird ohne Rücksicht auf Jahreszeit und Witterung oft eine Stunde weit zur Taufe in die Kirche getragen, und, wenn es ehelich geboren ist, nicht bloß von seinem **Paten**, sondern auch von seinem Vater und einigen Anverwandten begleitet. Es ist noch nie der Fall vorgekommen, dass jemand eine Gevatterschaft gefürchtet oder gar ausgeschlagen hätte. Im Gegenteil freut man sich dieser Ehre, und gelüstet sogar danach, in der Meinung, dass mit der Zahl der Paten auch die Größe des Wohlstandes sich mehre. Ehedem zahlte der Vater ein Drittel und der Pate zwei Drittel der Taufgebühren. Seit etwa 100 Jahren aber besorgt der Vater alle Auslagen, mit Ausnahme der Kerzendreier und der Zeche beim etwaigen Einkehren im Wirtshause.

Selten wird ein Kind getauft, ohne dass dabei **geschossen** wird, und je reichlicher der Gevatter die Schützen belohnt, desto länger donnern sie ihm ihren Dank in die Ferne nach.

Sowohl nach der Kindtaufe, als nach dem sogenannten Kirchgang der Wöchnerin wird eine Mahlzeit gegeben und Freunde und Bekannte des Hauses, sehr häufig auch der Geistliche, dazu eingeladen. Eigentümlich ist die fast ständig gewordene Zahl und Ordnung der Gerichte:
1) Fleischsuppe mit weißem Brot, 2) Reis- oder

Nudelsuppe, 3) Schweine-Knöchlein in schwarzer saurer Sauce bzw. Brühe, 4) Sauerkraut mit Würsten oder Dürrfleisch,
5) Mehlklöße mit Zwetschgen.

Nach der Mahlzeit wird Bier getrunken und zum Schluss eine Tasse Kaffe gereicht.

Im Ganzen geht es bei solchen Familienfesten so ordentlich und sittsam zu, dass sich kein Gebildeter der Teilnahme daran schämen darf. Der Wöchnerin wird von ihren Anverwandten und Gevattern eine Krätze gebracht, d.h. 15-30 große Butterlaibchen, welche beim Bäcker besonders bestellt werden, Kaffe und Zucker, mitunter auch ein Fässchen Bayreuther Bier, um ihr wieder zu Kräften zu helfen.

Die **Gevatterschaft** wird sehr in Ehren gehalten, und beim Verluste der Eltern nehmen die Kinder ihre Zuflucht zu den Taufpaten.

Das Kind erhält von seinem Paten jährlich einen zinnernen Teller an Weihnachten, einige Eier an Ostern, bei der Konfirmation ein neues Gesangbuch und bei der Verheiratung ein Federkissen.

2) Hochzeiten

Diese wurden von ehrbaren und sittigen Leuten sonst fast insgemein öffentlich gefeiert, und nur der Unkeuschheit Bezichtigte traf die Strafe der „stillen Trauung", nachdem sie vorher ihre **Kirchenbuße**[24] bestanden hatten. Auch

---

[24] Die Büßenden mussten an einem Sonntage nach der Vormittagspredigt nach geschehenem Namensaufrufe vor der versammelten Gemeinde von ihren Kirchensitzen an den Altar treten und an dessen unterster Stufe während des allgemeinen Kirchengebetes und der kirchlichen Bekanntmachungen in knieender Stellung verharren.

wunsch zu ihrem vorhabenden Schritte entgegen nimmt. Das Schießen aus Pistolen, Schwärmerwerfen etc. auf dem Hin- und Herwege ist abgeschafft.

Nach der Hochzeitpredigt und der Kopulation geht der Zug aus der Kirche und wird von der Musik außerhalb der Kirchtüre empfangen und nach Hause gespielt. Auf diesem Heimwege begann sonst ein Unfug, der jetzt wenig oder gar nicht mehr vorkommt. Ledige Burschen suchten nämlich die Braut ihrer Begleitung zu entreißen, und wem dies trotz allen Widerstandes durch List oder Gewalt gelungen war, der gab die Gestohlene nur gegen ein Lösegeld oder andere Geschenke wieder frei. Dass durch solche Unschicklichkeiten die fromme Stimmung in den Gemütern gänzlich verwischt, der armen Braut mancher empfindliche Stoß gegeben und ihr nicht selten die Kleider vom Leibe gerissen wurden, war an sich schon Grund zur ernstlichen Unterdrückung solcher Ausgelassenheit. Dabei mussten die Brautführer mit ihren Degen oft alles Ernstes dreinschlagen und manchen unverschämt Zudringlichen mit voller Kraft zurückweisen, woraus denn allerlei Unannehmlichkeiten und Störungen erwuchsen.

Zu Hause wird die Braut ihrem Bräutigame resp. die junge Frau ihrem Manne übergeben und Anstalt zu einem kleinen Essen getroffen. Die übrige Zeit wird mit Tanz und Musik, so wie mit Schießen und Spaßmachen vertrieben, bis sich die Hauptmahlzeit gegen Abend eröffnet. Der Braut wird die hinterste Ecke am Tische angewiesen und ihre Person durch die beiden Bautjungfern und Brautführer vor dem Gestohlenwerden möglichst geschützt.

Die **Ordnung der Speisen** ist für jeden Tag besonders und soll unten näher beschrieben werden. Die Zahl der geladenen Gäste beläuft sich gewöhnlich auf 40-50, wozu sich noch viele freiwillige finden. Zu ihrer Bewirtung wird in der Regel ein fetter Ochse, zwei bis drei große Schweine und oft auch einige fette Ziegenböcke geschlachtet. Auch werden gegen 80-100 Laibe Brot gebacken und 10-15 Eimer gutes Bier – meistens Bayreuther – und 1 Fässchen guter Branntwein herbeigeschafft, sodass es an keinem Gute mangelt.

Am Tage werden die Gäste von den Brautführern, am Abende aber während des Hochzeitsmahles von dem Hochzeitlader und dem Metzger bedient. Während der Tafel spielt die Musik beständig, und um Türen und Fenster drängt sich von außen die Menge, um Augen und Ohren, bisweilen auch den Gaumen und Magen zu ergötzen. Denn hie und da wird vom Tische aus Speise und Trank den Bekannten durchs Fenster zugesteckt. Nach Tisch gehen hölzerne Teller, in deren Mitte ein Messer als Handhabe steckt, zur Sammlung eines Trankgeldes für Hochzeitlader, Metzger und Musikanten herum. Auch die Aufspülerin des Geschirrs sammelt Gaben in ein mit Wasser gefülltes Schüsselchen.

Hierauf wird Anstalt zur Empfangnahme der Hochzeitgeschenke gemacht. Die Braut bleibt mit ihrer Bedeckung in der Ecke sitzen. Die Degen der Brautführer stecken über dem Tische in der Decke und sind mit Bändern und Tüchern verziert, die in die große zinnerne Schüssel herabreichen, welche in die Mitte des Tisches gestellt wird. Daneben sitzt mit der Gravität eines alten Dorfamtmanns der Hochzeitlader; Papier, Tinte und Feder liegt vor ihm bereit, um ein Verzeichnis der Gaben anzufertigen. Die Gäste legen nun bares Geld, 3-7 fl.[27], in die Schüssel und verschiedenes Hausgeräte auf den Tisch. Wer viel gibt, lässt oft lange auf sich warten, sich öfters mahnen und erst nach und nach zur völligen Darreichung seiner Gaben bewegen. Zuerst schenken die Eltern und dann die übrigen Gäste. Für jedes Geschenk danken die jungen Eheleute, und die Musik spielt einen wirbelnden Tusch.

Die **Speiseordnung** ist folgende:

Erster Tag: Frühstück: Kaffe- und Küchlein. Mittagessen: um 11 Uhr wird gute Fleischsuppe, dann Rindfleisch mit Kren und Brot vorgesetzt. Abendessen: 1) Fleischsuppe mit weißem Brot und Rosinen darauf gestreut; 2) Reisbrei; 3) Sauerkraut und Würste; 4) Schweinknöchlein mit saurer Brühe; 5) Stockfische; 6) Mehlklöße mit Zwetschgen.

Zweiter Tag: Desgleichen, nur dass abends statt Reis Nudeln gegeben werden und Warmbier statt Kaffee des morgens. An jedem dieser Tage werden jedem einzelnen geladenen Gaste zum Nachhausetragen noch besonders vorgelegt: a) 2 Sied- und 1 Bratwurst; b) 2 Pf. Rindfleisch; c) 1 Pf. Sauerbraten; d) 2 Pf. Schweinebraten; e) 1 Stück Pressack; f) 1 Eiring 6- 8 kr. Wert und g) ½ Laib Hochzeitbrot.

Dritter Tag: Frühstück: wie am zweiten Tage. Mittagessen: fällt weg. Und das Abendessen wird um 1-2 Uhr

---

[27] (jt) fl. (von „florin", Florentiner Goldmünze) ist die Bezeichnung der wichtigsten Münze im bayer. Münzsystem bis zur Einführung der einheitlichen Reichsmark seit 1871. Zur Zeit des Verfassers Pfarrer HÜBSCH hatte sie aufgrund des Münchner Münzvertrages ein Feingewicht von 9,545 g, bei einem Feingehalt von 90%., was bei einem heutigen Goldpreis von rd. 1.200 €/je Feinunze einem Wert von rd. 360 € entspricht.

nachmittags aufgetragen, als dessen letztes Gericht saure Kuttelflecke erscheinen, wobei *„Kuttelfleck – scheer dich weg!"* als Motto gilt. Die Gaben zum Nachhausenehmen betragen an diesem Tage nur die Hälfte der am ersten und zweiten Tage gereichten. – Bier. Schnaps. Käse, Butter und Brot kommt die drei Tage gar nicht vom Tische hinweg, und nirgends darf ein Glas oder ein Teller leer stehen. Die Gäste schicken sich nun am dritten Tage zur Heimkehr an. Und die von einem und demselben Dorfe werden ¼ - ½ Stunde weit von der Musik begleitet.

3) Beerdigungen

Die Beerdigung eines Toten wird fast insgemein öffentlich und in Gegenwart aller dazu eingeladenen Freunde und Anverwandten vorgenommen. Nach Beendigung der dabei gehaltenen Vorlesungen, Predigten oder Reden begibt sich der ganze Trauerzug von Einheimischen und Fremden ins Trauerhaus zurück zum sg. Leichentrunke, der wohl vorzüglich der Fremden wegen noch beibehalten wird. Denn da diese oft mehrere Stunden weit herbeikommen, so wäre es nicht ganz billig, sie ohne alle Labung und Erfrischung in ihre Heimat zurückzusenden, wie Mark. 8,1 ff geschrieben steht.[28]

Schon oben im Kapitel über die Trachten wurde erwähnt, dass die Männer in ihrer eigentümlichen Tracht und Kleidung in den Sarg gelegt werden. Dieser wird bei Leichen im Pfarrdorfe mit der Totenbahre vom Hause aus abgesungen und weggetragen, während man Leichen der umliegenden Dörfer auf Wägen mit 2-4 Pferden hierher

---

[28] (jt) Die Geschichte von der Speisung der Viertausend

fährt und sie an gewissen Orten, die für jeden Ort besonders bestimmt sind, ablädt und auf der Bahre unter Prozession zu Grabe geleitet. Eine löbliche Sitte ist es, dass ledige Personen unbescholtenen Wandels und Rufes nur von jungen Burschen gleichen Charakters gefahren und getragen werden dürfen, während alle, die ihren guten Namen durch **Unkeuschheit** einmal befleckt haben, unbedingt davon ausgeschlossen sind, auch wenn sie die allernächsten Verwandten und Freunde wären.

Bei den Leichtrunken wird Biersuppe mit Zucker, sodann Käse, Butter und neugebackenes Brot nebst frischem Bier geboten. Unordnungen kommen selten oder fast gar nicht dabei vor, wie sich denn überhaupt bei dergleichen Gelegenheiten eine größere Versöhnlichkeit und Einmütigkeit kundgibt. Jeder Gast bekommt, wahrscheinlich mit Bezugnahme auf Jer. 16,7,[29] beim Hinweggehen ein kleines längliches Laiblein gemischtes und ein Stück Hausbrot mit.

Dergleichen Trauermahlzeiten scheinen übrigens auch einen tieferen. zum Teil in der Natur, zum Teil in der Religion des Menschen liegenden Grund zu haben und nicht bloß der Leichenbegleitung zu Liebe, sondern vorzugsweise auch den trauernden Hinterbliebenen zum Troste bestimmt zu sein. Denn nichts ist fürchterlicher, als nach der Beerdigung teurer Toten einsam und verlassen im öden Sterbehause an seinem eigenen Grame und Schmerze zu zehren und an der leeren Stätte nur den Wiederhall seiner eigenen Schritte zu hören. Im Kreise teilnehmender

---

[29] (jt) *„das Trauerbrot brechen, um ihn zu trösten wegen eines Toten ... und ... den Trostbecher zu trinken geben wegen seines Vaters oder seiner Mutter."*

Freunde erweitert sich das Herz und mildert sich der Kummer in stille Trauer und in sanfte Wehmut.

Ähnliche Mahle findet man schon bei den Römern – unter dem Namen silicernium –, bei Griechen und Juden. Jeremia spricht ausdrücklich von der Austeilung des Brotes für die Klage und von dem Trostbecher über Vater und Mutter (s.o.). Geht es darum bei solchen Gelegenheiten nicht zu, wie bei den Irokesen. dass man den ganzen Nachlass des Verstorbenen verzehrt und den Verwandten desselben gar nichts übrig lässt, sondern freut man sich des Trostes, wie man vorher weinte mit den Weinenden und zu einer anderen Zeit fröhlich war mit den Fröhlichen, – so möchte an dergl. Trauermahlzeiten im Ganzen weniger zu tadeln sein, zumal da sie auch aus dem deutlichen Altertum herstammen. Denn auch unsere Urvorfahren lagerten sich zum gemeinschaftlichen Mahl, wenn sie ihre Toten verbrannten und den Grabhügel über sie aufrichteten.

Die Unsitte, die Särge an den Gräbern noch einmal zu öffnen, wurde schon früher von allen Verständigen gänzlich unterlassen und ist nun auch polizeilich verboten. Dagegen besteht hier der Brauch noch, dass man zur Eingrabung verwandter Leichname hilfreiche Hand anlegt.

4) Sichel- und Drischellege

Es herrscht hierorts fast überall der Brauch, dass jeder Bauer nach Beendigung der Getreideernte sowie am Schluss des Dreschens eine Mahlzeit gibt und dazu neben dem Gesinde und den Taglöhnern auch die nächsten Anverwandten und sonstige Freunde einlädt. Außer den gewöhnlichen Speisen werden den Gästen auch noch „Küchlein" geboten, und unter heiteren Gesprächen die Zeit bis an den Abend zugebracht.

5) Schlachtschüsseln

Diese werden fast in jedem nur etwas wohlhabenden Hause gegeben. Und Nachbarn und Freunde laden sich gegenseitig dazu ein. Die Mahlzeit wird ganz wie bei den Kindtaufen und Hochzeiten abgehalten, und sie bieten im Ganzen nichts Bemerkenswertes dar, als etwa das sg. Würstfahren. Eine Truppe vermummter Leute, gewöhnlich in militärischer Kleidung, tritt plötzlich ein, tanzt nach dem Spiele einiger Musikanten oder einer Mundharmonika einige Reihen in der Stube herum und entfernt sich, mit allerlei Viktualien beschenkt, stillschweigend und dank-nickend wieder aus dem Hause.

6) Kirchweihen

Die öffentlichen Kirchweihen, deren jedes Dörflein auch ohne Kirche gerne seine eigene feiert, geben leider, wie zu manchen andern Unmäßigkeiten und Übertretungen, so auch hie und da Anlass zu **Reibereien und Schlägereien**, die, wo sie nicht durch verständige und angesehene Männer im Keime unterdrückt werden, oft nicht ohne Blutvergiessen ablaufen. In der Regel entspinnen sie sich **zwischen Einheimischen und Fremden**, sind Ausbrüche alten Grolls und Unwillens und werden – Gott sei Dank! – jetzt immer seltener. Denn im Dorfe selbst lebt man das ganze Jahr hindurch ziemlich still und **friedlich** zusammen. Und man hört auch in Häusern, wo drei bis vier Familien wohnen, selten ein lautes Gezänke oder gehässige Schimpfereien, wie sie anderwärts so häufig sind. Und ist man sich deswegen auch nicht immer von Herzen zugeneigt, so nimmt sich jeder doch vor dem öffentlichen Friedensbruche so weit als möglich in Acht und meidet sorgfältig auch den bösen Schein.

Uebrigens **besuchen** sich an den Kirchweihtagen Freunde und Verwandte aus der Nähe und Ferne gegenseitig, und jeder Gast, selbst der ungeladene, findet eine freundliche Aufnahme und reichliche Bewirtung. Denn auch der Minderbemittelte tut sich zur Kirchweihe mit den Seinigen gütlich an einigen Pfunden frischen Fleisches und einem Glas Bayreuther Bieres, indes die Wohlhabenden Lämmer und Schweine schlachten und sich mit Andern ihres Überflusses freuen. Dabei werden an jedem Morgen der beiden Kirchweihtage unzählige **Hefeküchlein** verschiedener Form aus dem besten Weizenmehle gebacken und davon nach jeder Mahlzeit reiche Schüsseln den Gästen vorgesetzt, auch beim Nachhausegehen eine Anzahl mitgegeben.

Da man den Tag der Einweihung unserer Kirche zur Zeit noch nicht genau kennt, so entschied für die Zeit der Kirchweihfeier zu GESEES das Herkommen, nach welchem sie ehedem auf den Sonntag vor oder nach Michaelis fiel. Um indessen seine Kirchweihfreude einige Tage in Ruhe zu geniessen und bei verzögerter Ernte nicht durch unverschieblich dringende Arbeit in seiner Lustbarkeit gestört zu sein, wählte man später den **Sonntag nach dem Erntefeste**, und dieser gilt auch heute noch als der eigentliche Kirchweihfesttag. Mit GESEES feierten von jeher die Kirchweih zu gleicher Zeit THIERGARTEN und OBERNSCHREEZ, während die Forkendorfer die ihrige gewöhnlich 14 Tage früher, die andern zu einer anderen Zeit hielten.

Fast in jedem Dorfe von nur einiger Bedeutung führen die jungen Burschen und Mädchen einen „**Platz**" auf, d.h. sie ziehen paarweise gegen Abend unter Musikbegleitung vor den Maienbaum und bilden um denselben einen Kreis. Der Ortsvorsteher genießt das Vorrecht, drei Reihen mit irgendeinem Platzmädchen allein zu tanzen. Sobald dies geschehen, tanzen die Platzleute drei Reihen um den Baum herum, und nach diesen haben·auch andere junge Leute die Erlaubnis, sich in die Reihen der Platzleute zu mischen.

Doch sind von der Teilnahme am Platzaufführen sowie vom Tanz um den Maienbaum ernstlich alle **ausgeschlossen**, die gegen das **sechste Gebot** gefrevelt und mit dem Verluste der jungfräulichen Ehre auch den Schmuck des roten Bändchens im Knopfloche und auf dem Hute oder des Kranzes im Haare eingebüßt haben. So lange in der guten alten Zeit die Zahl solcher verunglückten Junggesellen und Jungfrauen noch klein war – die strenge Kirchenzucht mochte doch wohl manche vor dem Sündigen abgeschreckt haben! – ließen sie sich nicht auf dem Platze sehen. Jetzt aber bilden sie einen Teil der Zuschauer oder tanzen zu ihrem Troste in der Wirtsstube fort, wenn sie andern den Platz aufführen.

Die Hummeln

Der „Hummeln" haben wir bisher schon oft gedacht, ohne unsern Lesern noch Aufschluss über einen Namen zu geben, den man den Bewohnern des ganzen Mistelgauer Grundes beilegt, welcher folgende Dörfer umfaßt:
1) GESEES, 2) FORKENDORF, 3) RÖDENSDORF, 4) OBERNSCHREEZ, 5) CULMBERG, 6) GOSEN, 7) HAAG, 8) SPÄNFLECK, 9) HOHENFICHTEN, 10) EICHENREUTH, 11) PETTENDORF, 12) PITTERSDORF, 13) CREEZ, 14) SCHOBERTSREUTH, 15) VOITSREUTH, 16) CULM, 17) BÄRNREUTH, 18) MISTEL-

GAU, 19) GLASHÜTTEN. 20) TRÖBERSDORF, 21) SEITENBACH. 22) PLÖSEN, 23) GOLLENBACH. 24) MISTELBACH.

Diesen allen ist mit der oben beschriebenen Tracht und Sitte auch der Name „Hummeln" gemein, der ursprünglich ein Ehrenname, später zum Spottnamen und die Ursache manches Gezänkes und blutigen Kopfes wurde. Die Entstehung desselben erzählt Magister JOHANN WILL, Pfarrer in CREUSSEN, verstorben 1692, folgendermaßen:

„*Den Mistelgauern zur Ehre haben die ungeschickten Steinhauer ein Hummelnest an die Stephanskirche zu Volsbach im Ahornthal angehauen. Denn als dieselbe erbaut wurde und die Mistelgauer als dienstwillige Nachbarn dazu Steine führen halfen, ging unter jenen die unbedachtsame Rede aus: ›Die Mistelgauer fliegen früh aus und führen zu wie die Hummeln‹, und musste sofort ermeltes[30] Hummelnest zum Wahrzeichen dessen einem Stein eingebildet werden, so folgender Zeit den Mistelgauern zum Spott ausgeschlagen, den sie nicht von Jedermann vertragen können, sondern an denen, so viel mit Hummeln stochern, sich empfindlich zu rächen pflegen, und zwar nicht unbillig.*"

Die andere und zwar bekanntere Anekdote von einer Hummel, die ein Apotheker in NÜRNBERG einem Mistelgauer als schönes Wetter verkauft haben soll, scheint nur Übertragung einer Begebenheit zu sein, die sich nach WILL in dem Dorfe MERING bei HOF anno 1666 zugetragen hat:

„*Es ließ sich, wie man sagt, ein einfältiger Bauer im Mering bei regnerischer Erntezeit bereden, in der Apotheke zum Hof könnte man allerlei, auch schönes Wetter, für Geld haben: reisete derowegen an einem Markttage dahin, ein*

---

[30] (jt) Altes Wort, im Sinne von „erwähnt"

solches unter andern einzukaufen und mitzubringen; empfing aber, unwissend dessen, von einem Diener eine Hummel in einer Büchse mit dem Bescheid: Wann er heim käme, so sollte er mitten im Dorfe die Büchse öffnen. Doch konnte der Bauer so lange nicht warten. sondern öffnete die Büchse, sobald er in die Nähe seiner Felder kam, und rief der herausfliegenden Hummel sehnlich nach: »Ach schönes Wetter, auf Mering zu!« Gewiss ist, dass hievon bald ein Lied herauskommen, welches in den Zechen fleißig gesungen worden. Und weil es der Bauer und seine Söhne und Freunde nicht leiden wollen, manche blutige Schlägerei verursacht; worüber der Unterliegende öfters um schönes Wetter bitten und solches der Obrigkeit teuer genug bezahlen müssen."

Dergleichen Spottnamen und Neckereien gab es sonst fast an jedem Orte, und wohl mögen die Derbheiten, mit denen man sie erwiderte, auch für unsere Gegend die Ursache von der Fortdauer des Namens „Hummeln" gewesen sein und die hiesigen Leute in den übeln Geruch der Grobheit gebracht haben. Heutzutage achtet kein Verständiger mehr auf dergleichen Albernheiten und wendet sich mit Bedauern von der Gemeinheit, die mit solchen veralteten Witzen ihn aufziehen wollte. Ohne spöttelnde und verächtliche Nebenbeziehung kann man diesen Ausdruck ungescheut im ganzen Mistelgauer Grunde gebrauchen.

Die Abstammung der Hummelbauern

Weit schwieriger als der Name, ist die Abstammung der Hummeln oder der Bewohner des „Mistelgauer Grundes", da sich bisher noch nirgends eine sichere Urkunde darüber auffinden ließ.

Nicht bloß durch ihre Tracht und ihre Gebräuche.

sondern auch durch den ganzen Bau und die Haltung ihres Körpers, sowie durch das eigentümliche Profil ihres Angesichts unterscheiden sie sich merklich von den übrigen Bewohnern Oberfrankens und stellen sich als ein **besonderer Stamm** heraus, der durch eine gewisse Abgeschlossenheit in sich und enge gegenseitige Verschwisterung seine Echtheit vor andern bewahrt hat.

Bisher glaubte man sie als Abkömmlinge der Parathaner, eines Zweiges der **Slawen**, die einst um 600 n. Chr. in diese Gegend einwanderten und ihr den Namen „regio Slaworum" einbrachten, betrachten zu dürfen. Während die übrigen Slawen sich vor den mächtigen Franken entweder über die Saale, Elbe und Oder nach Preußen, Polen und Russland zurückzogen oder mit den Siegern vereinigten und verschmolzen, sollen die Parathaner sich in das Dickicht der Wälder zurückgezogen und an den Ufern der Mistel angesiedelt haben. Veranlasst wurde diese Meinung durch eine Stelle in der Lebensbeschreibung des heiligen EMMERAN vom Bischoffe ARIBO in FREISING (verst. 782), welcher sagt, dass ein seinem Herrn entlaufener Slawe (Sklave?) durch unwegsame Gegenden auf REGENSBURG zugeilt und von den Parathanen aus in 15 Tagen dort angekommen sei.

Allein Herr Dr. K. ZEUß beweist in seiner Schrift „Die Herkunft der Bayern von den Markomannen"[31] und in dem größeren Werke „Die Deutschen und ihre Nachbarstaaten"[32], dass die Parathaner niemals in der Gegend von BAYREUTH, sondern in Westfalen gewohnt hätten und ein und

---

[31] München 1839 p. 22.
[32] ib. 1837 p. 352.

dasselbe Volk mit den Brukterern gewesen seien. Denn nur von dort aus könne ein Flüchtling 15 Tage durch waldige Gegenden bis REGENSBURG brauchen, nicht aber von BAYREUTH aus, welches alt „Baierriute" (Bayernreuth, Baivariorum novale) heiße.[33]

Dürfte nun damit die Vermutung slawischer Abstammung noch nicht völlig widerlegt sein, so finden sich doch in dem äußern und inneren Leben so wenig als in der Sprache dieses Volkes auch nur die geringsten Spuren einer nicht-deutschen oder slawischen Abkunft. Sondern alles, was man in dieser Beziehung beobachten kann, und selbst die Überbleibsel der alten Vorzeit unter der Erde, deuten auf einen **germanischen Volksstamm** hin. Sie bringen die Meinung derer zu einem grösseren Grade von Wahrscheinlichkeit, welche die hiesigen Bewohner für eine **sächsische Kolonie** halten, die zur leichteren Bekehrung vom Heidentume aus dem heimatlichen Boden losgerissen und in diese Gegend versetzt wurde.

Auffallend ist es allerdings, dass die **Tracht** der hiesigen Bauern mit der Kleidung der Altenburger[34] und Egerer[35] im Wesentlichen ganz übereinstimmt. Und es ist nicht unmöglich, dass diese zusammen Zweige eines gemeinschaftlichen Stammes sind. Wenigstens lässt sich aus einer

---

[33] Dagegen setzt Herr Professor Dr. RUDHART zu BAMBERG in seinem neuesten Werke „Älteste Geschichte Bayerns" (Hamburg 1841) die Parathaner an die Nordhänge des Fichtelgebirges.

[34] (jt) ALTENBURG ist eine alte Residenz- und Kreisstadt im Osten Thüringens, Ort der Erfindung des Skatspiels 1810.

[35] (jt) EGER (heute CHEB), alte Kaiser- und Reichsstadt im Südwesten Böhmens, einst katholisch-habsburgisch und bei den Gegnern der Hussiten.

gewaltsamen Verpflanzung die tiefe und heute noch vorhandene Abneigung gegen alles Neue und Fremde und die Beibehaltung des Altväterlichen und Hergebrachten viel leichter erklären, als aus einer freiwilligen Übersiedelung, die doch in der Regel mit mehr Geschmeidigkeit und Nachgiebigkeit verbunden ist.

Bemerkenswert ist, dass die Sage einer Einwanderung aus Sachsen her unter dem Volke selbst sich hie und da vorfindet, so wie mancher Ausdruck in der Sprache erst aus dem Lexikon der niedersächsisch-bremischen Mundart sich erklärt, z. B. „Enkabrod" = Nachmittags- oder Vesperbrot, von Enke, ein Pferdejunge, Hirtenknabe, Kleinknecht. „Brugg" = ein mit Steinen gepflasterter Weg. „Grindel" = ein Schubriegel[36]. „Gere" = spitzwinkeliges Feld. „Fitzeln" = mit Ruten streichen. Auch wird das „g" und „ch" öfters ganz ausgeworfen, öfters wie „e" gesprochen, z.B. „schlaen" = schlagen. „Liet" = Licht. „Fiet" = Fichte. „Wie leim" = wie leicht etc. Ueberdies sind auch die Namen der Hauptorte deutsch: GESEES, HAAG, MISTELGAU, MISTELBACH.

Ein Grund mehr zur Annahme deutschen Ursprungs des hiesigen Volksstammes dürfte auch in der großen Wichtigkeit gefunden werden, welche sie der Mistel beilegten.

Die Mistel

Die gemeine Mistel, viscum album, ist eine Schmarotzerpflanze, die sich auf den Ästen der Laub- und Nadelhölzer sehr häufig bei uns findet, aber

---

[36] (jt) Nach Wikipedia althochdeutsch: der tragende Teil des Pfluges, an dem die Pflugschar befestigt ist

in der alten Zeit, wo Deutschland noch Überfluss an Eichen hatte, vorzugsweise auf diesen angetroffen wurde.

Ihre Wurzeln dringen durch die Rinde bis ins Holz des Baumes. Ihr Stamm ist selten über 1 Schuh hoch, zäh, holzartig, gelblich grün und hat lauter rundliche, vom Stamme aus aufwärtsstrebende, unten etwas eingebogene Zweige. Die Blätter sind lanzetförmig, stumpf, 1½ Zoll lang, 1/5 Zoll dick. Die Blüte kommt im Februar, hat einen vierteiligen Kelch; an welchem die vier Staubbeutel ohne Staubfäden angewachsen sind, und ist beinahe den Maiblümchen ähnlich. Die Beeren sind erbsengroß, durchsichtig weiß, mit ovalen Samen, und leimhaltig. Sie riecht widerlich, hat einen süßlich-bitteren Geschmack. Aus Kraut und Beeren wird der Vogelleim bereitet. Den Beeren geht vorzugsweise der Mistler nach (Trudus viscivorus), der die unverdauten Samen auf natürlichem Wege auf alle Bäume aussäet. Die alten Deutschen, die das nicht wussten, hielten die Mistel für eine von der Gottheit gesäte Pflanze und, samt dem Baume, auf dem sie wuchs (Eiche), für heilig.

Bei den Kelten wie bei den alten Franken, Hermunduren etc. schrieb man der Mistel eine große Heil- und Wunderkraft zu. Bei jenen war am ersten Tage des Neuen Jahrs ein besonderes Fest. Unter Anführung der Druiden-Priester zog im Dezember das Volk unter großer Feierlichkeit in die Wälder, um die Eichenmistel zu sammeln. Die Propheten gingen voraus, Gesänge zum Lobe der Gottheit anstimmend. Darauf kam ein Herold mit seinem Stabe (Caduceus), dann drei Druiden mit den nötigen Opfergerätschaften. Unter den Baum, auf dem man sie fand, wurde ein zum ersten Male gejochtes weißes Rinderpaar herangeführt. Der Oberdruide bestieg hierauf den Eichbaum, schnitt die Mistel mit einer goldenen Sichel ab, und die anderen Priester fingen sie mit einem weißen Mantel oder Tuch auf.

Dann wurden die Stiere geschlachtet und geopfert; es wurde geschmaust und gebetet, dass die Gottheit ihr Geschenk gedeihlich machen möge. Am Neujahrstage selbst wurde die Mistel geheiligt und unter das Volk verteilt. Man gebrauchte sie äußerlich und innerlich als ein Mittel gegen Geschwulst, Kröpfe, Geschwüre, Klauenseuche, Gifte, fallende Sucht, Unfruchtbarkeit der Menschen und Tiere, und gab ihr den Namen: Guthyl. Die Priester verrichteten keine heilige Handlung ohne sie und taten allerlei Zeichen damit, wie etwa Moses mit seinem Stabe vor Pharao (2. Mos. 7, 9.).[37]

Dass auch die Deutschen Druiden hatten, setzt Herr BARTH[38] außer allen Zweifel und bemerkt, dass in der nordischen Mythologie oder Götterlehre die Mistel als das Stäudchen der Misteltiere vorkomme, welches vor dem östlichen Thron Walhallas stehe. Und die verwandte Eiche heile die Harnstrenge.

Und dass man der Mistel in der Vorzeit in hiesiger Gegend einen hohen Wert beilegte, bezeugen drei Namen, die man ihr zu Ehren einem Bache und zwei Dörfern gab:

1) **Die Mistel**, ein Bach, der, aus der Vereinigung des Saar-, Fürsten- und Gründelsbrunnen, am westlichen Abhange des Lindenhardter Forstes bei Rosengarten oberhalb BÄRNREUTH entsteht, oberhalb von CREEZ den Röthels-

---

[37] Vgl. Plin. N. G. 16, 44. Aventin An. III. p. 219. Barth Druiden p. 49. Meyer Conv.-Lex. I. 10. Heft s. v. Aguillanneuf.

[38] l.c.p. 151 ff.

bach, in CREEZ das Hohenreuther Wasser, in PETTENDORF den Frauenbach, zwischen der PETTENDORFER- und STEINMÜHLE rechts den Deuers- und links den Weidig- oder Steinbach, unter der FINKENMÜHLE den Funkenbach aufnimmt, die POPPEN-, MISTELBACHER-, SCHNERLES- und ZECKENMÜHLE treibt, ober dieser rechts den Hofstetten-, unter dieser den Forstmühlbach (von FORKENDORF), oberhalb der GEIGENMÜHLE von der rechten Seite der Hermannsbach, unter derselben das Thalmühlwasser von ECKERSDORF und den Laimbach in sich aufnimmt, die RÖCKLEINS-. STEIN- und SPIEGELMÜHLE treibt und bei BAYREUTH in den Roten Main fällt.

2) MISTELBACH, ein Pfarrdorf an der Mistel, eine halbe Stunde von GESEES, mit 75 Häusern und 520 Einwohnern, ehemals Wohnsitz der HERREN VON MISTELBACH, von denen weiter unten die Rede sein soll.

3) MISTELGAU, ein Pfarrdorf eine Stunde von GESEES und eine halbe Stunde von der Mistel entfernt, von 89 Häusern und 600 Einwohnern, welches um 1450 den HERREN VON HEUBSCH oder HÜBSCH, und später denen von HAINOLD gehörte, nach deren Absterben es den Markgrafen anheimfiel.

In der Nähe dieses Dorfes befanden sich auf einem Anger viele alte **Heidengräber**, die ebenso, wie die auf dem Spänfleck bei GESEES, nun größtenteils umgegraben sind. Das Resultat dessen, was man dabei gefunden hat, stellt Herr V. HAGEN in dem Archive für oberfränkische Geschichte[39] zusammenn.

---

[39] Heft I. pag. 58 ff, wozu man auch vergl. N. HAAS über heidnische Grabhügel bei SCHEßLITZ (Bamberg 1829) und GOLDFUß, Die

Die altdeutschen Gräber

Über diese altdeutschen Gräber teilen wir unsern Lesern hier folgendes mit. Bekanntlich war es bei den germanischen und slawischen Völkern fast allgemeine Sitte, die Toten zu verbrennen, nicht um dieselben zu vernichten, sondern um den Übergang das Leichnams in ein neues Wesen und eine andere Welt (Walhalla) durch die förmliche Auflösung im Feuer zu beschleunigen und zu erleichtern. Denn der Glaube an ein Fortleben nach dem Tode war unter ihnen allgemein.

Sie wählten zu solchen Begräbnisplätzen durchgehend sonnige, die Gegend überschauende und mit Eichenwäldern bekränzte Hügel und Berge. Hier wurde von dem heiligen Holze der Eiche ein Scheiterhaufen errichtet, der Tote samt seinen Kleidern, Waffen. Pferden, bisweilen auch Sklaven, daraufgelegt, und nach dem Verbrennen die Asche sorgfältig in Urnen und Krüge von gebranntem oder bloß getrocknetem Tone rötlicher oder schwarzer Farbe gesammelt.

Dass man dabei auch die Tränen der Weiber in ein besonderes kleines Krüglein sammelte und zu Ehren der Toten eine Mahlzeit hielt, beweisen die Tränenkrüglein und Trinkgeschirre, die sich in manchen Gräbern vorfinden. Ja, es sollen sogar öfters die Weiber den nämlichen Scheiterhaufen bestiegen und freiwillig ihren Männern in den Tod gefolgt sein. Die Aschenkrüge stellte man auf der Brandstätte zusammen, umgab sie mit Feldsteinen und häufte die Erde um sie zu einem Hügel von 6-8 Fuß Höhe und 15-30

Umgebungen von MUGGENDORF (Erlangen 1810), p. 324 ff.

Schuh Durchmesser. Die Größe und äußere Gestalt mancher dieser Hügel zeigt, dass sie durch das Zusammenwirken ganzer Volkshaufen entstanden und ursprünglich viel höher gewesen sein müssen.

Ein und derselbe Hügel wurde oft zu mehreren Beisetzungen von Leichen aus derselben Familie gebraucht, wie die aufeinander stehenden Urnengruppen beweisen. – Wenn sich neben Aschenkrügen noch unverbrannte Menschen-gerippe finden, so rühren diese aus der Zeit KARLS DES GROßEN her, der das **Verbrennen der Leichen** bei Todesstrafe verbot. In den Eichenhainen durfte kein Baum gefällt werden. Und die heilige Scheu, mit der man die Grabstätten der Vorfahren behandelte, mochte die Ursache sein, dass ungestört die alten Hunnen unter dem Schatten ihrer Eichen ruhten, bis vor 50 oder 60 Jahren der profane Sinn der Nachkommen überall an diese Zeugen alter Zeiten und alter Treue die gierige Hand legte und die dichtesten Haine in Anger und Viehtriften verwandelte oder mit dem Pfluge zu Ackerfeld umschlitzte.

Und geht die Verwüstung der jungen und alten Eichen von unserem Geschlechte auf die Nachwelt über, so werden für unsere Enkel die vaterländischen Eichen so selten, als für uns die Bären, Wölfe und wilden Schweine sein, nur mit dem Unterschiede, dass sie den Mangel dieses nützlichen Holzes weit mehr, als wir den Verlust des schädlichen Wildes zu beklagen haben. Übrigens fand man, neben den teils auf der Drehscheibe, teils in freier Hand gefertigten Urnen verschiedener Form und Größe, auch messingene und bronzene Ringe, Schnallen, Nadeln, Lanzenspitzen, eiserne und steinerne Streithämmer, Schwerter, Armspangen und Stückchen von Bernstein.

Die Gräber in unserer Nähe scheinen **germanischen Ursprungs** und wohl über 1.000-1.200 Jahre alt zu sein. Denn sie haben mit anderen deutschen Grabhügeln die größte Ähnlichkeit, liegen in der Nähe deutsch benannter Dörfer und des Deutesberges, der offenbar dem Dienste des Teut geheiligt war. Und wenn ein Volk Ortschaften, Flüssen und Bergen Namen gibt, muss es doch die Gegend, wenn nicht ursprünglich angebaut, doch bewohnt haben und längere Zeit in deren ungestörtem Besitze gewesen sein.

Wie sich nun unsere Leute in Sitten und Gebräuchen heute noch von anderen Bewohnern der Gegend merklich unterscheiden, so müssen sie auch von den Slawen, die seit dem sechsten Jahrhunderte in diese Gegend einwanderten, und von den Franken, die diese später unterjochten, ein verschiedenes Volk, entweder ein Überbleibsel **germanischer Urbewohner** oder eine **sächsische Kolonie**, gewesen sein, welche von KARL d. Gr. zur leichteren Bekehrung hier angelegt, doch im Innern der Wälder Gelegenheit genug fand, der alten Weise ihrer heidnischen Väter treu zu bleiben, bis im zehnten und elften Jahrhundert ernstere Schritte zur Ausbreitung des Christentums geschahen.

Ehe wir zu dieser Periode übergehen, dürfte es im Interesse unserer Leser sein, einen Blick noch auf das Heidentum zurückzuwerfen.

Religion

Das Heidentum

Vom Heidentum haben sich in dem Glauben, sowie in den Sitten und Gebräuchen unseres Volkes, noch mehr Spuren erhalten, als man erwarten sollte. Und es wäre uns eine große Freude, wenn wir durch eine kurze Beleuchtung des Heidnischen zu seiner völligen Entfernung unter den Christen ein Scherflein beitragen könnten.

An ein göttliches Wesen glaubten auch unsere deutschen Vorfahren, teilten dasselbe, wie alle Heiden, in mehrere einzelne, von einander mehr oder weniger unabhängige Personen und hielten selbst die Sonne. den Mond, die Erde (Hertha) und das Feuer für göttliche und anbetungswürdige Dinge. Nur darin wichen sie von anderen Heiden ab, dass sie die Gottheiten weder in Bildern noch in Tempeln, sondern in geweihten **Eichenhainen** (Gehaigen oder Haagen) verehrten. Von ihren Götzen führen heute noch die Wochentage den Namen. und zwar:

1) Sonntag, von Sunna, Sonne;

2) Montag, von Maan, Mond (wovon auch Mänisch, Mann, Mensch, Abkömmlinge des Maan, zu kommen scheint);

3) Dienstag, alt Tistag oder Tuistag, von Tuisto, Teut, Gott der Gerechtigkeit (davon auch Teutsch oder Deutsch und der Deuersbach und Deuteshügel);

4) Mittwoch, ehedem, und bei den Holländern heute noch, Woensdag, von Othin oder Wodan, Kriegs- und Friedensgott (Wodansees = Wonsees?);

5) Donnerstag, von Thoron oder Thor (Donnergott,

Danndorf?);

6) Freitag, von Frea, Freia, Göttin der Liebe (freien, auf die Frei gehen).

7) Samstag, alt Satartag, von Satar (Saturn), Gott der Zeit.

Wie die Christen sich mit den Namen der Bibel- und Kalenderheiligen schmückten, benannten jene sich selbst und ihre Quellen, Flüsse und Dörfer nach ihren Götzen oder Heroen und den ihnen heiligen Dingen, unter welchen bekanntlich die Mistel eine Hauptrolle spielte. Als rohe ungebildete Völker suchten sie sich die Gunst ihrer Gottheiten durch Geschenke zu erwerben, die sie ihnen aus Pflanzen- und Tierreich von ausgezeichneter Güte entweder roh darbrachten, oder so zubereitet, wie sie selbst sie am liebsten genossen: gekocht, gebraten, gesalzen u. dgl. Auch Menschen, besonders Kriegsgefangene, wurden geopfert und aus ihren Zuckungen so wie aus ihren Eingeweiden das Glück oder Unglück der Zukunft von den Priestern vorhergesagt.

Diese **Priester** waren sowohl männlichen als auch weiblichen Geschlechts, führten den Namen Druiden (Vertraute der Gottheit) und standen in sehr großem Ansehen. Sie waren Vorsteher der heiligen Haine, opferten, weissagten, bewahrten die Feld- und Siegeszeichen, nährten die heiligen Rosse, die den Wagen der Hertha zogen, erklärten die Bedeutung ihres Wieherns, begleiteten die Kriegsheere, entschieden über Krieg und Frieden, bisweilen auch über Leben und Tod. Ihre Tracht bestand aus teils weißer, teils roter Oberkleidung, einer Binde um den Kopf und ein verschlungenes Fünfeck (Druidenfuß) auf den Schuhen, wie man es noch hie und da an Bierschilden sieht. Man legte ihm dieselbe Kraft und Heiligkeit bei, wie wir Christen dem Kreuze.

Die **Priesterinnen** trugen weiße Gewänder mit ehernem Gürtel umschlungen, und gingen barfuß einher. Die christlichen Boten hatten gewiss alle Ursache, gegen die heidnische Priesterschaft als die Träger des Götzendienstes und Aberglaubens zu eifern und sie als Verbündete des Teufels zu verschreien. Aber dessen ungeachtet waren sie nicht im Stande, allen heidnischen Wahn mit den **Hexen** zu vertilgen, die hie und da sogar öffentlich verbrannt wurden. Denn heute noch glaubt mancher an Hexen, welche Menschen und Vieh mit Hilfe des Teufels krank machen und sich allerlei Vorteile verschaffen können; hält unruhigen Schlaf mit schweren, ängstlichen Träumen für das Drücken der Drud, während es nur aus Vollblütigkeit oder zu tiefer Lage der Brust und daraus hervorgehender Hemmung des Blutes in den Herzkammern und Lungen kommt; erzählt noch vom wüthenden Heere, als einem Geisterfluge durch die Luft; welches offenbar nichts anderes war, als das laute Flügelgeklatsch und unheimliche Geräusch des Uhu, der in finsterer Nacht nicht hoch über der Erde seinem Raube nachfliegt, indes ein Heer von anderen Eulen mit voller Kehle sein dumpfes Geschrei begleitet und dadurch ein schauerliches Konzert aufführt.

An jedem letzten Aprilabende klatscht der Bauer über seine mit grünen Zweigen besteckten Miststätten hin und renoviert die + + + über seiner Haus- und Stalltüre, um den Hexen, die in der **Walpurgisnacht** auf den Blocksberg reiten, den Eingang zu versperren, – eine Sage, mit der es folgende Bewandtnis hat:

Trotz der äußerlichen, zum Teil gewaltsamen Bekehrung hingen die heidnischen Deutschen doch noch heimlich an ihrem Götzendienste. Und Männer und Weiber versammelten sich zur Nachtzeit zum Opfer, Schmause und Tanze am Götzenaltare im Walde und auf dem Berge. Besonders geschah dies auf dem Blocksberge am Hauptfeste der Heiden bzw. der Frühlingswiederkehr, welches am 1. Mai gefeiert wurde. Um dies zu verhüten, wurden Wachen gegen sie aufgestellt, die jeden Aufgegriffenen zur Bestrafung einliefern sollten. Zur Einschüchterung und Täuschung der oft selbst sehr abergläubischen und furchtsamen Vorposten erschienen nun die Götzendiener in allerlei Larven vermummt, und da die Wachen solchen Schreckensgestalten nicht zu nahen wagten, so gaben sie vor, dieselben seien durch die Luft auf Besen, Ofengabeln, Schlangen, Kröten, Böcken und Untieren herangezogen, ohne dass sie es hindern oder sie greifen konnten. Und dieses Mährlein vom Hexenritte und Hexentanze hat sich gegen 1.000 Jahre unter unserm Volke erhalten können!!

Als Spuren heidnischen Wahnes unter dem Landvolke sind noch anzuführen:

1) die Sitte, drei Tage lang nichts aus dem Hause zu geben, wenn die Kuh gekälbert hat;

2) das Wählen gewisser Zeiten und Tage zu manchen Verrichtungen, was bei den heidnischen Deutschen sehr häufig war, den Juden aber (5 Moses, 18,10-13) verboten war. Dahin gehören:

a) Vermeiden des Brotbackens in den sogenannten Zwölf Nächten und an jedem Mittwoche und Freitage, weil das „alta Holzfrala" (eine Druide im Walde?) den Ausspruch getan habe: *„Back die Mittwoch und Freitag kein Brot, so hilft dir Gott aus jeder Not;"*

b) die Gewohnheit, sich nur beim zunehmenden Monde und nur an einem Dienstag oder Donnerstag kopulieren zu lassen, *"weil man sonst zu Nichts komme;"*

c) die Furcht, am Bartholomäustage in die Krautfelder zu gehen, *"weil an diesem Tage der Bartel die Häupter mache, und sich nicht gerne stören lasse;"*

d) das Anzünden der Johannisfeuer und das Darüberspringen der Jugend, wahrscheinlich eine Erinnerung an die heidnische Verehrung Swantowits oder des heiligen Lichtes.

Als abergläubische Gebräuche dürfen endlich noch bezeichnet werden:

1) das Tanzen der Kinder am Fastnachtstage; denn je höher diese springen, desto besser gerät der Flachs;

2) das Sammeln der Frucht von wilden Rosenstöcken (Hüfen) am letzten Tage des Jahres. Wer drei Stück genießt, bleibt vom Rothlaufe verschont; und so viele man an einem Faden in der Stube aufhängt, so viele Schocke Getreides sammelt man zur Zeit der Ernte;

3) die Gewohnheit, einen Feuerstahl zu jungem Federvieh und Kälbern zu legen, damit sie nicht von einem Kobolde erdrückt werden;

4) die Furcht mancher Eheleute, aus einem und demselben Teller zu essen, was gegenseitige Abneigung erzeugen soll;

5) die ängstliche Scheu, in der Pilzwoche (im Monate April) eine Saat zu bestellen, wie die Alfansereien[40] in den zwölf Nächten etc. Noch mehrere andere Arten des Aber-

---

[40] (jt) Von frühnhd „alfanzen" = betrügen, Possen reißen: Schwindelei, Albernheit.

glaubens aufzuzählen, würde uns zu weit führen und doch nur Dinge enthalten, die auch anderwärts bekannt sind. Da sich aber der Aberglaube nur dort hält, wo man auffallenden Natur-Erscheinungen nicht auf den Grund zu kommen sucht und dem Zusammenhange zwischen Ursache und Wirkung nicht ernstlich nachforscht, so ist es begreiflich, dass mit dem besseren Unterrichte der Schulen und mit der steigenden **Aufklärung des Landvolkes** auch die Zahl der Abergläubigen von Tag zu Tag weniger wird, besonders da durch die Sorgfalt der Regierungen die **Zigeuner** aus dem Lande verwiesen sind, welche seit dem Jahre 1417 ganz Deutschland durchzogen und den finstersten Aberglauben umso eifriger verbreiteten, je mehr sie bei ihrer angebornen Schlauheit Nutzen und Vorteil daraus zu ziehen wussten.

Das Christentum mit dem Mariabilde

Die **Verehrung** der Maria wurde vom Ende des vierten Jahrhunderts an in der christlichen Kirche nach und nach zur **Anbetung**. Die Erzählung ihrer wahren und erdichteten Reden und Taten füllte die Predigten und Schriften der Gottesgelehrten und Mönche. Und wo ihr Bild das Bild Christi nicht verdrängt hatte, da sah man es doch neben demselben und rechnete mit blinder Zuversicht auf seine Hilfespendung und Gnadenwirkung. Daher fand man es ehedem, wie auch jetzt noch bei den Katholiken, nicht nur auf den Wegen, sondern auch in den Kirchen aufgestellt, und es wurde sogar Sitte, der Maria Kirchen und Kapellen zu weihen. Ja, es erwählten sie ganze Länder zu ihrer Schutzpatronin, ließen Münzen mit ihrem Bilde schlagen und beförderten die verschiedenen Mönchs-

Orden, die sich zu Ehren Marias gebildet hatten.

Für die unwissende Menge, die den Buchstaben schneller. als den Geist, das Bild eher als das Wesen begreift, und welche im Heidentume zu sehr an eine grobsinnliche Darstellung und Verehrung des göttlichen Wesens gewöhnt war, als dass sie dieselbe so bald entraten konnte, waren allerdings dergleichen Bilder nicht ohne Nutzen. Die Alten hingen sie deshalb zum Teil in den Kirchen auf, um die des Lebens unkundigen Leute mit der Geschichte vertrauter zu machen und durch sinnliche Anschauung ihrem schwachen Begriffsvermögen zu Hilfe zu kommen.

Und in der Tat bestand die ganze Bekehrung der Heiden oft nur darin, dass man ihre Götzenbilder zerschlug und Heiligen- oder Marienbilder an deren Stelle setzte, die sie von nun an göttlich verehren und anbeten sollten.

Die deutschen Völker blieben dem Christentume und dem Mariendienste umso länger fremd, je länger sie ihre bürgerliche Freiheit gegen die Römer zu behaupten wussten. Überdies hatten sie alle eine große Anhänglichkeit an die Religion ihrer Väter und fürchteten oft bei dem Übertritte zum Christentume die Rache ihrer heidnischen Nachbarn ebenso sehr, wie die lieblose Behandlung, die hier und da den Neubekehrten von Seiten der Christen zuteil wurde.

Daher kam es denn, dass die Deutschen am Rheine schon im zweiten, die im Würzburgischen, sowie die an der Rednitz und Saale, im achten Jahrhundert dem Licht des Evangeliums sich zuwendeten, indes die Bewohner des Oberlandes um das Jahr 1.000 noch in der Finsternis des Heidentums saßen. Das Bistum Würzburg, dem anfangs viele Gegenden zur Bekehrung zugewiesen waren, lag zu weit entfernt, und die Wege waren zu unwegsam und zu unsicher, als dass die Bischöfe und ihre Abgeordneten sie öfters zu bereisen wagten.

Dies bewog den Kaiser HEINRICH II. 1007, das Bistum BAMBERG zu gründen und die hiesige Gegend dessen Sprengel einzuverleiben. Von dieser Zeit an scheinen ernstere Schritte zur Bekehrung der heidnischen Deutschen und Slawen im Oberlande geschehen zu sein. Doch mag erst zu **Ende des elften Jahrhunderts** und unter den Bischöfen aus dem Hause Meran, die viele Besitzungen in dieser Gegend hatten und sich darum für die Bewohner dieser Gaue besonders interessierten, die allgemeine und vollständige Bekehrung zum Christentume geschehen sein.

Zur Beratung, wie man die in seinem Bistume noch befindlichen Heiden zum Christentume bekehren möge, schrieb Bischof GÜNTHER 1058 eine besondere **Synode** aus. Von welchem Punkte aus aber das Christentum in die hiesigen Gaue vordrang, lässt sich nicht mit Bestimmtheit ermitteln. Doch ist es nicht unwahrscheinlich, dass die erste Bekehrung der hiesigen Heiden von OBERNSEES her betrieben wurde, wo schon 1084[41] unter Bischoff RUPERT VON

---

[41] (jt) Damit wäre die RUPERTKAPELLE eines der ältesten Kirchengebäude im Hummelgau und würde im Alter unmittelbar mit GESEES konkurrieren. Nach Angabe der Pfarrbeschreibung von OBERNSEES von 1811 soll die Jahreszahl 1080 über dem Chorbogen angebracht gewesen, aber im frühen 19. Jh. übertüncht worden sein. Danach wäre die Kapelle vom Bamberger Bischof RUPERT († 1102) errichtet worden. Das gilt aber heute als unwahrscheinlich. Nach anderen, wohl realistischeren Angaben soll diese Jahreszahl **1480** gelautet haben. In der Tat wird auf alten Steinen der Gotik die eingemeißelte Ziffer 4 gern als halbierte 8 dargestellt und lässt sich leicht so mit der Null verwechseln. Dann wäre also dieser Kapelle im Jahr 1479 im spätgotischen Stil

BAMBERG die sogenannte Rupertskapelle gebaut wurde und auf dem Altare der Dorfkirche ein **Marienbild** stand.

Die Geseeser Mariensage

Wenigstens lässt sich mit dieser Annahme die **Sage** leicht vereinen, als sei die heilige Maria über das Gebirg gegangen, um sich nach einem neuen Orte umzusehen, der zu ihrem Dienste willig und ihres Segens würdig wäre. Nach langem vergeblichen Suchen auf mühsamer Wanderung sei sie denn endlich in das Tal von GESEES gekommen, das ihr vor andern – man weiß nicht genau, ob wegen der Gutmütigkeit seiner damaligen Bewohner oder wegen der Schönheit der Natur – so wohl gefiel, dass sie sich hier am Bache, auch ohngefähr in der Mitte des Dorfes, auf einem Steine niedersetzte.

Die Kunde von dieser wunderbaren Erscheinung und seltenen Auszeichnung wurde mit beredter Zunge von Mönchen, die sich im Gefolge der heiligen Jungfrau befanden und darum als Augenzeugen die wunderbare Erscheinung genau erzählen konnten, allenthalben verkündigt und so nach und nach das Heidenvolk bewogen, die Götzen in den Hainen zu verlassen und dem Dienste der Maria. als der Mutter Gottes sich zuzuwenden.

An der Stelle, wo Maria bei ihrer ersten Ankunft saß,

---

errichtet worden, hätte aber in ihrer Größe nur den heutigen Chor umfasst. Der Anbau des heutigen Kirchenschiffes mit dem typischen barocken Dachreiter erfolgte erst durch Markgraf CHRISTIAN ERNST 1710.

Im Ursprung geht die St. RUPERTKAPELLE aber wohl auf eine alte Kultstätte an einer mineralhaltigen Heilquelle aus heidnischer Zeit zurück. Diese Quelle existiert noch.

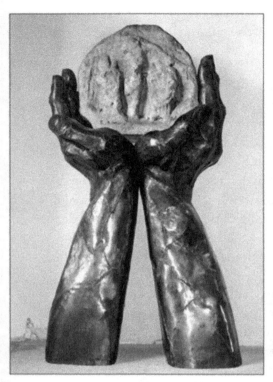

"Handwerk" – Übermannsgroße Hände halten heute wie eine Abendmahlsgabe den uralten Rundstein vom Geseeser Wallfahrtsweg mit der Kreuzigungsgruppe

richtete man nun ein großes **Marienbild** auf, zu dessen Verehrung sich die Gläubigen von Zeit zu Zeit versammelten. Die wundersame Hilfe, welche bald auch von diesem Bilde auf kräftige Anrufung und reichliche Opfer allen Bedrängten zuteil wurde, erwarben der „lieben Frau zum GESEES" gar bald einen großen Ruf, sodass man auch aus der Ferne her zu ihrem Bilde wallfahrtete.

Auch gab man dem Dorfe selbst den Namen **Mariagesees**, alt Mariagesezze, lateinisch „pagus ad nates (sedes) Mariae", das ist „Dorf am Gesässe der Maria". Ein Stein[42], mit einem Kruzifix und zwei ihm zur Seite

---

[42] (jt) Dieser rund erscheinende Stein mit der Kreuzigungsgruppe stammt wohl aus dem 13. oder gar 12. Jh und war nach Informationen von RÜDIGER BAURIEDEL ursprünglich achteckig. Im Jahr 1935 sei er vom „Stegner" im Dorf zur Kirche hinaufgebracht und zunächst außen an der Westseite aufgestellt worden. Seit 1955 hatte er dann seinen

stehenden Figuren bezeichnet, befindet sich in einer Gartenmauer am Hause des ERHARDT SCHMIDT dahier und soll noch aus den Zeiten vor der Reformation von einem grösseren Mariabilde herstammen, das ehedem an der Straße errichtet war.

Das Geseeser Kirchen-Ensemble

Die Kapelle und Kirche unserer lieben Frau zum Gesees

Bald mochte man auch das Bedürfnis eines eigenen Gotteshauses gefühlt haben, um hier feierlicher und ungestörter die Gottheit und resp. die Maria als die Mutter Gottes und Himmelskönigin nach der neuen Christenweise anbeten zu können.

Die Sage über die Stätte des Kirchbaus und die erste urkundliche Erwähnung 1321

Anfangs begnügte man sich, wahrscheinlich aus Unzulänglichkeit der Mittel, mit einer einfachen hölzernen Kapelle, in deren Mitte das wundertätige Gnadenbild „unserer lieben Frau zum Gesees" versetzt wurde. Der Zuwachs der christlichen Gemeinde selbst und der Andrang von Wallfahrern ließen den Wunsch nach einer eigentlichen Kirche entstehen. Allein über den **Ort**, den man ihr anweisen sollte, waren die Meinungen geteilt, indem sie die Einen

---

Platz vorn im rechten Seitenschiff der Kirche. Der junge Metall-Künstler HANNES NEUBAUER, der 2007 auch die modernen Stelen in der „Wegrastkapelle" am Kircheneingang geschaffen hat, hat aus Kupferblech zwei mannsgroße „Hände" mit Armen geformt, die nun diesen hellen Stein einer Abendmahlshostie gleich tragen. An der Front des linken Seitenschiffs sagen sie Gott dank (Bild oben).

in der Nähe der alten Kapelle und an ihrem jetzigen Standorte, die Andern auf der ganz entgegengesetzten westlichen Seite des Dorfes am Pettendorfer Wege auf einer weit niederen Anhöhe erbauen wollten.

Schon hatten die Letzteren es dahin gebracht, dass ihrem Antrage gemäß einstweilen Bauholz und Steine an den neugewählten Ort gefahren wurden. Allein zu ihrem Ärger und Staunen waren immer am andern Morgen alle Baustoffe, groß und klein, auf dem andern Hügel und am Abhange des Sophienberges zu finden. Ja selbst ein erbitterter Verteidiger des streitigen Bauplatzes erwachte eines Morgens zu seiner nicht geringen·Bestürzung auf dem jenseitigen Hügel aus dem sanften Schlafe, welcher ihn als Wächter des diesseitigen Materials auf einem großen Zimmerbaume überrascht hatte. Natürlich schrie nun das ganze Volk „Mirakel". Und Maria, die Allesvermögende, hatte durch Wunder nun deutlich genug erklärt, an welchem Orte sie ihren Tempel und ihre Verehrung haben wollte.

Mit einmütigem Sinn und verdoppelter Kraftanstrengung wurde nun der Bau der neuen Kirche betrieben, und der allgemeinen Sage zufolge nicht ohne treue Mitwirkung des adeligen Geschlechtes derer V. MISTELBACH ZU MISTELBACH, welche sich auch durch ihre Verdienste das **Präsentationsrecht** erwarben und ungestört fortübten, bis sie es endlich **1321** an den BURGGRAFEN VON NÜRNBERG und MARKGRAFEN ZU BRANDENBURG verkauften.[43]

---

[43] (jt) Die Beurkundung dieses Ereignisses enthält die erste Erwähnung der Ortschaft GESEES und ist somit Anlass der 700-Jahrfeier 2021. Kreisheimatpfleger RÜDIGER BAURIEDEL legt Wert auf den Hinweis, dass er die zugrunde liegende Urkunde (S. 212) recherchierend über Herrn Dr. HASLAUER im Staatsarchiv Bamberg ermittelt und für

Die Kirche liegt in einiger Entfernung vom Dorfe auf dem südwestlichen Abhange des Sophienberges und ist mit GESEES durch einen geschalten Fußweg verbunden, dessen jähes Aufsteigen alten und schwächlichen Personen das Kirchengehen bei guter Jahreszeit erschwert, bei Schnee und Glatteis aber unmöglich macht. Ob nach dem alten Spruche „Bernardus valles, montes Benedictus amabat" **Mönche des Benediktiner-Ordens** der Kirche diesen erhabenen Platz angewiesen, ist eine Frage, die wir aus Mangel an zuverlässigen Nachrichten vorderhand unentschieden lassen.

Der Wechsel der Herrschaft von **1321** gereichte indessen der Kirche zu keinem Nachteile. Denn wie sich die BURGGRAFEN VON NÜRNBERG überhaupt die Vergrößerung ihrer Besitzungen angelegen sein liessen, so gewann auch die hiesige Kirche in jeder Beziehung, und der letzte Nürnberger Burggraf JOHANN III. (1397-1420) ließ sogar die für die zahlreichere Gemeinde viel zu enge Kirche zu Anfang des 15. Jahrhunderts nach beiden Seiten hin **erweitern** und erhob sie zu einer **Kollegialkirche**, wozu er **Anno 1417** von Papst Martin V. die Bestätiung erhielt.[44]

---

die Gemeinde Gesees bestellt habe, bevor der „Vorbereitungskurs" erstmals zusammentrat. Vom Original dieser postkartengroßen Urkunde wurde daraufhin ein Faksimile zum Verbleib in Gesees erstellt.

[44] Hält man den Gebrauch und Begriff dieses Wortes fest, nach welchem es so viel ist wie eine „Kollegiat-Stiftskirche" oder „Konventualkirche" und eine Kirche bezeichnet, an welcher wenigstens drei Geistliche angestellt sind, die ein Kollegium ausmachen, in einem Hause beisammen wohnen, ein gemeinschaftliches Siegel führen, eine Brüderschaft unter sich halten und alle Geschäfte nur in Verbindung miteinander verwalten (während bei der Domkirche der Bischof über

In eben diesem Jahre wurde auch die **mittlere Glocke** gegossen, die jetzt noch auf dem Turm hängt.

Hussitensturm und kirchlicher Wiederaufbau

Nicht gar lange sollte dieses würdige Gotteshaus in seinem neuen Glanze prangen. Schon im Jahre **1430** litt es unendlich viel durch die gräßliche Rachefackel, welche die **Hussiten** am Scheiterhaufen des JOHANN HUSS in Konstanz angezündet hatten und unbarmherzig über alle päpstlichen Kirchen und Klöster schwangen, die sie auf ihren verschiedenen Zügen fanden.[45]

Nach einer schriftlichen Nachricht im königl. Archive zu BAMBERG wurde der **Wiederaufbau** der alten Kirche, von welcher wahrscheinlich nur noch die Mauern standen, im Jahre **1440** begonnen und wohl kaum vor **1441** im gotischen Stil vollendet, sodass auf das heurige Jahr[46] das **400jährige Jubiläum** fällt. Ist diese Angabe gegründet, so muss man sich über volle 10 Jahre mit einem Notbau

---

dem Kapitel steht und das Regiment führt) – so müssen um jene Zeit notwendigerweise auch hier **drei Geistliche** gewesen sein. Und es freut uns, diese unsere Vermutung, so wie jene über die spätere Erweiterung der Anfangs nur schmalen Kirche, durch glaubwürdige Sagen und Urkunden aus den Jahren 1688 etc. sowie durch Magister WILL in seiner Beschreibung des Fichtelgebirges bestätigt zu sehen.

[45] Dies taten sie besonders in den Ländern des Markgrafen FRIEDRICH V. BRANDENBURG, der in KONSTANZ für Hussens Verbrennung gestimmt und 1427 sogar einen Kriegszug gegen Böhmen unternommen und MIES belagert hatte. Am Montag nach Lichtmess 1430 wurde von ihnen BAYREUTH nebst den umliegenden Dörfern verbrannt und Felder und Wiesen verwüstet.

[46] (jt) Der Verfasser Pfr. HÜBSCH meint das Jahr 1841, in welchem er diesen Text zu seinem Geseeser Büchlein niederschreibt.

beholfen und in demselben die Gottesdienste gehalten haben. Ein wahres Wunder ist es, dass noch zwei Glocken aus dieser Zeit übrig sind, von denen weiter unten die Rede sein wird.

Dieser neue Kirchenbau von **1440** soll durch die HERREN VON HEERDEGEN auf dem CULMBERGE bedeutend unterstützt und die Kirche selbst von ihnen „mit einem und andern dotirt worden sein," wie sich dies zum Teil auch aus dem Grabmale schliessen lässt, welches NICOL V. HEERDEGEN in der Kirche selbst hinter dem Altare gefunden hat.[47]

Der Innenraum der Kirche

Das Schiff der Kirche ist im Innern 60' lang, 50' breit und 40' hoch.[48] Zu dem 38' langen und 22' breiten Chore führen sechs Treppen(-stufen), jede 1/2' hoch, so dass der Chor um 3' über den Boden des Schiffs erhaben ist. In der Mitte zwischen Chor und Schiff stand ehedem ein **Taufstein**, dessen verzierter hölzerner Deckel an einem roten

---

[47] (jt) **Epitaph** an der Rückseite des Geseeser Christusaltars von NIKOLAUS V. HEERDEGEN (+1539, seiner Frau (+1556) und seinen drei Söhnen und vier Töchtern – Abbildung und Besprechung im Abschnitt über die Familie v. Heerdegen auf S. 202.

[48] (jt) Ein „Fuß" entspricht zu dieser Zeit knapp 30 cm. Die Maßangaben im Geseeser Büchlein beruhen noch auf der königlichen Verordnung von 1809, welche die vorher regional unterschiedlichen Maße in ganz Bayern auf definierte Größen verbindlich festlegte. Vorher gab es teilweise regionale Unterschiede. Eine Übersicht verschiedener europäischer Maße und Gewichte 1842 gibt dem bayerischen Fuß – seinem Referenzmaß – 129,38 „Pariser Linien", welche jeweils knapp 2,3 mm entsprechen. Zum Jahreswechsel 1872 führte Bayern per Gesetz das metrische System ein. Der bayerische Fuß wurde hierbei auf 0,291859206 Meter festgelegt.

Seile hing und bei der Taufhandlung abgenommen wurde. An seiner Statt wurde ein aus Holz ziemlich gut geschnitzter und vergoldeter Engel angeschafft, der auf seinen beiden Armen ein großes zinnernes Taufbecken trägt, in dessen innere Fläche mit großen Buchstaben die Worte eingegraben sind: *„Anno 1767 wurde dieser Taufengel angeschafft, vermachet 25 fl. fränk. Hans Hauenstein zu Pittersdorf. Die ganze Pfarrgemeinde, in welcher sich nicht mehr als zwey ausgeschlossen, hat dazu verehret 45 fl. frk."* Nach der Kirchenrechnung dieses Jahres kostete der **Taufengel** vom Bildhauer NEUHÄUSER in BAYREUTH 29 fl., vom Maler und Vergolder 50 fl. und das Becken 3 fl. 20 kr., in Summa 82 fl. 20 kr. fränkisch.

Das alte, aber gar geringe und unreparierte **Altärlein** stand etwa 7' weiter vorne und nicht weit vom Taufstein entfernt und war der ganzen Gemeinde schon lange zuwider. Desto williger folgte sie der besonderen Einladung des Pfarrers M. GAßNER und Superintendenten PERTSCH zu einer Beratung über diesen Gegenstand in der Kirche selbst am 26. Februar 1671 und beschloss, den verfallenen Altar abzutragen und die Erbauung eines neuen um 100 fl. frk. an den Bildhauer JOHANN BRENCK[49] und den Maler KONRAD FUCHS in Bayreuth zu veraccordiren. Dieser **neue Altar**[50]

---

[49] (jt) Pfarrer HÜBSCH konnte die Namensaufschrift auf der Rückseite des Altars nicht mehr richtig entziffern und schrieb „JOHANN BENECKEN". Auch hatte er wohl keine Informationen über diese für Main- und Oberfranken prägende Bildschnitzerfamilie. Auch andere einschlägige Kunstführer wie GEBESSLER oder POSCHARSKY machen unrichtige Angaben zum Namen des Bildschnitzers des Geseeser Altars.

[50] Der Geseeser Christusaltar ist ein Alterswerk von JOHANN

wurde weiter gegen die östliche Wand zurückgerückt und **1673** sehr geschmackvoll aufgerichtet. Die Figuren, wie Moses, Johannes, Jesus und seine Jünger bei der Bergpredigt[51] und beim Abendmahle, Gottvater, der hl. Geist und mehrere Engel, sind schön gearbeitet und reichlich vergoldet.

Eine kuriose Geschichte vom Verbleib des gotischen Altärleins

[In seinen Anmerkungen zu dieser Stelle erzählt HÜBSCH folgende kuriose Geschichte, die er noch selbst erlebt haben könnte]:

Die hölzernen Statuen des alten Altärleins lagen lange Zeit auf dem Kirchenboden, bis sich endlich einer von den Lehrern und Mesnern [die in der alten Schule bei der Kirche

---

BRENCK (1604-1674), Sproß der bedeutenden Schreiner- und Bildschnitzerdynastie BRENCK aus Windsheim-Mittelfranken. Über vier Generationen hinweg entstanden zwischen Spätrenaissance und Barock „Gott zu Ehren und zur Zierd' der Kirchen" in ganz Franken prächtige Ausstattungsstücke sowohl für protestantische, als auch für katholische Gotteshäuser. JOHANN, als Jugendlicher bei seinem Vater GEORG BRENCK d. Ä. ausgebildet, gründete bei seiner Wanderschaft in der Zeit des 30-jährigen Krieges mit seinem Gesellen HANS GEORG SCHLEHENDORN in Coburg eine Ateliergemeinschaft und zog dann nach Kulmbach. Seit 1669 arbeitete er als „fürstlich-brandenburgischer Hofbildhauer" in Bayreuth und starb dort 1674.

[51] (jt) Der Altar zeigt in Wahrheit Jesus bei seiner Himmelfahrt vor Jerusalem, seine Jünger segnend und ihnen Lebenskraft spendend und gleicht Brencks Altar in der kathol. Wallfahrtskirche St Veit bei Staffelstein, vergl. die Broschüre von JÜRGEN TAEGERT „Der Geseeser Christusaltar – Deutung und Erfahrung – Wegweiser zu einem „Ort der Kraft" in Oberfranken, Gesees 1999; sowie vom selben Verfasser im neuen Geseeser Heimatbuch 2021 das Kapitel „St. Marien zum Gesees – Wegweiser zu einem Ort der Kraft".

Geseeser Kirche vor der Umgestaltung von 1955. – Dieser Blick bot sich Pfr. HÜBSCH 1841 dar. Nur der Lüster kam 1902 dazu.

wohnten] das Herz nahm, sie stückweise zur Beheizung seines Wohnzimmers zu verwenden. Irgendjemand, den diese unerlaubte Gemeinmachung des Heiligen verdross, bohrte in den Arm des Apostels Paulus ein Loch, und schloss die mit Pulver gefüllte Öffnung sorgfältig zu. Kaum war Pauli Rechte in die Flammen geworfen, siehe! da schlug sie mit furchtbarem Knalle den Ofen in Trümmer und schleuderte sie mit Kochtöpfen und Kohlen weit im Zimmer umher, sodass unser guter Kirchner vor Schrecken ganz verblüfft dastand. So bald er sich nur etwas wieder gesammelt hatte, brach er in die Worte aus: „Paulus! Paulus! das hast du nicht aus eigener Macht getan, das haben sie dir eingegeben!" Doch wagte es jener Kirchner nicht mehr, einen Heiligen dem Scheiterhaufen zu überantworten. „Der Mensch versuche die Götter nicht!"

Bilder, Kanzel, Emporen, Gestühl, Fenster

Die nördliche Wand des Chores trägt die **Bildnisse dreier Pfarrer**[52] und über der Sakristeitüre die Inschrift: *„Anno 1808 haec interioris templi facies renovata est."*

Die Kanzel an der südwestlichen Ecke des Chors stellt einen aus Stein gehauenen Kelch vor und trägt, außer dem Brandenburgischen Wappen mit der Jahreszahl 1662[53], noch ein Lamm mit der Überschrift: *„Ecce agnus Dei"* (Siehe, das ist Gottes Lamm) und den lateinischen Spruch: *„Si Deus pro nobis, quis contra nos?"* (Ist Gott für uns. wer

---

[52] (jt) Diese eindrucksvollen Barock-Gemälde wurden später im I. Pfarrhaus aufgehängt, siehe auch die Abbildungen in der Liste der Pfarrer weiter unten.

[53] (jt) Tatsächlich wohl 1562, das Jahr der Kanzelerrichtung.

will wider uns sein?) Renoviert wurde dieselbe anno 1767 und 1793.[54]

Die Kirche hatte ehedem nur *eine* **Empore**, deren einzelne Felder mit Szenen aus der biblischen Geschichte bemalt sind.[55] Der **Mangel an Männersitzen** machte es aber notwendig, den Orgelchor über der westlichen Seite der alten Empore zu einer zweiten Empore verlängern zu lassen. Solches geschah anno 1786 durch den Zimmermeister ANGERER von OBERNSCHREEZ.

Wer die Kirche jetzt ansieht, lobt sie um ihrer freundlichen und lichten Gestalt willen. Aber vergessen wir dabei des Mannes nicht, dem die Ehre dieser Verschönerung gebührt. Es war der selige Pfarrer HAAG II., der es im Jahre 1770 durch sein Ansehen und durch seine eindringlichen Vorstellungen bei der Gemeinde dahin brachte, dass diese sich nicht nur das Herausnehmen der **Gitterstühle** gefallen ließ. welche die Kirche so sehr verdunkelten, sondern auch zur Erbauung **dreier großer Fensterbögen**, anstatt der kleinen mit blinden runden Scheiben, ihre Einwilligung gab, und reichliche Beiträge versprach.

---

[54] (jt) HÜBSCH erwähnt nicht die **Lutherrose** im südwestlichen Kanzelfeld mit der Überschrift „Gloria in excelsis Deo — Ehre sei Gott in der Höhe". Sie könnte also erst nach seiner Zeit angebracht worden sein, vielleicht zusammen mit dem Bayerischen Wappen auf dem südlichen Feld, das sein Kollege Pfr. DÖHLA dort 1835 erstellen ließ. Noch jünger ist wohl das Kanzelfeld mit der ehernen Schlange.

[55] (jt) Die alttestamentlichen Bilder dieser "biblia pauperum" auf den Emporen wurden nach Recherchen des Konfirmandenprojektes 2004 vom Bayreuther Hofmaler WILH. ERNST WUNDER geschaffen, die Bilder zum Neuen Testament im südlichen Kirchenschiff stammen wohl von seinem Sohn RUD. HEINR. WUNDER.

Kaum waren die neuen Fenster fertig, siehe da stellte die Gemeinde, voll Freude über den Anblick der neuerhellten Räume, von selbst die Bitte, auch die übrigen, ungeregelten und zum Teil erblindeten Fenster den neuen konform zu machen, und 1775 waren um die ganze Kirche herum die neuen Bögen mit 12' hohen und 4' breiten Fenstern fertig. Auch wurden im Jahr 1776 die untern Weiber- und Männersitze größtenteils neu gemacht und die Stiftung durch reichliche Ölgeschenke wohltätiger Gemeindemitglieder in den Stand gesetzt, sie auch anstreichen zu lassen.

Die Orgel

Die Orgel fehlte wohl auch vor der Reformation in unserer Kirche nicht, da ihr Gebrauch in den christlichen Kirchen Deutschlands schon im 14. Jahrhundert allgemein war. Doch fehlen uns die nähern Nachrichten darüber, und wir wissen nur etwas Gewisses von jener neuen Orgel, welche der Orgelbauer DANIEL FELIX STREIT aus KULMBACH gefertigt und Pfarrer FISCHER am 6. Dezember 1696 mit einer besonderen Orgelpredigt eingeweiht hat. Die Kosten wurden durch freiwillige Beiträge der ganzen Pfarrgemeinde gedeckt, und seine Nachricht darüber schließt FISCHER mit dem frommen Wunsche: „Gott – bewahre sothanes Orgelwerk vor Krieg, Feuer. Wetterschlag und aller Gefahr und lasse es hingegen in Fried, Ruhe und Sicherheit allezeit hallen und erschallen mit Gnaden. Amen!"

Nach nicht gar langer Zeit wurde aber dieses Werklein so unbrauchbar und baufällig, dass sein Spiel den Kirchengesang mehr verwirrte, als regelte, die Andacht mehr störte. als erweckte. Auf den Antrag des Pfarrers HAAG II. beschloss man am 24. August 1777 allgemein, die alte Orgel abzutragen und eine ganz neue und gediegene durch den Hof-Orgelmacher J. CHR. HACKER in BAYREUTH herstellen zu lassen, der dafür 556 Rthlr. nebst 2 Carolin Leihkauf und 4 fl. Trankgeld erhalten sollte. Allein unter der Arbeit übereilte den Meister der Tod. Und man musste zu ihrer Vollendung den Orgelmacher WIGLEB in BAYREUTH gewinnen, der sie im Jahre 1778 so glücklich zu Stande brachte, dass der Orgelmacher HEYDENREICH und Stadtorganist LEUTHARDT, welche zur Besichtigung und Prüfung von der Regierung hierher beordert waren, sich über das Werk sehr günstig in ihrem Berichte aussprachen.

Obwohl die Gemeinde auch bei dieser Gelegenheit Beiträge geliefert und sogar für die Verpflegung des Orgelmachers und seiner Gesellen im hiesigen Wirtshause gesorgt hatte, so reichten doch die vorhandenen Mittel zur äußeren Verzierung des Holzwerkes nicht hin. Und erst 1785 konnte dasselbe durch Hofmaler WUNDER II. von BAYREUTH[56] gemalt und vergoldet werden. Im Jahre 1818 wurde sie durch HEYDENREICH ausgebessert und neu gestimmt. Der Bretterverschlag hinter der Orgel wurde zu deren Sicherstellung gegen Frost und Nässe heuer erst gefertigt. – Der gekrönte Schild an dem bereits anno 1675 erbauten Orgelchore mit einem großen vergoldeten „A"[57] ist zu Ehren des MARKGRAFEN ALEXANDER 1788 aufgehängt, und zeugt heute noch von der Liebe des Volkes zu jenem

---

[56] (jt) RUDOLF HEINRICH WUNDER (1743 – 1792). Er gilt fälschlich auch als Maler der alttestamentlichen Geseeser Emporenbilder, was aber im Geseeser Konfirmandenprojekt 2004 widerlegt wird.

[57] Das Wappenschild kostete vom Bildhauer FRANZ SCHUH in Bayreuth 9 fl. 36 kr. und vom Hofmaler WUNDER II. aus 18 fl. also in Summa 27 fl. 36 kr.

Fürsten, mit dessen Resignation 1792 die markgräfliche Regierung ein Ende nahm.

Der Kirchturm

Zunächst an die Kirche und zwar auf der nordwestlichen Seite ist der Turm angebaut, der gegen 160' hoch und auf jeder Seite 18' breit ist. Bei seinem hohen Standpunkte schaut er weit in die Gegend hinaus und zeigt dem Wanderer im Tale wie auf dem Berge die Lage von GESEES an. In dem untern Raume des Turmes befindet sich die Sakristei und über derselben das Uhrwerk und der Glockenstuhl mit den drei Glocken.

Die Glocken

Von diesen drei Glocken heißt[58] die älteste und kleinste *„Marcus, Lucas und Johannes"* und ist nach der alten und nicht wohl leserlichen Inschrift *„Anno Dom. MCCCVI",* also 1306, gegossen. Sie stimmt die Quint Es und hat bei einem Gewichte von beiläufig vier Zentnern einen schwachen Ton. Sie ist unstreitig **eine der ältesten Glocken in ganz Oberfranken** und wunderbar durch so viele Gefahren und Stürme auf unsere Tage gekommen.

Die zweite oder mittlere Glocke ist *„Lucas, Marcus, Matthäus, Johannes"* getauft und nach ihrer eigenen Umschrift: *„nach Christi gepurt MCCCC und XVII jar pin ich alt"* (1417) die zweitälteste Glocke. Sie stimmt die Terz C und würde bei ihrem Gewichte von circa 10 Centnern

---

[58] Nach den Grundsätzen der katholischen Kirche werden auch die Glocken feierlich vom Geistlichen getauft, und jede mit einem besonderen Namen belegt – eine Zeremonie, welche unsere Kirche als unbiblisch und als einen Missbrauch des heiligen Sakraments verwirft.

Dieses Aquarell von Lehrer ADOLF GEBHARDT aus dem ersten Drittel des 20. Jh. vermittelt ein wohl recht zutreffendes Bild der Geseeser Kirchenburg bis 1838

einen helleren Klang haben, wäre sie nicht verhältnismäßig etwas zu kurz und zu dick geformt. An ihrer Krone ist ein Ohr abgebrochen und durch einige eiserne Stäbe ersetzt.

Lange suchte ich vergebens in der Registratur um Aufschluss, fand ihn aber endlich bei WILL a.a.O., welcher berichtet: *„Anno 1592 den 22. April in der Nacht schlug das Wetter in die Turmspitze und feuerte sie so stark an, dass* *sie bis auf das Gemäuer weggebrannt. Doch wurden die Glocken heruntergeworfen und sammt der Kirche errettet, wiewohl der mittlern das Ohr abgebrochen."* Mit ihr wird bei Kindtaufen und das erste oder sogenannte Stummen bei Leichen geläutet.

Die dritte, größte und jüngste Glocke war vom Jahr 1665. Um ihren äußeren, schön verzierten Rand standen die Worte: „*Anno 1665 Gubernante Principe Christiano Ernesto haec campana refusa est. Goß mich Wolf Hieronimus Herold in Nürnberg.*"

Sie wog 11 Zentner 40 Pfund bayr., stimmte in A und wurde ihres lauten und reinen Klanges wegen weithin gehört und darum auch fast ausschließlich geläutet. In Folge dieser großen Anstrengung erhielt sie auf einer der dünngeschlagenen Seiten in der strengen Dezemberkälte vorigen Jahres (1840) einen Riss, der endlich so groß wurde, dass sie seit Ostern d. Js. gänzlich unbenutzt blieb.

Zu ihrem Umgusse anno 1665 gab die ganze Gemeinde in Summa 59 fl. 1½ Ort[59] 13 Pf. frk., also den vierten Teil des ganzen Kostenbetrags.[60] Der abermalige Umguss dieser

---

[59] (jt) Der „Ort" ist eine alte deutsche Münze im Wert eines viertel Talers bzw. eines halben Gulden. 1 Gulden (fl., Erklärung s.o.) entsprach 72 Kreuzern. Alle diese Münzen würden nach 1871 allmählich durch die neue Reichsmark abgelöst.

[60] (jt) Hier erkennt man, wie schwierig die Einschätzung des einstigen Geldwertes ist. Danach hätte der Umguss dieser Glocke insgesamt 240 Gulden gekostet. Dies würde beim heutigen Goldpreis eine Summe von rd. 86.000 € bedeuten, wohlgemerkt nur die Arbeitskosten, denn als Material (78% Kupfer, 22% Zinn) wurde ja die alte Glocke eingeschmolzen. Für diesen Betrag würde man heute ein ganzes Geläut mit vier handgefertigten Glocken einschließlich Material bekommen.

zersprungenen Glocke fand am 20. October d.Js. (1842) in der Werkstätte des Fr. HEINZ zu BAYREUTH statt. Die neue Glocke wiegt 12 Centner 8 Pfund bayer. Gewicht und hat den Grundton As. Durch das feierliche Zurückbringen der wohlgelungenen neuen Glocke auf den Turm am 4. November ist, Gott sei Dank, das harmonische Geläut von GESEES wieder für nah und fern hergestellt. Zu gleicher Zeit wurden die beiden anderen Glocken umgehängt, um ihnen eine längere Lebensdauer zu sichern.

Der Turm selbst ist übrigens durch seine hohe Lage den Stürmen und Ungewittern gar sehr ausgesetzt und wurde unter anderm auch noch 1649, sowie 1815 am 9. Juli vom Blitze stark getroffen und beschädigt, sodass man ihn endlich 1816 mit einem **Blitzableiter** durch Mechanikus KRANZBERGER bewaffnen ließ, welcher 285 fl. 41 kr. rhn. für seine Arbeit empfing. Im Jahre 1833 wurde der eiserne Draht, nachdem er zweimal vom Blitze zerschlagen war, mit einem messingenen vertauscht.

Der Turm hatte ehedem außer der Hauptspitze noch **vier kleine Nebentürmchen**, so dass es in unserer Gegend zum Sprichwort wurde: *„In GESEES sind alle Fünfe gerade."* Diese kleinen Türmchen wurden aber vor vielen Jahren schon eingetragen, weil ihre Reparatur zu viel kostete.

Der Sturm im Monat Januar 1840 richtete so große Verheerung am Kirchen- und Turmdache an, dass beide fast ganz ungedeckt, und die halbverfaulte Helmstange durch eine neue ersetzt werden musste. Der Verfasser benutzte als Vorstand der Kirchenverwaltung diese Gelegenheit, zur Vergoldung des Knopfes[61], Kreuzes und Hahnes, so wie

---

[61] Er fasst 3 ½ bayerische Metzen (das entspricht einem Volumen

auch des Schaftes, eine Kollekte zu veranstalten, welche durch die ganze Pfarrgemeinde 50 fl. 1 kr. erbrachte. In dem hierauf am 9. Mai 1840 abgenommenen Knopfe fand man, eingeschlossen in eine blecherne Büchse, die Nachricht, dass unter Pfarrer HAAG II., Diakon RUCKTESCHEL II. und Schullehrer HAUENSTEIN dieselben Gegenstände anno 1769, und zwar unentgeltlichm, durch die Goldarbeiters-Witwe und damals wiederverehelichte Frau Pfarrerin DOROTHEA MARGARETHA JOHANNA WEIß zu MISTELBACH vergoldet worden seien.

Die Kirchenverwaltung übergab nun diese Gegenstände dem Maler HOHE in Bayreuth zur Vergoldung und trug sie am Freitage vor Pfingsten 1840 in feierlicher Prozession vom II. Pfarrhause aus auf den Kirchhof, wo die Lehrer von GESEES und PITTERSDORF mit ihrer Schuljugend unter Gesang mit Instrumentalbegleitung den Zug empfingen.

Nach einer sach- und ortsgemäßen Rede des II. Pfarrers, als Vorstandes der Kirchenverwaltung, wurden der sehr zahlreichen Versammlung auch

1. die alte Urkunde von 1769,

2. das Verzeichnis der Gaben und Geber zur gegenwärtigen Vergoldung, und

3. die neue Urkunde – welche eine historische Übersicht von 1769-1840 enthält – vorgelesen und behufs der Einverleibung in den Turmknopf dem Schieferdeckermeister WANGEMANN übergeben, der hierauf die vergoldeten Gegenstände einzeln emporziehen und auf ihren Bestimmungsort zurückbringen ließ.

In diesem Jahre wurde auch der Turm von aussen

---

von rd. 100 l).

verputzt, und auf der Nordseite ganz oben die **Jahrzahl 1583** entdeckt, wo er ebenfalls repariert, seitdem aber von heftigen Sturmwinden oft bedroht, und darum durch neue Balken und Schließen im Innern befestigt wurde. Dass der Turm viel später als die Kirche entstanden sei, nimmt man allgemein und wohl nicht mit Unrecht an.

Die Schlaguhr

Die Schlaguhr auf dem Kirchturm ist ein baufälliges Werk, das der beständigen Reparatur bedarf und doch selten richtig geht. Schon vor 300 Jahren war eine solche auf dem Turme, wurde aber **von den Feinden weggenommen**[62] und 1556 eine neue aufgerichtet. – Überhaupt scheint

---

[62] (jt) Zwischen 1543-1567 gab es reichsweit zahlreiche Kriege und Scharmützel. Die Angabe „vor 300 Jahren" könnte theoretisch den „Schmalkaldischen Krieg" meinen, den KAISER KARL V. von 1546-1547 gegen das Bündnis protestantischer Landesfürsten und Städte führte, um die reichsrechtliche Anerkennung des Protestantismus zu verhindern. Viel wahrscheinlicher bezieht sich die Bemerkung aber auf den „Zweiten Markgräfler Krieg", den der Markgraf von Brandenburg-Bayreuth, ALBRECHT ALCIBIADES, 1552 vom Zaun brach.

ALBRECHT wollte ein ganz Franken umfassendes Herzogtum errichten, griff aber, statt zu Mitteln der Diplomatie, zur Waffe. Seine Raubzüge mit Hilfe von auswärtigs angeworbenen Landsknechten gegen die katholischen Gebiete WÜRZBURG und BAMBERG und gegen das evangelische NÜRNBERG brachten ihm die entschiedene Gegnerschaft vieler Fürsten ein und führten zu deren Kriegsbündnis, das seinerseits das Gebiet der Markgrafschaft verwüstete.

Die Truppen verheerten die ganze Region des heutigen Oberfranken. Alle Festungen und Burgen des markgräflichen Stammlandes wurden belagert und erheblich oder dauerhaft zerstört, so der KULM, BERNECK, STEIN, CREUßEN usw. Albrechts Residenzstadt KULMBACH wurde am 26. November 1553 dem Erdboden gleich gemacht.

der Ruin der Turmuhren dem Mutwillen unnützer Soldaten ein besonderes Vergnügen gemacht zu haben, das sich **1806** auch die **Franzosen** nicht versagen konnten.

Das Zeigerwerk an dem anno 1840 neu gemachten Zifferblatte ist schwer im Gange zu erhalten, weil es gerade auf der Westseite des Turmes angebracht ist, auf welche Wind und Wetter nachteilig einwirken.

Das Glockenhäuschen

Sein Name deutet darauf hin, dass es dazu bestimmt war, bis zur Erbauung oder Wiederherstellung des Turmes dessen Stelle zu vertreten und die Glocken aufzunehmen. Über die Umstände und nähere Veranlassung seiner Entstehung lassen uns die Urkunden im Dunkeln.

WILL nennt es in seiner Beschreibung des Fichtelgebirgs einen *„alten Kasten, welcher hiebevor so künstlich mit Holz (eichenem) abgebunden war, dass er keines Nagels bedurfte."* Nachdem aber die Glocken auf dem Turm ihren eigentlichen Platz gefunden hatten, stand jener Bau vergebens da. Anfangs richtete man ihn zu einer **Wohnung** ein

---

BAYREUTH und HOF gingen in Flammen auf. Die uneinnehmbare Festung PLASSENBURG musste ALBRECHT ALCIBIADES nach seiner endgültigen Niederlage in der Schlacht von SCHWARZACH im Sommer 1554 den bundesständischen Truppen übergeben, die sie zerstörten. Er verstarb 34-jährig bei seiner Schwester in Baden.

Es ist sehr wahrscheinlich, dass bundesständische Truppen – wahrscheinlich Landsknechte der Stadt Nürnberg auf ihrem Heimweg – damals auf der Pottensteiner Straße auch GESEES plündernd und verheerend durchzogen und dabei auch die Kirchenburg einnahmen und beraubten: hierhin hatten sich die Einwohner zurückgezogen. Dass es dabei wohl nicht zu Schlimmerem kam, verdankt sich der Tatsache, dass die Söldner in Bayreuth schon ihr Mütchen gekühlt hatten.

Solche Glockenhäuschen sind auch von anderen Kirchen wie Trebgast oder Weidenberg bekannt, aber selten erhalten

und vermietete ihn an Leute, die ohne Vieh und Feldwirtschaft als Handwerker oder Taglöhner lebten und nebenbei die Geschäfte eines Todtengräbers besorgten.

Im Jahre 1587 am Michaelistage wurde dieses Glockenhäuslein unter Pfarrer FROSCH um 20 fl. und 2 fl. Leihkauf als **Tropfhaus** erblich an Peter Beheim unter der ausdrücklichen Bedingung verkauft, dass er 1. die Kirchenmauer, soweit das Haus geht, verbauen, aber auf seine Kosten wieder Staffeln auf die Mauern machen lasse; 2. jährlich ½ fl. Erbzins und eine Fastnachtshenne; 3. bei Veränderungsfällen den zehnten Gulden Handlohn bezahlen; 4. im Fall das Gotteshaus dies Glockenhäuslein wieder an sich bringen will, es unverweigerlich räumen, jedoch gegen gebührliche Bezahlung aller daran geschehenen Reparaturen; 5. sich gegen Pfarrer, Gotteshaus- und Schulmeister nachbarlich betragen, und Zank und Uneinigkeit meiden; 6. **kein Vieh** während der Kirche noch auch sonsten auf den Kirchhof lassen; 7. das Haus nur an solche Personen verkaufen, die dem Pfarrer und Gotteshausmeistern angenehm sind; 8. dem Gotteshaus gegen Gebühr im Notfall arbeiten, und 9. in Notfällen zum Läuten behilflich sein solle.

Der Kirchhof

Der Kirchhof liegt zunächst um die Kirche in viereckiger Gestalt herum und ist mit einer fast durchgängig 15-20' hohen Mauer umgeben. Um sie zieht sich auf der inneren Seite ein zwei Schuh breiter Gang, von welchem aus sich eine recht freundliche Aussicht über das Dorf und die Flur von GESEES, PITTERSDORF, MISTELBACH. ECKERSDORF, DONNDORF und dergleichen dem Auge darbietet.

Die Mauer geht mit ihrem Grunde tief in den Boden hinab und ist durch steinerne Pfeiler von außen gegen das Wanken und Einstürzen gesichert. An den vier Ecken standen sonst **fünf Warttürmchen** mit Schießscharten, von denen **jetzt nur noch eines** auf der östlichen Seite vorhanden ist. Diese so wie die verschiedenen in der Mauer selbst angebrachten Schießscharten zeigen deutlich genug an, dass man den Kirchhof gegen feindliche Überfälle befestigen wollte, zu welcher Maßregel wahrscheinlich der **Hussitenkrieg** die vorzüglichste Veranlassung gab, in welchem die Kirche wehrlos den Feinden in die Hände fiel und in Staub und Asche niedersank.[63]

---

[63] (jt) Diese Darstellung dürfte übertrieben sein. Bei der Brandschatzung dürften zwar die Inneneinrichtung verbrannt und das Dach eingestürzt sein. Die massiven Wände und Pfeiler der alten romanischen Kirche, die 1410 unter Pfarrer SESSELMANN erweitert und eingewölbt worden waren, blieben sicher stehen und wurden beim

Unter dem Volke geht die durch Nichts verbürgte Sage, dass man zur Zeit der Reformation diese Befestigung vorzugsweise gegen die Angriffe der Katholiken nötig gehabt hätte, welche von Hohenmiersberg und Poppendorf her diese Kirche den Protestanten wieder entreißen und als Wallfahrtskirche behalten wollten.[64] Übrigens findet man das auch an andern Orten, dass der Kirchhof in früheren Jahrhunderten dazu benützt wurde, um Weiber und Kinder nebst einem großen Teil der beweglichen Habe beim Anzuge feindlicher Scharen dahin zu flüchten und durch eine hinlängliche Mannschaft zu decken, indes der übrige Teil der wehrhaften Männer zum Schutze der Häuser und des Dorfes zurückblieb oder auch dem Feinde entgegen zog.[65]

Wiederaufbau wieder verwendet. Inwieweit auch das alte Gewölbe Schaden gelitten hatte und erneuert werden musste, lässt sich heute nicht mehr sagen.

[64] (jt) Die Wehrkirche Gesees dürfte aber beim Bundesständigen Krieg zum Ausklang der Reformationszeit 1554 (siehe Anmerkung oben, vergl. auch Münzprägungen https://www.coingallery.de/Varia/Belagerungen/Belag_F_D.htm#09) ihre Funktion mehr schlecht als recht ausgeübt haben. Die feindlichen Truppen kamen wohl vom katholischen Pottenstein her und zogen weiter, um Bayreuth niederzubrennen. Insofern haben diese Sagen einen realen Anhaltspunkt.

[65] (jt) Die nur kurze Erwähnung der Funktion der Kirchenburg zeigt, dass Pfr. HÜBSCH sich seinerzeit mit dem verbreiteten Phänomen von Wehrkirchen und Kirchenburgen nicht wirklich befasst hat. Kirchenburgen findet man nicht in Norddeutschland, wohl aber in „steinreicheren" Gegenden Baden-Württembergs und Nordbayerns, sowie in Südfrankreich und vor allem in Siebenbürgen in Rumänien. In diesem historischen deutschen Siedlungsgebiet Osteuropas gibt es heute noch weit über hundert z.T. bedeutende Kirchenburganlagen, welche einst der Abwehr der ständigen Türkeneinfälle dienten.

Das letzte verbliebene Wehrtürmchen (Archiv J. Taegert)

Obwohl der hiesige **Kirchhof** nicht eben der geräumigste ist, indem seine Mauer von der Kirche durchschnittlich nur 40' entfernt ist, so wird er doch in Erman-

---

Die heutzutage noch erhaltenen rd. 60 Kirchenburganlagen Bayerns mit Schwerpunkt im ländlichen Unterfranken entstanden ab dem 15. Jahrhundert mit dem Gebrauch von Feuerwaffen. Anders als die Städte waren die Dörfer noch unmittelbarer den Folgen kriegerischer Auseinandersetzungen ihrer Landesherren oder Plünderungen durch Räuberbanden ausgesetzt, hatten aber nicht die Mittel, ihre schutzlosen **Holzhäuser** und Stallungen mit Wehranlagen zu umfrieden. Hier war die Kirche oft der einzige Steinbau im Ort und am ehesten geeignet, um sich darin zu verteidigen. Die so entstanden Formen reichen vom befestigten Wehrfriedhof, über einfache Wehrkirchen bis zur Kirchenburg. Innenseitig an den Mauern dienten oft „Gaden" (einräumige Kammern) als Speicher und zur Unterbringung für das Vieh, sodass auch mehrtägige Belagerungen ausgehalten werden konnten.

gelung eines geeigneteren Ortes immer noch als Begräbnisplatz benützt, und reicht dazu auch vollkommen aus, besonders seitdem in den Jahren **1838** und **1839** auf den Antrag und nach dem Plane des derzeitigen Vorstandes der Kirchenverwaltung [Pfr. HÜBSCH] die einzige noch mögliche Erweiterung im Innern vorgenommen und durch eine besondere Umzäunung alles entfernt wurde, was der Würde und Bestimmung eines Friedhofes zuwider war.

Seit dieser Zeit bildet der Begräbnisplatz ein in sich abgeschlossenes Ganzes, in dessen stillem Raume nun die Toten Gottes von des Lebens Mühen ruhen, indes dankbare Hinterbliebene mit Blumen mancherlei Art die Gräber schmücken und das Andenken ihrer Vollendeten ehren. Seine erhabene Lage gestattet dem Windzuge freien Lauf, sodass die aus der Verwesung der Leichen sich entwickelnden schädlichen Gasarten schnell und ohne Nachteil für die menschliche Gesundheit in den großen Luftraum zerstreut werden.

Da die Fäulnis bei der lehmigen, thonigen und sandigen Mischung des Bodens nicht so schnell erfolgt – durchschnittlich in 10 bis 11 Jahren – und die Zahl der Verstorbenen mit dem Raume des Kirchhofes in keinem Missverhältnisse steht, so ist auch noch nie eine Vergrößerung, geschweige denn eine Verlegung des Begräbnisplatzes beantragt worden.

Am östlichen Eck unter dem Türmchen der Mauer stand seit alter Zeit ein **Backofen** für das Kantorat. Allein da derselbe am ungeschicktesten Platze von der Welt sich befand, zum Brotbacken ganz untauglich war und leicht der nahen Kirche gefährlich werden konnte – wie dies schon im Jahre **1796** der Fall war, als er in Brand geriet und auch einen daneben stehenden großen Nussbaum anzündete –, wurde er von der Kirchenverwaltung **1838** eingetragen und der Lehrer ermächtigt, bis auf Weiteres sein Brot im Backofen der Ersten Pfarre zu backen.

Kirchenvermögen und -verwaltung

Der Stiftungswald

Der Stiftungswald, auch Pfarrwald genannt, liegt als das größte der Gotteshausgrundstücke am Spänfleck und umfaßt 34 Tagwerke, die jetzt größtenteils nur mit Stangenholz und jungen Büschen überwachsen sind. Im Durchschnitte ist eine achtzigjährige Umtriebszeit und ein jährlicher Ertrag von circa 50 fl. für diese Fläche angenommen. Bis zum Jahre 1835 bildete er auch eine gute Einnahmsquelle für die Kirchenkasse, indem er einmal sogar 511 fl. rhn. für verkauftes Holz einbrachte. Seitdem aber alles schlagbare Holz abgetrieben und kaum so viel mehr darin vorhanden ist, als die Stiftung selbst zu ihren Baureparaturen bedarf, liefert dieser Wald nicht nur keine Einnahme mehr, sondern nimmt alle Jahre noch 20-30 fl. für Kultur in Anspruch, die mit aller Sorgfalt fortgesetzt wird.

Der I. Pfarrer hatte sonst das Recht, 12 Klafter Holz in diesem Walde zu hauen. Auch bezogen von jeher beide Pfarrer ihren ganzen Streubedarf aus demselben. In neuester Zeit wurde das allgemeine Verbot des Streurechens auch auf diesen Wald ausgedehnt.

Die Försterswohnung samt Garten liegt auf einem Stück Landes von ½ Tagwerk Größe, das die damalige Gotteshausverwaltung gegen 6 kr. frk. jährlichen Erbzins an den

Staat abtrat. 1820 wurde aber diese Abgabe durch das Königl. Rentamt abgelöst.

Die Aufsicht auf den Stiftungswald liegt zwar dem königl. Forstpersonale ob, kann aber der ganzen Pfarrgemeinde nicht dringend genug empfohlen werden, da mit dem Ruine dieses Holzes dem ganzen Stiftungswesen ein empfindlicher Stoß zugefügt würde, der die Erhebung jährlicher Gemeindeumlagen zu Stiftungszwecken unvermeidlich zur Folge haben müsste.

Das Kirchenvermögen

Das Kirchenvermögen, über dessen Ursprung keine vollständigen schriftlichen Nachrichten vorliegen, soll der Sage nach den HERREN VON MISTELBACH zu Mistelbach, VON HEERDEGEN auf dem Culmberge und mehreren Privaten sein Dasein zu verdanken haben. Auch ist es nicht unwahrscheinlich, dass die vielen **Wallfahrten** zu seiner Vergrösserung wesentlich beitrugen.

Sein Bestand ist gegenwärtig folgender:
a) rentierend:

1. bare Kapitalien	2.900 fl. - kr.
2. Wald, Felder und Wiesen	6.210 fl. - kr.
3. Dominizalrechte und Kapitalwerte	560 fl. - kr.

b) nicht rentierend:

1. an Gebäuden	9.290 fl. - kr.
2. an Inventarstücken	1.570 fl. 18kr
Summa	20.530 fl. 18kr.

Der Vermögensstand muss vor dem Hussitenkriege noch weit beträchtlicher gewesen sein, da die hiesige Kirche um 1418 zu den **reichen** gezählt wurde, die nebst den übrigen wohlhabenden Pfarreien burggräflichen Patronats

HOF, WONSEES, NEMMERSDORF, TRUMSDORF, BUSBACH und BINDLACH jährlich dazu beisteuern sollten, um nach dem Wunsche des Burggrafen JOHANNES die Pfarrei in KULMBACH zu einem förmlichen Chorherrenstifte zu erheben, wozu Se. Heiligkeit, der in Konstanz neu erwählte Papst MARTIN V., schon seine Bestätigung erteilt hatte. Zum Glück wurde dieser Entwurf nie zur Ausführung gebracht, sei es, dass Johannes' bald erfolgter Tod oder die gefahrvolle Zeit des Hussitenkrieges oder die Tätigkeit jener Pfarrer daran schuld war, deren Pfarreien nach KULMBACH zinsbar werden sollten. Wie wäre es auch einer für fremde Zwecke ausgeleerten Kasse möglich gewesen, überhaupt wieder ein neues Gotteshaus aus der Asche des in den Hussitenkriegen zerstörten zu erheben, da man ohnedies bei uns noch volle 10 Jahre zur Ausführung jenes Werkes brauchte!

Nicht immer blieb aber unsere Kirche von solchen Ansprüchen verschont. Bald musste zu Staats-, bald zu Kirchen-, bald zu Schulzwecken da und dorthin ein größerer oder geringerer Beitrag geliefert werden, und mancher hat sich so festgenistet, als ob man seiner gar nicht mehr los werden sollte.

Bis jetzt reichte unser Vermögen zur Stillung seiner Bedürfnisse recht wohl zu; allein ein Andrang vieler und kostspieliger Reparaturen bei Versiegung einer bedeutenden Hilfsquelle macht es der Verwaltung bei aller Ökonomie nicht mehr möglich, ohne Gemeindeumlagen und Konkurrenzbeiträge des Staates ferner hauszuhalten.

Die Verwaltung

Die Verwaltung des Kirchenvermögens war nach der Reformation zwei oder drei „Gotzhausmeistern" oder „Gotzhausvorstehern" anvertraut, die umschichtig Rechnungsführer, die übrigen Beiräte und Gehilfen waren, welche ihre sämtlichen Geschäfte unter Oberaufsicht des I. Pfarrers verrichteten. Die Rechnungen wurden in der Regel vom **Schullehrer** geschrieben, zuerst im hiesigen Pfarrhofe, sodann vor dem Vogte und Superintendenten zu BAYREUTH abgehört, moniert und justifiziert. Dass man bei so anstrengenden Kopfarbeiten auch des Gaumens und Magens nicht vergaß, sondern sich einen guten Bissen mit würzigem Trunke beilegte, beweisen die Rechnungen an verschiedenen Orten. Und solange die Revisoren selbst an dergleichen Rekreationen teilnahmen, fiel es niemanden ein, von Revisionswegen etwas dagegen zu erinnern. Diese sowie mehrere andere Nebenausgaben für Anschaffung der Priesterröcke und Kapitelskutsche, für Almosen an Arme etc. fielen nach und nach weg, um Kriegs- und andern Kontributionen Platz zu machen.

Das vollkommenste Heilmittel für alle siechen und ein wahres Präservativum für alle noch gesunden Stiftungskassen glaubte man in der am 1. Oktober 1812 eingeführten **allgemeinen Stiftungs-Administration** gefunden zu haben, die bis 1818 jährlich gegen 36 oder 40 fl. vom hiesigen Gotteshause bezog, ohne eben zum absonderlichen Frommen desselben zu wirtschaften, wenn man ihr nicht etwa das Verdienst zuschreiben will, dass sie im **März 1814 alle Gotteshausgrundstücke durchs Intelligenzblatt öffentlich feil bot**, um durch diesen einfachen Akt alles fernere

Administrieren entbehrlich zu machen. – Dass sie durch einige Druckfehler jenes Inserats Anlass zu Prozessen gab, kann ihr wohl nicht zur Last gelegt werden.

Genug, während jener Administration kam unser Gotteshaus so sukzessive zu einem Passivkapitale von 738 fl., und man sah sich von oben herab zu ihrer endlichen Aufhebung veranlasst und kehrte zur alten Ordnung der Dinge zurück, nachdem ein halbes Jahr lang das Landgericht BAYREUTH als Distrikts-Administration eingetreten war.

Im Jahre 1835 wurden die neuen Kirchenverwaltungen eingeführt, die sich nach der allgemeinen Erfahrung für das Stiftungsvermögen als sehr zweckmässig erweisen. Da der I. kgl. Pfarrer DÖHLA wegen vorgerückten Alters[66] diesem Geschäfte sich nicht unterziehen konnte, übergab er es seinem damaligen Kollegen, dem jetzigen königl. Dekan MAIER in RÜGHEIM,[67] und der gegenwärtige II. Pfarrer [HÜBSCH] versieht dasselbe Amt seit dem 1. Januar **1838** bis auf diesen Tag noch.

---

[66] (jt) Pfarrer JOHANN JAKOB DÖHLA war zu diesem Zeitpunkt bereits 76 Jahre alt, versah aber noch weitere 10 Jahre seinen Dienst, bereitwillig unterstützt von seinem begabten, kollegialen und resoluten Amtsbruder auf der II. Pfarrstelle HÜBSCH, der ihm die Verwaltungsgeschäfte und manches andere abnahm.

[67] (jt) JOHANN MARTIN MAIER war von 1830-35 Inhaber der II. Pfarrstelle in GESEES.

Die Ortsteile und ihre Geschichte

Der Pfarrsprengel

Der Pfarrsprengel umfasst **24 Dörfer, Weiler und Einzelne**, welche in dem **Umkreise einer Stunde** um das Pfarrdorf herumliegen. Alle diese Orte reichen mit ihrer ersten Entstehung weit in das Dunkel der Vorzeit hinauf, so wie sich ihre kirchliche Gemeinschaft wenigstens in das vierzehnte und fünfzehnte Jahrhundert zurückführen lässt. Mit Ausnahme einiger Einzelnen finden sich ihre Namen auch in dem **Landbuche von 1499** verzeichnet.[68]

Obschon einige wie OBERNSCHREEZ und GOSEN näher an HAAG liegen und hie und da schon Versuche gemacht wurden, sie zu dem jenseitigen Kirchenverbande hinüber zu ziehen, blieben sie doch allezeit dem alten Bunde mit der ursprünglichen Mutterkirche treu. Und manche sind dieser mit so eifriger Vorliebe zugetan, dass sie nirgends als zu GESEES ihre Andacht verrichten und es nicht gerne sehen, wenn sich dieser oder jener ihrer Nachbarn in eine andere Kirche als Fremdling eindrängt und den Versammlungen seiner angestammten Kirchengemeinde entzieht.

Die zum Teil weite Entfernung vom Pfarrsitze erschwert zwar die Seelsorge und gestattet den Geistlichen nicht so viel unmittelbaren Einfluss auf den sittlich-religiösen Zustand der Familien, als in enggeschlossenen Gemeinden bei fleißigen Hausbesuchen und tätigem Eingrei-

---

[68] (jt) Eine Übersicht über die Gliederung des Pfarrsprengels mit allen heutigen Ortsnanmen findet sich im Anhang am Ende dieser Broschüre nach der Geschichtssynopse.

fen erzielt werden kann. Aber man würde sich irren, wenn man die zunächst an der Kirche wohnenden Gemeindeglieder auch darum schon für die kirchlichsten halten wollte, da die Auswärtigen hinter den Einheimischen in dieser Beziehung wenigstens nicht zurückbleiben. Denn trotz Wetter, Wege und Jahreszeit erscheinen aus den entlegensten Punkten an jedem Sonn- und Festtage zahlreiche Scharen regelmäßig und rechtzeitig in dem Vorhofe des Tempels, um auf den ersten Ton der Glocken die heiligen Schwellen zu betreten und vom Anfange bis zu Ende dem Gottesdienste beizuwohnen.

Übrigens hat der erfahrene Sinn der christlichen Altvordern durch die Anordnung der so genannten **Wölfelsteuer**[69] dafür gesorgt, dass jedes Dorf und jedes Haus im ganzen Pfarrverbande doch jährlich einmal vom II. Pfarrer besucht, und dadurch eine beständige Bekanntschaft mit dem häuslichen und religiösen Zustande der einzelnen Familien erhalten werde. Man wählt zur Erreichung dieses Zweckes am besten die Wintermonate, während welcher die Feldarbeit ruht und Groß und Klein die trauliche Nähe des Ofens sucht.

---

[69] (jt) Die „Wölfel- oder „Weihfeldsteuer" war nach den Angaben in den „Verhandlungen der Zweyten Kammer der Ständeversammlung des Königreichs Bayern vom Jahr 1831" (Protokoll Band 14, S. 127) eine alte Abgabe, welche die Kirche ursprünglich für die Segnung der Felder erhob. Sie war noch im 19. Jh. ein Teil der Einnahmen, die dem jeweiligen Pfarrer zustanden, als das Gehalt noch nicht über eine Kirchensteuer, sondern durch die örtliche Pfründe aufgebracht werden musste. – Die Pflicht zur persönlichen Vereinnahmung wurde aber von manchen Geistlichen nicht als seelsorgerliche Chance, sondern eher als unangemessene Last empfunden.

Die Pfarrgemeinde GESEES, welche in kirchlicher Beziehung ein Ganzes bildet und unter dem königl. Dekanate BAYREUTH steht, zerfällt in bürgerlicher Hinsicht in sechs Rural- oder Landgemeinden, die zu dem königl. Landgerichte BAYREUTH gehören und folgendermaßen zusammengesetzt sind:

I. Die Landgemeinde Gesees

1) GESEES, Pfarrdorf, mit einer sehr schönen Bergkirche und einer Schule, 80 Familien, 360 Einwohner, 48 Häuser.[70] Liber antiq. Burggravii Johannsen ampt Beyerewt von **1398** erzählt von GESEES: *„Es hat einen Hof (wahrscheinlich den Meyernhof) und eilf Lehen. - In demselben Dorffe hat der Probst von Tewerstat zu Bamberg Jerlichen uf alten guten Getraid Zinse und pfenniggülte, als daz von Alter Herkommens ist."*

In diesem Drittelzehnten wurde die Probstei unter dem 28. Juni **1644** vom Markgrafen CHRISTIAN bestätigt, als der Domprobst HIERONYMUS zu BAMBERG wegen Beeinträchtigung Klage erhob. Nun ist dieser Zehnten in Geld abgelöst.

Im Jahre **1722** hatte GESEES inclusive SPÄNFLECK und EICHENREUTH nur 44 Häuser.

2) Die **RÖTHE,** einzelnes Haus ohnweit GESEES an der Strasse nach Forkendorf von dem jetzigen Besitzer LORENZ WEIGEL 1832 erbaut. Zwei Familien, sechs Personen.

3) Die **THALMÜHLE**, eine Viertelstunde entfernt, in dem romantischen Tale am Funkenbache gelegen, gehörte ehemals mit dem Reuthöfe zu dem Rittergute CULMBERG und wurde erst 1536 von dessen damaligem Besitzer NIKOLAUS V. HEERDEGEN angelegt; auch lange Zeit nur die HEER-

---

[70] Siehe pag. 38 ff.

DEGEN-MÜHLE benannt. Im 30-jährigen Kriege brannte sie samt einem Nebengebäude ab und wurde erst 1688 auf herrschaftliche Kosten um 142 fl. 12 ½ kr. wieder erbaut. Sie ist seit 1695 in den Händen der Familie WEIGEL und zehntfrei mit ihren Feldern und Wiesen. Eine Familie, fünf Personen.

4) EICHENREUTH, sonst EICKENREUTH, Weiler von fünf Häusern, sieben Familien und 42 Personen; 3/8 Stunden von GESEES, stand schon vor 1499 und gehörte einst den HEERDEGEN aufm Culmberg, die es an die Herrschaft verkauften. Als der Thiergarten angelegt wurde, gab man einem WOLF PRECHTEL in BREYTENGRAß[71] für sein dortiges Gütlein ½ öden Hof in EICHENREUTH am 10. Juli 1667. Den andern halben Hof kaufte HANNS POPP zu GESEES um 25 fl. Kaufschilling und 2 ½ fl. Leihkauf, unter der Bedingung, dass er in drei Jahresfristen von 1668-70 Zahlung leiste.[72]

5) HOHENFICHTE, ein Weiler mit drei Häusern, sieben Familien und 20 Seelen, 3/8 Stunden von GESEES, war ebenfalls 1499 schon vorhanden.

6) SPÄNFLECK, ehedem MAUSGRABEN genannt, ein Weiler von 5 Häusern, 11 Familien und 54 Seelen. Seinen gegenwärtigen Namen soll er davon erhalten haben, dass hier das Holz behauen wurde, welches zur Wiedererbauung der abgebrannten Stadt BAYREUTH aus dem Lindenhardter Forste bezogen wurde.

---

[71] BREYTENGRAß ist die alte Bezeichung für THIERGARTEN, s.u.

[72] Die Einwohner von Thalmühle und Eichenreuth, sowie alle Unterthanen des Amtes St. Johannes standen ehedem unter dem „Bierzwange", d. h. sie waren bei Strafe gehalten, all' ihren Bierbedarf nur von der Brauerei St. Johannes zu beziehen, welche ihnen denselben unentgeldlich vor das Haus führte und am Eimer 15 kr. nachließ.

Vor dem 30-jährigen Kriege stand auf dem zur ersten Pfarrei lehenbaren Gute nur ein einzelnes Haus, welches nach dem Lehenbrief des Pfarrers CONRAD BAUERNSCHMIED „d. d.[73] GESEES am Walpurgistage 1569" STEPHAN MEYER erbaute, der unter der Bedingung, über das übrige Pfarrgut die Aufsicht zu führen und jährlich eine gewisse Abgabe zu entrichten, mit dem erforderlichen Bauplatze und einer Sölde belehnt wurde. Das übrige Gut bewirtschaftete entweder der jedesmalige Pfarrer selbst, oder er verlieh es gegen einen jährlichen Pachtzins.

„Nachdem ihm aber nichts als das Lehen und die Getreidgült zukommet, hat die Herrschaft diesen Hof eingezogen und an Herrn JOH. HAAG, Pfarrer zu Gesees, vermöge Kaufbriefs vom 7. September 1719 um 1300 fl. fr. dergestalt verkauft, da dieser die eingegangenen Gebäude und die Mannschaft wiederherstellen und zum jährlichen canone übernehmen solle:

4 fl. Walpurgi- und Michaeliszinns zum Hofkastenamte Bayreuth,

1 fl. 45 kr. Erbzins,
10 Käse,
4 Sra. Korn,   } zur I. Pfarrei GESEES."
4 Sra. Haber
und den 10 fl. Handlohn,

Durch Dekret vom 24. März 1726 erhielt Pfarrer HAAG die Erlaubnis, den Hof zu dismembrieren.[74]

Am 12. Juni 1789 erhielt der Pfarrlehenbauer J. BACKER die Genehmigung, an sein Haus noch eine Taglöhners-

---

[73] (jt) Die Abkürzung „d. d." kommt im Geseeser Büchlein öfter vor und bedeutet „de dato", also geltend von diesem Termin an.

[74] (jt) Dismembration ist die Zerschlagung bzw. Zerstückelung von Ländereien, wie sie insbesondere bei Erbschaften auftreten kann.

wohnung zu erbauen; desgleichen erlangte er am 10. August 1789 die Konzession, auf diesem Taglöhnershause **Bier** zu schenken und 1791 sogar das Recht, Speisen zu verabfolgen, freilich ohne jedoch selbst zu schlachten. Die Forstwartswohnung daselbst wurde erst im Jahre 1799 und die des MATTH. STRÖBER 1833 erbaut.

Seit 1817 ist durch die Pottensteiner Strasse der Verkehr mit GESEES und der Stadt [BAYREUTH] bedeutend erleichtert.

II. Die Landgemeinde Forkendorf

1) FORKENDORF, sonst auch Volkendorf, an beiden Seiten der Pottensteiner Straße, mit 18 Häusern, 30 Familien und 140 Einwohnern, hat ein Wirtshaus und eine ausgezeichnete **Quelle** des besten Trinkwassers. Der **halbe Zehnten** gehörte ehedem zum herrschaftlichen **Schlosse Monplaisir bei St. Johannes** und ist erst seit 20 Jahren fixiert. Die andere Hälfte war früher Eigentum derer VON SECKENDORF ZU KROTTENDORF, kam später an die HERREN VON KÜNSBERG IN THURNAU und zuletzt als **Mannlehen** in die Hände mehrerer Einwohner von FORKENDORF, die ihn **1840** freiwillig an die Gemeinde käuflich abtraten.

Die Forkendorfer zeichnen sich durch lobenswerte **Eintracht und brüderliches Zusammenhalten** untereinander rühmlich aus. Im Dorfe war ehedem ein der Stiftung gehöriger Felsenkeller, welcher lange Zeit an den dortigen Wirt verpachtet war, aber anno 1760 verschüttet wurde, als man die tiefe Hohlgasse mit Erde und Steinen ausfüllte und den schlechten Fuhrweg ausbesserte.

Unweit FORKENDORF entspringt der Näßbach, der die FORSTMÜHLE treibt und in die Mistel mündet.

2) Über demselben liegt die Einzelne **BÖTZELBERG** mit einer Familie und fünf Personen, vom dermaligen Besitzer J. DÖRNHÖFER anno 1831 erbaut.

3) Die **FORSTMÜHLE** mit einem Taglöhnershause hat zwei Familien mit zehn Personen. Sie brannte 1836 ab und wurde 1837 wieder vom Grunde aus neu erbaut.

4) Die **RÖTHE**, eine Einzelne, der Geseeser Röthe gegenüber, wurde 1830 von dem vorigen Besitzer JOHANN FRANK aus GESEES erbaut. Zwei Familien, sechs Personen.

III. Die Landgemeinde Thiergarten

1) **THIERGARTEN**, der untere, eine Stunde von GESEES; gegenwärtig ein ummauerter Weiler, der in seinem Innern ein Wirtshaus und vier Wohnhäuser mit 14 Familien und 60 Seelen hat. Er hieß ursprünglich BREYTENGRAß und bestand aus einem Hofe und einem Söldengütlein, welche anno **1666** in den vom MARKGRAFEN CHRISTIAN ERNST angelegten Thiergarten gezogen wurden. In den Bereich desselben von 45 5/8 Tagw. Wiesen und 66 ½ Tagw. Feldern verlor sich auch der zur hiesigen II. Pfarrei zehntbare WIRNSHOF, welcher aus einem Gülthofe und einer Sölden bestand, ohne dass eine Entschädigung gereicht oder vielleicht nur ernstlich reklamiert wurde.

Im Jahre 1699 wurde auf hochfürstlichen Befehl vom 10. Februar das zum Betriebe der Ökonomie gehaltene Rindvieh veräußert, weil es die besten Hutweiden konsumierte, die für das Wildbret bestimmt waren, um dessen Willen der Thiergarten vorzugsweise unterhalten wurde. 1757 wurde vom MARKGRAFEN FRIEDRICH die Thiergarten-Mauer repariert und 1763 der neue Weiher daselbst angelegt. 1770 erkaufte der Fürstl. Schwarzburgische Forstkommissair GRÄBNER zu BLANKENBURG den Thiergarten um 6400 fl. vom Mrkgr. ALEXANDER; 1777 verkaufte er ihn aber wieder an den Kammer-Commissair und Kastenamtmann JOH. SIGMUND FEEZ zu SPARNECK. Von diesem kam er in die Hände der Juden MEYER, JOSEPH und HIRSCH GUNZENHÄUSER am 21. April 1790, die ihn zertrümmerten und an die gegenwärtigen Besitzer verkauften.

Der **obere Thiergarten** war ein Jagd- und Lustschloss, das zur Pfaei St. Johannes, aber zur diesseitigen Ruralgemeinde[75] gehört und ein Eigentum eines Juden in BAYREUTH ist. Das Taufbuch von 1702 spricht von einer **Ziegelhütte**, die bei THIERGARTEN lag.

Die zu Unterthiergarten gehörige Einzelne auf dem RÖMERBERGE[76] erbaute 1835 der jetzige Besitzer JOH. BÄR.

2) **RÖDENSDORF**, ½ Stunde von GESEES, mit sieben Häusern, in welchen 11 Familien und 70 Seelen wohnen, liegt fast rings von Bergen umschlossen in einem kleinen Tale, das mit Quellen des reinsten **Trinkwassers** reichlich versehen ist. In älteren Urkunden heißt es bald Rögens-, bald Regens -, bald Regnitz-, bald Ringsdorf[77] und soll ehedem denen VON RÖDERN gehört haben, von deren Schlosse auf

---

[75] (jt) „Ruralgemeinde" (vom lat. „rurare = auf dem Lande leben") war seit 1808 eine Bezeichnung für einen künstlichen Verband von kleineren Siedlungen. Ab 1835 wurde der Ausdruck „Landgemeinde" verwendet. Zur Landgemeinde THIERGARTEN gehörten damals die dann im folgenden genannten Dörfer und Einzelnen, die heute politisch nach BAYREUTH eingemeindet sind, aber kirchlich weiter von GESEES betreut werden .

[76] (jt) Auch RÖMERSBERG wird bis heute offiziell vom Pfarramt GESEES mit betreut.

[77] (jt) „Ringsdorf" sagen die Einwohner heute noch.

der ganz nahen Pütschenburg man hie und da noch einzelne Grundsteine sehen kann. Die beiden letzten FRÄULEIN VON RÖDERN sollen auch den lebendigen und toten Zehenten von RÖDENSDORF zur Frühmesse nach GOLDKRONACH gestiftet haben. Dass er schon um 1499 dahin gehörte, besagt das Landbuch von diesem Jahre, aber nähere Nachrichten vermögen wir bei dem Mangel aller Urkunden weder über die Stiftung desselben noch über die von Rödern'sche Familie zu geben.

3) **HEINERSBERG**, Einzelne, ¾ Stunde von GESEES, mit einer Familie und 12 Seelen, bestand ehedem aus drei ganzen Gülthöfen[78] und einem Zinshofe[79], welcher letzterer zum 10 Pf. der Herrschaft handlohnbar war. Ferner haftete das Hauptrecht darauf, nach welchem bei dem Absterben des Mannes das beste Pferd oder der beste Ochse und bei dem Tode der Frau die beste Kuh der Herrschaft gegeben werden musste. Die drei Gülthöfe sind von der Anlage des Thiergartens mit verschlungen worden.

4) **BAUERNGRÜN**, eine Stunde von GESEES, Einzelne, an der Unternschreezer Strasse auf einer Domänenparzelle von dem jetzigen Besitzer, GOTTLIEB BAUER, 1819 erbaut, ist von einer Familie und sechs Personen bewohnt.

5) **GRODELSBERG**[80], Einzelne, der vorigen gegenüber,

---

[78] (jt) Gülthof ist ein Lehenshof im Eigentum von Adelsfamilien, das dem Nutzungsberechtigten (Lehnsmann, Amtsträger usw.) unmittelbar, dem Verleihenden aber mittelbar rechtlich zugeordnet ist und für dessen Überlassung der Nutzungsberechtigte eine Gegenleistung oder Anerkennungsgebühr, erbringt.

[79] (jt) Der Zinshof steht in fremdem Eigentum, kann aber gegen Abgaben genutzt werden.

[80] (jt) Heute „Krodelsberg".

wurde 1821 von JOHANN KRODEL erbaut. Zwei Familien und sechs Personen.

6) **SORGENFLIEH,** Einzelne, fast mitten im Walde, von dem preußischen Hauptmann REICH im Jahre 1801 erbaut, kam 1813 an den gegenwärtigen Besitzer JOH. HACKER, nachdem der frühere mit der preußischen Armee gegen Frankreich ins Feld gezogen war. Eine Familie und sechs Personen.

IV. Die Landgemeinde Obernschreez

1) **OBERNSCHREEZ,** Dorf von 13 Häusern mit 16 Familien und 86 Seelen, liegt am nördlichen Abhange des Sophienberges, 3/4 St. von GESEES, hat sehr gutes Trinkwasser und ein Wirtshaus. Anno 1727 hatte OBERNSCHREEZ im Ganzen nur acht Häuser.

Eine Viertel-Stunde davon liegt UNTERNSCHREEZ, das ehedem den HERREN VON NANKENREUTH gehörte und nach dem Absterben des letzten PHILIPP V. N. der Herrschaft anheim fiel und von der MARKGRÄFIN MARIA am 16. November 1613 in Besitz genommen wurde.

2) **CULMBERG,** besteht aus sieben einzelnen Häusern, die um den nördlichen, westlichen und südlichen Abhang des Sophienberges zerstreut liegen. Er zählt 12 Familien und 45 Personen.

3) **GOSEN,** Weiler aus fünf Häusern, in welchen neun Familien und 55 Personen wohnen, liegt am südöstlichen Abhange des Sophienberges, eine Viertelstunde von HAAG. Sein Name scheint aus der Bibel entlehnt und erinnert an das schöne Land in Ägypten, das Pharao den Kindern Israels zur Wohnun.g anwies. Nach dem alten Landbuche von 1499 haben die NANKENREUTHER zu UNTERNSCHREEZ einst

gegen 20 Acker Feld und 6 Tagw. Wiesen gewaltsam den Gosenern abgenommen.

V. Die Landgemeinde Pettendorf.

1) PETTENDORF liegt ¾ Stunden südwestlich von GESEES entfernt im Tal an beiden Seiten der Mistel, von welcher es oft ganz unerwartet überschwemmt und dadurch zeitweise im gegenseitigen Verkehre gehindert wird. Es zählt 28 Häuser, darunter ein Wirtshaus, und hat 50 Familien mit 205 Seelen. Das Wasser im Dorfe ist nicht wohl trinkbar und hat die größte Ähnlichkeit mit dem Geseeser.

Anno 1567 bewilligten sie nach langer Beratung dem SIGMUND V. WIRSPERG in GLASHÜTTEN um seiner nachbarlichen Freundschaft und Wohltaten halber einen Platz von 33' Länge und 40' Breite zur Erbauung einer Zehentscheune, mit der Bedingung, dass er zwar keine Abgaben zu entrichten, sein Nachfolger aber um Fortdauer dieser Gunst bei der Gemeinde nachsuchen, im Verweigerungsfalle seine Scheune abzubrechen und anderswo aufzubauen hätte.

Der ½ Zehnten von PETTENDORF gehörte ehedem den HERREN VON GROSS, von welchen ihn 1467 WILHELM und HANNS VON MISTELBACH erkauften. Gegenwärtig hat ihn eine FRAU V. REIZENSTEIN in Gemeinschaft mit mehreren andern.

2) Die **PETTENDORFER MÜHLE**, ¼ Stunde vom Dorfe an der Mistel, mit einem Mahl- und Schneidgange, hat eine Familie mit acht Personen.

Anmerkung: ¼ Stunde von PETTENDORF, auf der entgegengesetzten südwestlichen Seite, liegt die **NÄß** oder **NEES**, ein ganzer Hof, den zwei Familien mit 14 Personen in zwei Häusern bewohnen. Dieser Hof ist schon im Landbuche von 1499 aufgezeichnet. Am 22. August 1761 kaufte ihn HANNS BAUER um 15 fl. Er pfarrt nach GESEES, schult nach CREEZ und gehört zur Landgemeinde CREEZ.

VI. Die Landgemeinde Pittersdorf.

1) PITTERSDORF, mit 28 Häusern, einer Schule und einem Wirtshause, hat 46 Familien und 180 Einwohner. Der Zehnten gehört teils einigen Bauern, teils dem Gotteshause OBERNSEES. Seinen Bedarf an Trinkwasser holt das ganze Dorf im Steingraben nahe an der

2) STEINMÜHLE, zwischen GESEES und PITTERSDORF an der Mistel gelegen;·mit einem Mahlgang und einem Ölschlage. In ihr und dem Nebenhause wohnen zwei Familien mit 12 Personen.

VII. Die Gesamtzahl der Gemeindeglieder

Summieren wir die Bevölkerung der ganzen Geseeser Pfarrgemeinde, so erhalten wir eine Gesamtzahl von **298 Familien und 1.409 Köpfen**, die in 186 Häusern wohnen. Ältere Volkszählungen, z. B. die von 1808, führen nur 1.188 Personen auf und beweisen, dass in den Zeiten des Friedens und der Ruhe die Bevölkerung bedeutend zugenommen hat.

Darf man von der Anzahl der Gebornen einen Schluss auf die Grösse der Pfarrgemeinde wagen, so war diese um 1609 beinahe der gegenwärtigen gleich, denn das Taufregister jenes Jahres weist 42 Kinder nach und das von 1840 nicht mehr als 50. Gestorbene zählt das Jahr 1609 im Ganzen 27 und das von 1840 38.

Wie nachteilig Krieg und Teurung auf das Menschenleben einwirken, mag daraus hervorleuchten, dass am

Schluss des 30-jährigen Krieges in der Pfarrei GESEES anno 1648 nur 15, und im teuern Jahr 1817[81] nur 22 Kinder geboren wurden.

Die Pfarrstellen und ihre Inhaber

Die Erste Pfarrstelle

Die erste Pfarrstelle ist unstreitig gleich mit der Einführung des Christentums in GESEES entstanden, wie es denn überall die Sorge der ersten Heidenapostel war, in den von ihnen neu gegründeten Gemeinden einen ihrer Mitarbeiter als ständigen Geistlichen zurückzulassen, um das im Herrn angefangene Werk der Bekehrung durch fleißigen Unterricht und treue Seelsorge immer tiefer zu begründen und immer weiter fortzuführen.

Und an warmer Teilnahme und kräftiger Unterstützung fehlte es in jener Zeit dem Evangelium so wenig, als den Anstalten und Personen, die zu seiner Erhaltung und Pflege notwendig waren. Je länger man hier in der schmachvollen Finsternis heidnischen Aberglaubens saß, desto freundlicher und lieblicher waren die Füße der Boten, die das Licht der Wahrheit brachten und den Frieden der Versöhnung verkündigten, welche durch Christum gestiftet ist. Mag man auch unserer jetzigen Zeit nicht mit Unrecht den Vorwurf machen, dass sie **gleichgültiger** gegen kirchliche Zwecke ist und nicht mehr so gerne freiwillige Gaben und Opfer für religiöse Anstalten und ihre Diener darreicht, ja

---

[81] (jt) Mehr dazu weiter unten im Abschnitt über das Notjahr 1816.

oft die schuldige Gebühr mit Widerwillen entrichtet – in jener ersten Zeit war dies gewiss anders und besser, wie die Tat vor unsern Augen lehrt. Denn neben der Kapelle unserer lieben Frau zum GESEES fand auch der Geistliche eine **Wohnung und hinlängliche Auskunftsmittel**, welche ihm christliche Liebe und Dankbarkeit ohne fremden Zwang bereitet hatte. Durch **Stiftungen** zu verschiedenen Zeiten erhob sich nach und nach diese Stelle dahin, dass sie jetzt eine der **einträglicheren** in der Umgegend von BAYREUTH ist.

Das Meiste mögen wohl die reichen und edlen HERREN VON MISTELBACH ZU MISTELBACH zur Begründung und Ausstattung der ersten wie der zweiten Pfarrstelle beigetragen haben, weil sie auch das Patronats- und Episkopalrecht auf dieselben besaßen, bis sie es – unbekannt, aus welchem Grunde – [1321] an den BURGGRAFEN FRIEDRICH VON NÜRNBERG verkauften [s. S. 215].

Dass die erste hiesige Pfarrstelle von ihren ersten Begründern nicht stiefmütterlich bedacht wurde, davon zeugt das Verzeichnis ihrer verschiedenen Besitzungen an Grundstücken und Lehen. Ob aber alle und jede von den HERREN VON MISTELBACH abstammen, ist nicht nachzuweisen; wohl aber ist zu vermuten, dass auch frommgesinnte Privatleute in jener glaubensfrischen Zeit von edler Mildtätigkeit und lebendigem Eifer für das allgemeine Beste ergriffen, nach Kraft und Vermögen zur Dotation der Kirche und der ersten Pfarrei mitgewirkt haben.[82] Denn wer damals in seinem Leben nichts für fromme Zwecke gestiftet hatte, trug diese Schuld wo möglich noch auf seinem

---

[82] S. Pf. Pütiger pag. 78.

Das schlossartig-prächtige Geseeser Pfarrhaus im Winter, mit Blick auf seinen ursprünglichen Haupteingang

Sterbebette ab, und **die meisten Stiftungen von einigem Belange weisen in die Zeit von 1200 bis 1500 zurück.**

Dasjenige Gebäude[83], welches um 1730 noch das **Pfarrhaus** war, ist seiner ärmlichen Beschaffenheit und Einrichtung halber zum **Viehstalle** verwendet worden.

Und von 1731-35 ist der jetzt noch stehende **Neubau** vom Maurermeister J. RUPPR. SCHLEICHER und Zimmermeister J. G. RACKER unter Pfarrer HAAG I.. und den Gotteshausmeistern JOH. MADER von FORKENDORF und JOH. MAYER von GESEES ausgeführt worden.[84] Die Kosten sind

---

[83] (jt) Dieses Sandsteingebäude mit einst zu Wohnzwecken mitgenutztem Dach steht heute noch so da, als hätte es das Vieh gerade verlassen. Daneben steht ein alter wasserloser Brunnen.

[84] (jt) Die schlossähnlichen Dimensionen und die gehobene

auf 2.779 fl. 2 ¾ kr. frk. angegeben.

Die Einfassung des Pfarrhofes, so wie den chaussierten Fuhrweg in denselben[85] ließ die Stiftung unter Pfarrer SCHILLING[86] herstellen.

Diese Pfarrei besaß vordem einen **Hof** zu PITTERSDORF und einen im MAUSGRABEN oder SPÄNFLECK, welchen jetzt der Bauer WOLFG. BACKER besitzt. Beide wurden unter Pfarrer HAAG I. im Jahre 1718 verkauft und mit einer gewissen jährlichen Gewährschaft an Getreide belegt, wahrscheinlich weil auf diese Weise ein sichererer Ertrag erzielt wurde, als bei Verpachtung oder eigener Bewirtschaftung herauskam.

Von dem **dritten Hofe**, der zur ersten Pfarrei gehörte und zum Teil im Geseeser, zum Teil im Forkendorfer Flure liegt, wurden auf Antrag des seligen Pfarrers HAAG II. und mit gnädigster Erlaubnis des Markgrafen CHRISTIAN FRIEDRICH zu BAYREUTH zwei Drittteile öffentlich verkauft, um mit dem Erlöse die den Gebrüdern WUNDERLICH auf dem Culmberge gehörigen Zweidrittteile lebendigen und Getreidezehntens zu kaufen, welcher zum ehemaligen

---

Ausstattung des I. Pfarrhauses mit Stuckdecken und Parkett machen deutlich, welches adelsgleiche Privileg die Pfarrerschaft genoss, aber auch welch hohe Erwartungen im pädagogisch-kulturellen Konzept der Markgrafen an sie gerichtet waren: Den Pfarrern oblag die Grundbildung und sittliche Erziehung der Untertanen.

[85] (jt) Diese Hauptzufahrt erfolgte von Südwesten her, am Haus des Pfarrknechtes STEPHAN, am Pfarrgarten, am alten Brunnen und am ehem. Pfarrhaus vorbei. Die starken Sandsteinsäulen des Tores stehen noch; auch die spitzen Torflügel sind noch vorhanden. Für diese Zufahrt besteht eigentlich heute noch ein niemals widerrufenes Gewohnheitsrecht durch das westlich angrenzende Grundstück.

[86] 1812-1825 in GESEES.

Landgute CULMBERG lehenbar war, und wovon die erste Pfarrei schon das eine Drittteil besaß. Dies geschah am 20. und 26. Mai 1767 und war umso vorteilhafter, als dadurch die ohnedies zu umfassenden und **beschwerlichen Ökonomiegeschäfte dieser Stelle** um ein Bedeutendes vermindert wurden. Nach Erkaufung dieses Zehntens waren noch 50 fl. frk. übrig, welche mit 11 fl. 51 ¾ kr. frk., die jeder Pfarrer seinem Nachfolger bar extradieren musste, anfangs bei der Stiftung, nun aber bei der Spezial-Schuldentilgungskasse in BAMBERG mit andern Geldern verzinslich angelegt sind.

Die erste Pfarrstelle hatte auch das Recht, aus dem **Stiftungswalde**, der ohnedies nur das „Pfarrholz" hieß, jährlich 12 Klaftern Holz zu hauen. Pfarrer GAßNER[87] bezog noch 1677 sein Deputat unbestritten, aber unter Pfarrer FISCHER[88] beruhte dieses Recht, unbekannt aus welchen Gründen. Pfarrer HAAG I. hatte keine Ursache, es zu reklamieren, da der MAUSGRABEN, den er im Jahre 1719 um 1.300 fl. fr. als Pfarrlehen erkauft hatte, ihm Holz die Menge lieferte.

Als aber 1730 der MAUSGRABEN verkauft war und HAAG II. jährlich zu den 5 Klaftern Gerechtigkeitsholz[89] aus der

---

[87] (jt) In GESEES 1669-1677.

[88] (jt) Dto. 1677-1702.

[89] Unter „Holzgerechtsame" war seit dem Mittelalter bis weit ins 19. Jh. hinein das Recht auf unentgeltliche Nutzung des Waldes zur Holzgewinnung zu verstehen. Dem Verpflichteten, in der Regel dem Waldeigentümer, war alles untersagt, was die Holzgerechtsame beeinträchtigen könnte. Er war aber nicht verpflichtet, Bäume nachzupflanzen. Der Berechtigte wiederum durfte den Bewuchs nicht verändern und ausdehnen.

königl. Waldung noch eine ziemliche Quantität kaufen musste, suchte er sein Recht auf den Stiftungswald wieder geltend zu machen und war so glücklich, von der Regierung des MARKGRAFEN FRIEDRICH VON BAYREUTH UND KULMBACH unter dem 3. Februar 1753 wiederum in den Bezug der 12 Klaftern Holz eingesetzt zu werden. Die Einreden und Beschwerden der Gotteshausvorsteher JOH. MEYER und J. HACKER hatten keinen andern Erfolg, als dass am 15. April desselben Jahres der Beschluss kam, es habe bei der Holzabgabe sein unveränderliches Verbleiben, und falls kein Brennholz mehr vorhanden sein sollte, müssen dem Pfarrer HAAG II. jährlich ad dies vitae 16 fl. frk. aus der Stiftungskasse bezahlt werden, nach seinem Tode aber wieder zessieren.

Auf vieles Bitten und Beschweren der ganzen Pfarrgemeinde entschloss sich endlich HAAG II. um des lieben Friedens willen zu einem Vergleiche, der GESEES den 23. Januar abgefasst und BAYREUTH den 2. April 1754 bestätigt wurde. Nach diesem gab er freiwillig sein Recht auf, jedoch nur unter folgenden Bedingungen: dass er außer den schon empfangenen 12 Klaftern noch andere 12 Klaftern Brennholz, 16 fl. frk. aus der Gotteshauskasse erhalten, die Bauern der Pfarrgemeinde sein jährliches Gerechtholz in den Pfarrhof unentgeltlich und nur gegen Bier und Brot fahren, sich aller üblen Nachreden enthalten und alle Liebe und Achtung ihm beweisen sollten.

Die erste Pfarrei hat gegenwärtig, neben einigen grösseren und kleineren Zehnten und vielen zum Teil beträchtlichen Lehen und Gewährschaften, noch gegen 12 Tagw.[90]

---

[90] (jt) Ein Tagwerk (Tgw.) war die Fläche, die mit einem Ochsen an

Äcker und 15 Tagw. Wiesen. Aus der Kirchen-Stiftungskasse bezieht sie jährlich 7 fl. 50 kr. rhn. und zwar nach der Kirchenrechnung von 1556 ursprünglich aus folgenden Titeln:

1) *„ij fl. (2 fl . frk.) für sein Deputat vincula petri fellig, so ihm durch Herrn Hauptmann inhalt eines Vertrags jährlich zu geben zuerkannt,"* 2) *l fl. für 3 Immerkühe,* 3) *xjj. (l fl. 27 1/8 kr. frk.) anstatt des salve pro pace in der Kirche zu singen und zu beten.*[91] 4) Später führen die Rechnungen spezifiziert noch 1 fl. 12 kr. frk. pro inspectione auf, d. i. für Aufsicht auf die Stiftung und ihre Verwaltung und für Revision der Rechnungen. 5) Einige Groschen für Schreibmaterialien.

---

einem Tag zu bestellen war. Sie entsprach in Bayern einer Fläche von gut 3.400 m² bzw. rd. 1/3 ha. Insgesamt bewirtschaftete der Geseeser Pfarrer also 27 Tgw. entspr. 9 ha Ackerland und Wiesen. Damit lag er im mittleren Bereich der „Viertelbauern" bzw. „Söldner". Der wohlhabendste Bauer mit einem 1/1-Hof bewirtschaftete 100 und mehr Tgw. Das entspricht der heutigen durchschnittlichen Betriebsgröße eines Bauernhofes im Bayreuther Land mit knapp 30 ha. Zu bedenken ist dabei, dass die Arbeitsleistungen damals ausschließlich mit Menschen- und Tierkraft erbracht werden mussten.

[91] Zur Erklärung bringen wir Folgendes bei: Bei der unersättlichen Kriegslust des MARKGRAFEN ALBRECHT I. (1457 bis 1486) wurde 1471 zur Erflehung des allgemeinen Friedens ein besonderer Abendgottesdienst eingeführt, der wahrscheinlich wöchentlich am Samstag gehalten wurde. Man schaffte auch auf die Türme außer den gewöhnlichen noch eine eigene Salve- oder **Friedensglocke**. Das noch gebräuchliche Abendgebetläuten kommt davon her. Diese eigentlichen Gottesdienste gingen später in ruhigeren Zeiten wieder ein, während die dafüt ausgesetzte Vergütung blieb, weil sie bereits einen Titel in der Fassion [Ausstattung der Pfarrstelle, die ausgeschrieben wurde] bildete. Da übrigens dem Diakon eine ähnliche Besoldung gereicht wurde, so mögen wohl beide Geistliche in diesen Funktionen abgewechselt haben.

Diese Pfarrstelle muss in früheren Zeiten in dem Rufe großer Einträglichkeit gestanden haben; denn nach M. Joh. Wills Beschreibung des Fichtelgebirges hatte man auf sie den alten lateinischen Schulvers gerichtet:
„Si qua sede sedes, sedeas nec sede recedas!"
und so übersetzt:
*„Wenn du sitzest zum Gesees,
Sitze still, du sitzt nicht bös!"*
Allein seit 1837 ist das Einkommen dieser Pfarrei auf 891 fl. 20 1/4 kr. festgestellt und demnach nicht so ungeheuer groß, als mancher sich's denken mag.[92] Die Grundsteuer mit 63 fl. 16 ½ kr. wird jährlich gegen besondere Quittungen an die Rentämter BAYREUTH, POTTENSTEIN und WAISCHENFELD vom Staate gnädigst erlassen und nur Kreisumlagen, Straßenbaubeiträge und Familiensteuer von dem jedesmaligen Ersten Pfarrer erhoben.

Am Funkenbache, unter dem Garten des N. WEIGEL, besitzt der Erste Pfarrer in Verbindung mit dem Zweiten einen eigenen **Felsenkeller**, weil beide ehedem aus hochfürstl. Gnade ein ganzes Gebräu **Bier** unentgeltlich in der Stadt BAYREUTH bräuen durften, welche Wohltat aber aufgehört hat. Der Felsenkeller selbst wurde 1761 gebaut, ist aber dermalen wenig mehr nütze.

Liste der Ersten Pfarrer in Gesees

Geistliche gab es in GESEES seit der Einführung des Christentums schon, allein es war bei dem Mangel an Urkunden unmöglich, ihre Reihe weiter zurück

---

[92] (jt) Um diese Zeit rechnete man für einen Fünf-Personenhaushalt mit Wochenkosten von rd. 5 fl.

zu führen oder andere, als die hier mitgeteilten Bruchstücke aus ihrem Leben und Wirken in der hiesigen Gemeinde aufzufinden.[93]

1) **Friedrich Sesselmann** aus **Kulmbach** um 1401. 1414 wurde er Pfarrer in **Cadolzburg** und 1415 Rat bei **Kurfürst Friedrich I.**, als welcher er den Stiftungsbrief eines Hofes zu **Busbach** für die Kapelle zum hl. Kreuz in **Bayreuth** unterzeichnete: *„d. d. Plassenburg Montags nach unser Frawentag, als die geboren ward".*

2) **Ulrich Pütinger [Buticher]** bis 1478 [wohl 1448]. Auf dem messingenen Täfelein eines Grabsteins in der Kirche dahier standen ehedem, nach Will's Angabe, die Worte: *„Hie quiescit D. N. Ulricus Putiger, Plebanus et Decanus 1478."*[94] Er ließ an der Pfarre so viele Reparaturen und Neubauten vornehmen, dass er, um die Kosten zu bestreiten, mit Bewilligung des **Markgrafen Friedrich** (VII.) das der Pfarrei gehörige Söldengut bei den Reuthöfen an Jungfrau **Adelheid**, **Hannsen Holdens** Tochter, um 38 fl. frk. zu Lehen verkaufte. Er stiftete auch am 2. Juni 1445 eine Wiese zu **Kerzendorf** und eine zu **Kirchahorn** zu dem Gotzhaus unsrer lieben Frawen der Himmelskönigin

---

[93] (jt) **Rüdiger Bauriedel** erwähnt im Hummelgauer Heimatboten Nr. 118, Dez. 2017, S. 12, für das Jahr 1324 einen „Johans pfarrer zum Gesese" als Zeugen anlässlich der Schenkung eines von **Wolfram v. Mistelbach** zu Lehen gehenden Hofes in **Gesees** durch den Bayreuther Bürger **Walter Pottensteiner** an das **Kloster Michelfeld**. Dieser „Johans" wäre somit die älteste bisher bekannte Erwähnung eines Geseeser Pfarrstelleninhabers.

[94] (jt) Die Amtsbezeichnung „Dekan" bezieht sich nach Bauriedels Darstellung auf das Archidiakonat **Hollfeld**, zu dem **Gesees** seinerzeit kirchlich gehörte.

Marie, damit die Pfarrer für die Nutznießung dieser Wiesen jährlich einen Jahrstag zu Ulrichs Andenken halten möchten.

3) CHR. LANDSCHREIBER von 1468-1499, war vorher Rektor sive perpetuus vicarius ecclesiae in Culmbach, und stellte bei seinem Aufzuge nach GESEES einen schriftlichen Revers aus, dass er mit der Besoldung seiner Vorgänger zufrieden sein wolle. Unter ihm, und zwar 1484, den 25. Juli wurde von den Gebr. LORENZ UND JORG COYAT die BÄR- oder POPPENMÜHLE um 115 fl. rhl. für das Gotteshaus erkauft.

4) ULRICH SCHOLL kam von der Pfarrei zu BINDLACH auf die hiesige.

5) HANNS OETTELMANN um 1514, wurde 1523 Pfarrer in MISTELGAU.

6) CHRISTOPH PÖLL, von WICHSENSTEIN gebürtig, früher Frühmesser um 1509, bis 1527.

7) GEORG HEYDERER (Myrizius), von DILLINGEN 1528. Damals **Dekan** des Bayreuther Kapitels. Er war ein **Schüler Luthers**, der ihn in einem besondern Schreiben d. d. WITTEMBERG am Christi Himmelfahrtstage 1528 als einen Prediger gen PLASSENBURG dem MARKRAFEN GEORG sandte und ihn nebst einigen andern Geistlichen gar dringend empfahl, *„denn es ja feine Leute sind, wirdig, die man ynn ehren und trewen halte."* Allein HEYDERER bekam für seine Reisekosten 5 fl. aus der Landschreiberei und musste sich nach wenigen Wochen mit der Pfarrei GESEES abfinden lassen.[95] Zu PLASSENBURG, wo der Hof oft jahrelang

---

[95] Nach dem alten Pflichtbuche hat er am 7. August 1528 seinen

nicht verweilte, wird fortwährend nur ein Kaplan gefunden.

Schon 1531, am 2. Februar, war HEYDERER mit mehreren anderen Geistlichen in KULMBACH bei einer Versammlung, um sich über den vorgelegten Entwurf einer neuen **Kirchenordnung** zu beraten; und ebenso vom 9-18. Oktober 1548 im Augustiner Kloster daselbst, um dem **Interim**, d. h. jener Kirchenordnung Kaiser Karls V., zu widerstehen, durch welche die protestantische Kirche wieder zur römisch-katholischen zurückgebracht werden sollte.

8) **Lorenz Dörfler** von 1551-1555.

9) **Conrad Bauernschmied** von 1555-1574, geboren 1522 zu CREUSSEN, wo sein Vater HEINRICH, später Rektor in KULMBACH, damals Schullehrer und Stadtschreiber war. Er versah eine Zeit lang die Schule in STADTKRONACH, bis er 1552 DIAKONUS zu WEISMAIN wurde. In den Albertinischen Unruhen entkam er unter großer Lebensgefahr nach PEGNITZ, wo er von 1553 an zwei Jahre lang das Amt eines Diakonus[96] und Pfarrers verwaltete.

Anno 1555 kam er nach GESEES, wo er gegen 20 Jahre

---

eigenhändigen Eid auf die hiesige Pfarrei geleistet.

[96] (jt) Die Diakone waren in der christlichen Urgemeinde ursprünglich Gehilfen der Apostel, die das gemeinsame Vermögen zur Versorgung der Witwen verwalten und die gemeinsamen Mahlzeiten leiten sollten. In der röm.-kath. Kirche bekleiden sie eine Vorstufe des Priesteramtes und können auch verheiratet sein. In der evang. Kirche erscheinen Diakone lange als Inhaber der Zweiten Pfarrstelle, so noch im Geseeser Büchlein. Ihr Berufsbild ändert sich aber bereits in dieser Zeit durch Einflüsse von JOHANN HINRICH WICHERN und THEODOR FLIEDNER in Richtung eines eigenständigen kirchlichen Amtes an sozialen Brennpunkten der „Inneren Mission".

lang die Pfarrei bekleidete, und nebenbei seinen Schwiegervater, den Superintendenten JUSTUS PLOCH, bei seinen Visitationsreisen und andern Geschäften unterstützte.

1557 den 8. März wurde ihm zur Erbauung eines Pfarrstadels erlaubt, die Einkünfte der Kaplanei zu beziehen und einen ledigen Kaplan[97] in seinem Hause zu halten.

Er war viermal verheiratet, und zwar das erstemal mit der Witwe des Pfarrers HEYDERER. 1574 wurde er **Spitalprediger und Superintendent** in Bayreuth.

GESEES hatte er so lieb, dass er bei dem Markgrafen am 4. September 1587 die Bitte stellte, nach GESEES zurückkehren und mit dem dortigen Pfarrer FROSCH seine Stelle **tauschen** zu dürfen, worauf er aber abschläglich beschieden wurde. So blieb er denn in seinem bisherigen Wirkungskreise, bis ihn am 14. Januar 1602 der Tod abrief. Er starb 1602 an der Pest.[98]

10) **WOLFGANG FROSCH,** von 1574-1592, aus CREUSSEN gebürtig. Unter ihm wurde das Glockenhäuslein erblich an PETER BEHEIM verliehen, wie der Kauf- und Lehenbrief das Nähere besagt. Auch unterschrieb er – wie dies damals der MARKGRAF GEORG FRIEDRICH mit 500 Pfarrern und Schullehrern tat – am 22. Oktober 1577 die s.g. Friedens-Formel

---

[97] (jt) „Kaplan" ist im deutschen katholischen Sprachraum ein geweihter Jungpriester in einer Pfarrei, der zur Gewinnung praktischer Erfahrung einem erfahrenen Pfarrer beigeordnet ist. Der Ausdruck war auch im protestantischen Bereich noch eine Zeitlang in Gebrauch, wurde aber dann durch „Vikar" für den Geistlichen nach dem Ersten Examen ersetzt.

[98] (jt) Von 1569 datiert BAUERNSCHMIEDS Lehensbrief für eine Sölde in SPÄNFLECK, den er für STEPHAN MEYER ausstellt, s.o. unter SPÄNFLECK.

(**formula concordiae**), wodurch man dem ferneren Eindringen calvinistischer Lehren und Gesinnungen entgegenwirken und die alte lutherische Rechtgläubigkeit, namentlich im Punkte des Abendmahls, sicherstellen wollte. Am 11. Februar 1590 nahm er mit den Gotteshausmeistern eine Besichtigung sämtlicher Gotteshausgrundstücke vor. Er kam durch sein streitsüchtiges Wesen und durch seinen Ungehorsam gegen seine Vorgesetzten in allerlei Unannehmlichkeiten, wurde endlich 1591 oder 92 **seines Amtes dahier entbunden** und lebte eine Zeit lang mit seiner zahlreichen Familie in CREUSSEN, wo er vorher 10 Jahre Rektor war.

Seine Frau scheint ungemein heftig und zanksüchtig gewesen zu sein,[99] sodass der Diakon SCHLEUPNER ihres Ungestüms halber das Pfarrhaus verließ und das verfallene Diakonat wieder bezog. Später wollte es der Zufall, dass SCHLEUPNER und FROSCH zugleich sich um die erledigte Pfarrei BINDLACH bewarben. Da eilte Frau FROSCH nach BAYREUTH und goss sich in der Superintentur so heftig über SCHLEUPNER aus, dass dieser sich gezwungen sah, Klage gegen sie bei dem Vogt in CREUSSEN zu stellen. Da übrigens SCHLEUPNER mit seiner Meldung zurücktrat und

---

[99] (jt) FROSCH hatte bereits 1573 vergeblich in WEIDENBERG gegen BARTHOLOMÄUS ZÖTTLEIN, („Zottlerus"), den bisherigen dortigen Inhaber der Kaplanstelle kandidiert. Der angesehene Creußener Pfarrer JOHANN BAUERNSCHMIDT, wohl ein Bruder des oben genannten CONRAD BAUERNSCHMIED, hatte, wohl nicht ganz uneigennützig, stattdessen den Schulmeister WOLFGANG FROSCH aus CREUßEN empfohlen, offenbar um ihn los zu werden. Froschs zänkische Frau war ihm offenbar auf die Nerven gegangen. – vergl. Jürgen Taegert, „Myrten für Dornen" Folge 2, S. 100f.

vierzehn Amtsbrüder für FROSCH eine Fürbitte bei der gnädigen Herrschaft einlegten, wurde er endlich doch als Pfarrer nach BINDLACH berufen, wo er 1597 aufzog und am 1. Juli 1602 an der **Pest** starb.

11) **M. SAL. BRATER** zog auf um Martini 1592, war 1583 Tertius an der Schule zu KULMBACH, 1588 Diakon, 1589 Archidiakon und Kamerar daselbst und gelangte 1592 zur hiesigen Pfarrei. Auch unter ihm wurde eine Grenzbesichtigung der Stiftungsgrundstücke vorgenommen, das darüber gefertigte Verzeichniss in die leeren Blätter einer alten Kirchenrechnung abgeschrieben und dadurch der Gegenwart erhalten. Er starb 72 Jahre alt den 24. August 1625 und wurde am 28. allhier begraben.

12) **M. WOLFGANG LAUTERBACH** oder **LAUTERBECKH**, von 1626-1633. Er war zu KULMBACH 1584 geboren als der Sohn des fürstlichen Rates GEORG LAUTERBACH, studierte in HEILSBRONN und WITTENBERG, wurde 1606 Stadtkantor in BAYREUTH, 1610-26 Pfarrer und Hospitalprediger in HIMMELKRON. 1633 wurde er von hier aus Subdiakon und Spitalprediger in BAYREUTH, wo er 1637 als Archidiakon starb.

Vom Mai 1633 bis 1634 ist im Kirchenbuche eine Lücke, und leicht möglich, dass in der Zwischenzeit die Pfarrei unbesetzt war.[100]

13) **CHR. RÜGER** war von 1614 an Diakon in BERNECK, und obwohl er den 30. Juli 1634 schon die hiesige erste Pfarrstelle erhielt, die damals in einem **betrübten**

---

[100] (jt) In den Wirren des Dreißigjährigen Krieges war in vielen Gemeinden kein geordneter Pfarrdienst möglich, wie auch die Bemerkungen zu den folgenden Pfarrstelleninhabern zeigen. Die immer wieder auffallemden Pestepidemien taten das Übrige.

Zustande war, so musste er doch wegen Kriegsgefahren sich noch etliche Wochen in BAYREUTH aufhalten und konnte erst am 12ten post. Trin. seine Stelle beziehen. Sein Aufenthalt war von kurzer Dauer, denn schon 1635 kam er als Pfarrer nach BENK.

14) **M.**[101] **MICHAEL ECCARD**, aus PEGNITZ, 1613 Tertius in BAYREUTH, 1618 Pfarrer in MISTELGAU, 1623 Archidiakonus in KULMBACH, 1626 Pfarrer in MELKENDORF. 1628 in PEGNITZ, **1635** in GESEES, wo er in diesem Jahre noch starb.

15) **M. DANIEL FRÖHLICH.** Er wurde als der Sohn des früheren Diakons zu GOLDKRONACH und nachherigen Pfarrers zu NEMMERSDORF, M. RICHARD FR., an ersterem Orte den 24. Juni 1585 geboren, 1610 Pfarrsubstitut in NEUKIRCHEN, 1612 Pfarrer in SCHORNWEISACH, 1615 in KAUBENHEIM im Aischgrunde, 1627 in EMSKIRCHEN, wo er im 30-jährigen Kriege flüchten musste und einige Zeit dienstlos war, bis er unter dem 7. August 1635 von MARKGRAF CHRISTIAN laut Dekrets hieher befördert wurde, wo er aber erst im November d. Js. aufzog und aus dem Gotteshause einen Beitrag von 5 fl. zu seinen Aufzugskosten erhielt. Er wurde mit dem Diakon BUCHKA zugleich installiert, und später zum

---

[101] (jt) Die bei HÜBSCH immer wieder auftauchende Kurzbezeichnung „M." meint den akademischen Grad des „Magisters", den auch mancher Pfarrer innehatte, so z.B. der oben bereits erwähnte Creußener Magister JOHANN WILL (1645-1705, aus SCHAUENSTEIN; Pfarrer in MISTELGAU 1662-72), dem wir die 1692 erschienenen kostbare Aufzeichnungen „Das Teutsche Paradeiß in dem vortrefflichen Fichtelberg" verdanken. Nach erfolgreicher Absolvierung der seinerzeitigen Grundlagenwissenschaften, der „septem artes liberales", hatte der Graduierte vergleichsweise die Aufgabe des heutigen Hochschulassistenten und das Recht, jüngereStudenten das „Trivium" zu lehren.

Senior des Bayreuther Kapitels ernannt.

Da bei seinem Aufzuge die drei Gotteshausmeister [an der Pest] gestorben waren, musste er mit BUCHKA einige Jahre die Kirchenverwaltung übernehmen.

In seinem Alter konnte er wegen Kränklichkeit seinem Amte nicht mehr vorstehen, weshalb ihm am 5. Mai 1651 der frühere Pfarrer von HAAG (1645-47) und bisherige Pfarrer zu ECKERSDORF und MISTELGAU

16) JOH. EBERH. VETTERLEIN aus CREUSSEN, geb. 14. Mai 1619, stubstituiert wurde, welchem nach Fröhlichs Tode (+4. August 1658 im Alter von 73 Jahren) die Stelle selbst übertragen wurde, und zwar durch die Fürstl. Brandenburgische Vormundschaft unter dem 8. Dezember 1658.

Zur Anschaffung einer neuen Kanzel- und Altarbekleidung veranstaltete er dahier eine Kollekte, welche die für jene Zeiten namhafte Summe von 31 fl. 2 Ort 25 pf. frk. ertrug. Da diese Gegenstände aufs hl. Weihnachtsfest zur Kirche kamen, sagte man, *„die Gemeinde habe damit das hl. Christkindlein angebunden."*

VETTERLEIN versah auch die Kaplanei mehrere Jahre lang gegen Bezug ihres Ertrages, der damals so gering war, dass niemand sich um diese Stelle bewerben mochte. Die Ursache davon möchte wohl darin liegen, dass im 30-jährigen Kriege viele Familien ausgestorben und viele Äcker öde waren, mithin der Zehnten sehr wenig abwarf.

1665 wurde VETTERLEIN auf die Pfarrei BINDLACH befördert, wo er am 21. November 1683 starb und im Kreuzgange der dortigen Kirche beigesetzt wurde.

17) **M. JOH. DÖRFLER**, von 1665-1668, der mit seinem Kaplan ADAM GLÄSEL nicht immer in kollegialischer Eintracht gelebt zu haben scheint. Nach seinem eben nicht

ehrenvollen Abzuge resp. **Amtsentsetzung** versah GLÄSEL beide Pfarrstellen vom Februar 1668 bis März 1669 allein.

18) **M. CONRAD GAßNER**, von 1669-1677. Er war aus NÜRNBERG und vorher Informator des MARKGRAFEN ERDMANN PHILIPP ZU BRANDENBURG und erhielt als solcher die hiesige Pfarrei von dem MARKGRAFEN CHRISTIAN ERNST am 17. Februar 1669. Allein bei seiner Korpulenz und Unpässlichkeit wurde ihm der steile Kirchweg so beschwerlich, dass er um die Pfarrei BUSBACHsupplizierte, die er auch im Jahre 1677 am 22. Februar bezog.[102] In der Kirche zu BUSBACH befindet sich der Leichenstein, welchen die Wittwe MAGDALENA MARTHA GAßNER, geborne RENTSCH, 1678 ihrem Ehemanne setzen ließ, der in diesem Jahre am 26. März verstorben war. Zu seinem Nachfolger wurde der Pfarrer von THUISBRUNN,

19) **M. GEORG FR. FISCHER**, am 22. Februar 1677 berufen [Gemälde S. 157]. Am Sonntage Estomihi hielt er seine Antrittspredigt über das Evangelium Luk. 18, 31 ff. *"Siehe, wir gehen hinauf nach Jerusalem etc."* Zu seinen Aufzugskosten lieferte die Kirchenkasse einen Beitrag von 6 fl. 38 kr.

Er ist von den drei in der Kirche abgebildeten Geistlichen der hinterste, zunächst am Altare, und war zu BAYREUTH am 16. Juni 1640 geboren[103]. 1668 kam er von WITTENBERG her auf das Diakonat LINDENHARDT, wo er wäh-

---

[102] (jt) Vielleicht sind in diesem Stellenwechsel Zusammenhänge zu suchen, die bei der verblüffenden stilistischen Verwandtschaft der Gestaltung der Steinkanzeln in GESEES und BUSBACH erkennbar sind. Es gibt aber auch noch weitere Stellenwechsel vpn Pfarrern zwischen diesen beiden Gemeinden.

[103] (jt) Die besagten Gemälde hängen jetzt im Pfarrhaus.

*Pfarrer Mag. GEORG FRIEDRICH FISCHER aus Bayreuth,
von 1677-1702 Pfarrer in Gesees*

rend einer Amtsverrichtung auf dem Filiale TROCKAU 1669 auf Befehl des katholisch gesinnten CHR. ERNST GROß V. TROCKAU aufgehoben und nach PICHENBACH geführt, in derselben Nacht aber von den Bayreuthern wieder heimgeholt wurde. Hierauf erhielt er 1670 die Pfarrei THUISBRUNN.

Siehe über ihn den Artikel „Orgel". Auch führte er am 1. Januar 1698 in Verbindung mit dem Diakon ADAM GLÄSEL auf hochfürstlichen Befehl den neuen Kirchen- und Altardienst ein, wie er heute noch bei uns üblich ist. – Am 1. April 1702 starb er dahier im 62sten Jahre seines frommen und tätigen Lebens und liegt auf dem Kirchhofe, dem Glockenhäuslein gegenüber, begraben.[104]

Nach ihm kam zur hiesigen Pfarrei:

20) **JOHANN HAAG** I. am 21. April 1702-1760.

HAAG I war in dem Fürstl. hohenlohischen Städtchen SINDRINGEN 1676 den 29. März geboren und starb dahier am 20. Januar 1760 in einem Alter von fast 84 Jahren. Auch war er **Senior des Bayreuther Kapitels** und ist im

---

[104] (jt) Pfr. GEORG FRIEDR. FISCHER ließ die erste neue Geseeser Orgel seit der Reformationszeit bauen, erwarb den heute noch in Gebrauch befindlichen kostbaren barocken Abendmahlskelch aus einer Nürnberger Silberschmiedewerkstatt und erneuerte die Gottesdienstordnung in Gesees so nachhaltig, dass sie fast 200 Jahre Bestand hatte. Das Emporengemälde „Taufe Jesu" trägt für den Stifter die Aufschrift: „Wolfgang Friederich Fischer von Thuißbrunn". Es dürfte sich um einen Nachkommen Fischers handeln. Wenn es der Sohn Fischers wäre, würde dies auf die ganze bisherige Datierung und Autorenschaft der Geseeser Emporenbilder ein völlig neues Licht werfen. Sie wären dann mindestens 50 Jahre älter, als bislang angenommen. – Vergl. die Broschüre „Die (alttestamentlichen) Emporenbilder in St. Marien zum Gesees" – Konfirmandenprojekt 2004.

Mit JOHANN HAAG I. hier auf diesem zeitgenössischen Gemälde, von 1702-1760 Pfarrer in Gesees, und seinem Sohn JOHANN CARL AUGUST amtierten zwei Pfarrer zusammengerechnet 106 Jahre lang auf einer Pfarrstelle, ein einsamer Rekord!

Chore der Kircheim **Bildnis** zwischen FISCHER und GRÖTSCH noch zu sehen [jetzt im Pfarrhaus]. Anno 1712 erbaute er sich mit dem Kaplan MÖSCH einen Felsenkeller am Bache auf eigene Kosten, welchem Vorhaben sich die Gemeinde lange, aber vergeblich widersetzt hatte.

Im Jahre 1719, den 7. September, erkaufte er um 1300 fl. frk. die der ersten Pfarrei lehenbaren Güter zu SPÄNFLECK bzw. MAUSGRABEN, welche seit vielen Jahren an Gebäuden öde gestanden waren und von einem jedesmaligen Pfarrer in GESEES um einen jährlichen Bestandzins verlassen wurden. Dadurch war er **Lehensherr und Lehensmann** in einer und derselben Person. 1726 aber erhielt er unter dem 24. März die Erlaubnis, den Hof zu zertrümmern oder zu dismembrieren.[105]

Zum Familienbegräbnis ließ HAAG I. sich eine eigene Gruft unter dem verfallenen Ölberge[106] rechts beim vor-

---

[105] (jt) Pfarrer JOH. HAAG I. hat sich mit bedeutenden Baumaßnahmen in der Gemeinde verewigt. 1707 ließ er an der Kirche das erste **Schulhaus** errichten; Lage und Grundriss sind auf den Uraufnahmeblättern von ca. 1850 noch zu erkennen. Es wurde 1859 abgerissen und auf gedrehtem Grundriss neu errichtet und ist als „**Kantorat**"das heutige Gemeindehaus der Kirchengemeinde. Im Jahr 1720 entstand das Pfarrhaus für die II. Pfarrstelle; es war, nach Auszug des letzten Geistlichen, Pfr. FRIEDR. BUCKEL, das erste Gemeindehaus und barg im Erdgeschoss auch den ersten Kindergarten der Kirchengemeinde. Von 1731-35 entstand das heutige, schlossartige (I.) **Pfarrhaus**; der Bau kostete seinerzeit 2.779 fl 23/4Kr.frK.

[106] So nennt man einen künstlich angelegten Hügel von Holz oder Stein in oder an den alten Kirchen, auf welchem in verschiedenen Gruppen Szenen aus der Leidensgeschichte Jesu in Gethsemane am Ölberge versinnbildlicht sind, z. B. das Gebet und das Seelenleiden des Herrn, die Stärkung durch einen Engel, die schlafenden Jünger, der Verrat des Judas, die Hohenpriestersknechte mit Schwertern, Stangen

deren Eingang in die Kirche erbauen.[107] 1748 ließ er sich als emeritus erklären, und sich seinen Sohn

21) **JOHANN CARL AUGUST HAAG** II. als „adjunctum cum spe successionis" beigeben, der 1723 am 13. November als der fünfte und jüngste Sohn seines Vaters geboren war und von 1742-43 in BAYREUTH, so wie von 1743-45 in ERLANGEN seine Studien vollendet hatte. Nach seines Vaters Tode trat er als wirklicher Pfarrer 1760-1808 ein und wurde später vom Kapitel ebenfalls zum **Senior** ernannt.

Ein großer Teil unserer Leute erinnert sich seiner noch recht gut und erzählt sich manche Anekdote von seinem heiteren und launigen Humor. Auch in den Pfarrakten liest man viel von ihm; und wenn seine Schrift nicht eben die deutlichste ist, so kann man doch nicht umhin, die Hieroglyphen zu entziffern, denn er hat in jeder Beziehung für die **Verbesserung und Verschönerung der Kirche**,[108] so

---

und Fackeln, die Gefangennahme Jesu etc. Diese Ölberge werden an einem Abend der Karwoche festlich beleuchtet und von den Gläubigen andächtig besucht, bei den Lutheranern und Reformierten aber gingen sie allmählich ein.

[107] Dieser Raum rechts des Kircheneinganges wird jetzt als „Wegrastkapelle" genutzt, wo Menschen ihre Gebete aufschreiben können.

[108] (jt) In der Zeit von Pfr. HAAG II. wurde vieles geschaffen, was bis heute den Reiz der Innenausstattung der Geseeser Kirche ausmacht: Taufengel 1767, Kanzelrenovierungen 1767 u. 1793 (gedrehte Säule), neue Kirchturmspitze 1769, barocker Fensterumbau 1770/75, Herausnehmen der Gitterstühle, 1776 neue „Weiber-und Männerbänke", 1775 „lauter neue Fenster"; Orgel-III 1777/78, Hacker-Wiegleb, im Rokoko-Gehäuse bis heute in großen Teilen erhalten, 1785 bemalt durch Hofmaler WUNDER II.; Wappenschild „A" Alexander 1788, ebenfalls durch WUNDER bemalt; Erweiterung der Emporen durch Zimmermeister ANGERER und Bemalung durch die Hofmaler WILH. ERNST WUNDER und RUD. HEINR. WUNDER 1785/86. Obere Empore als

wie für die Wahrung der Pfarrrechte redlich und treulich gesorgt und gewirkt, wie an andern Orten ausführlicher angegeben wird. In seinem Alter nahm er sich einen Vikarius an in der Person des FR. CARL AUGUST BASOLD, welcher 1809 als Rektor nach LICHTENBERG kam, aber hier von allen denen freundlich gegrüßt wird, die Aktenstücke von seiner ausgezeichnet schönen Handschrift zu lesen bekommen.

HAAG II. starb den 2. März 1808 in einem Alter von 85 Jahren und wurde in der väterlichen Gruft beigesetzt. Er und sein Vater waren so glücklich, gerade 106 Jahre lang die hiesige Erste Pfarrei zu verwalten.

22) NICOLAUS GRÖTSCH, geboren zu THIERSTEIN am 11. November 1741, besuchte in seiner Jugend die Schulen zu WUNSIEDEL und GERA, von 1763 bis 65 die Universitäten zu JENA und ERLANGEN, bekleidete 1769-77 die Stelle eines Waisenhauslehrers zu BAYREUTH, gelangte am 30. April 1777 zum hiesigen Diakonate und am 22. December 1808, nachdem auch die ganze Pfarrgemeinde höhern Orts darum gebeten hatte, auf die erste Pfarrstelle.

Ihm soll aber diese Beförderung nicht in dem erwarteten Maße zugesagt haben, was wohl vorzüglich daher gekommen sein mag, dass die vielen amtlichen und ökonomischen Geschäfte der ersten Pfarrei die Leibes- und Geisteskraft des unverheirateten und schon bejahrten Mannes

---

Orgelchor errichtet 1786.

In die Zeit des Lebensendes von Pfr. HAAG II bzw. des Aufzugs seines Kollegen und Nachfolgers NICOLAUS GRÖTSCH fällt auch die bei HÜBSCH nicht genannte Entwendung des Geseeser Marienbildes durch napoleonische Soldaten 1808 und der Beginn der Kirchenrenovierung, die im gleichen Jahr von GRÖTSCH initiiert und vollendet wurde.

oft ungewöhnlich in Anspruch nahmen. Er starb nach langem und gesegnetem Wirken am 26. November 1817 und liegt auf dem vorderen Kirchhof nahe an der Vorhalle begraben. Sein Bildnis hängt im Chor der Kirche, zunächst über der Sakristeithüre.[109] – Nach seinem Tode verweste der damalige Diakon GEIGER die erste Stelle bis

23) **JOH. GOTTFRIED FRIEDRICH SCHILLING**, geboren zu Bayreuth am 17. August 1768, 1806 Stifts- und Strafarbeitshaus-Prediger in St. Georgen bei Bayreuth, 1818 auf die hiesige erste Pfarrstelle aufzog. Wohl mag er, der liebe strenge **Freund der Ordnung und christlichen Zucht**, manches an seiner neuen Gemeinde zu tadeln und zu bessern vorgefunden haben. Der Ernst, mit dem er auftrat, die Beharrlichkeit, mit der er seine löblichen Zwecke unerschrocken verfolgte, fielen zwar hie und da in der Gemeinde auf, allein bald traten die verständigen Männer auf seine Seite, und der Aufschwung, welchen das Kirchen-, Schul- und Stiftungswesen unter ihm gewann, zerstreute bald die Vorurteile der Menge und flößte ihr Achtung und Vertrauen zu einem Manne ein, der auf dem Wege der reifen Überlegung und gewissenhaften Treue seines geistlichen Amtes als Prediger und Seelsorger wartete und seine Ehre weniger bei Menschen, als bei Gott suchte.

Tief betrauert starb er nach einer schmerzlichen Krankheit am 8. Mai 1825, und mit Ehrfurcht zeigt heute noch der Vater seinem Sohne den Grabstein, unter welchem sein Leib im Todesschlummer von des Lebens Mühe und Arbeit ruht.

---

[109] (jt) Auch dieses Gemälde hängt, wohl seit den Zeiten von Pfr. KOHLMANN, im Pfarrhaus.

24) **Johann Jacob Döhla** zog auf am 30. Januar 1826[110], geboren auf der Haid bei Zell, den April 1762, studierte von 1781-84 in Erlangen, war zu Gräfenberg und Stammbach 10 Jahre lang Hauslehrer, zwei Jahre Vikar in Helmbrechts, vier Jahre Pfarradjunkt in St. Johannes, 26 Jahre lang Diakon in Wonsees und seit 15 Jahren Erster Pfarrer dahier, wo er durch seine gewissenhafte Amtstreue, wie durch seine große Herzensgüte auch in seinem hohen Alter allgemein geehrt und geliebt wird. Gott lasse den Abend seines Lebens recht heiter und ungestört sein und ihn noch lange das Glück seiner Kinder und Enkel schauen!

Die Zweite Pfarrstelle.

Das Bedürfnis, sie zu begründen, mochte wohl weniger durch die Größe der Seelenzahl, als vielmehr durch die Zerstreuung der einzelnen eingepfarrten Orte und aus der dadurch erschwerten Seelsorge entstehen: Besonders aber mochte die Notwendigkeit eines zweiten Geistlichen durch die zahlreichen Wallfahrer hervortreten, die sich schon im 11. und 12. Jahrhundert aus nah und fern zu dem wundertätigen Gnadenbilde der hl. Jungfrau Maria drängten, wodurch die Zahl der Messen und Beichten, namentlich zu gewissen Zeiten, ungemein vermehrt wurde.

Diese Zweite Pfarrstelle scheint schon **vor 1321** da gewesen zu sein, und zwar darum, weil in jener Zeit die

---

[110] (jt) Pfr. Döhla war der Kollege von Pfr. Hübsch während der ganzen Zeit von dessen Wirken und wurde von ihm angesichts seines hohen Alters tatkräftig und brüderlich unterstützt (vergl. dazu auch die Bemerkungen zu Pfr. Hübsch in der Einführung).

Gebrüder von MISTELBACH ihr Patronatsrecht auf GESEES verkauften[111] und sich eine eigene Schlosskapelle in MISTELBACH einrichteten, in welcher der II. Geistliche (nach andern der Dritte) von GESEES wöchentlich einige Male Messe lesen und Betstunden halten musste. Auf diese Weise wurde MISTELBACH, das vorher auch nach GESEES eingepfarrt war, zum Filial erhoben.[112] Es blieb zwar mit der Mutterkirche verbunden, hatte aber doch seine eigenen Gottesdienste, deren Besorgung dem II. Geistlichen dahier allein oblag.

Erst kurz vor der Reformation gaben die HERREN VON MISTELBACH zwei Höfe, Wohnung, Felder und Wiesen zur Begründung einer eigenen Pfarrei in MISTELBACH her und erwarben sich um jene Zeit für MISTELBACH ein **eigenes Pfarrrecht**.[113] Der Weg, welcher zwischen zwei Hecken von der Vizinalstrasse aus hinter der Ziegelhütte auf die sg. Frühmesswiese führt, heißt heute noch das Mistelbacher Pfarrgäßlein.

---

[111] s.u. S. 211f, die **erste urkundliche Erwähnung** von Gesees.

[112] (jt) Diese Nachrichten lassen sich nicht ohne weiteres mit den aktuellen Informationen der Evang. Kirchengemeinde MISTELBACH in Einklang bringen, die besagen, dass an der Stelle der heutigen Kirche eine Vorläuferin stand, von der man „*an der Kirchenmauer nach Osten noch zwei kleine, offensichtlich romanische Rundbogenfenster [erkennt]. Ein drittes wurde vermauert. Der Chor ist im 12. oder 13. Jh. entstanden. Der aus Sandsteinen gemauerte Turm steht seitlich vom Chor, sein Untergeschoss stammt aus dem 14. Jh. Etwa gleichzeitig wurde auch der schöne Vorbau vor dem sogenannten Brautportal errichtet; dieser ergänzt die südliche Längsseite der Kirche.*"

[113] (jt) Anno 1563 verstarb mit CHRISTOPH VON MISTELBACH (Bild) der letzte Spross dieser Adelsfamilie. Sein eindrückliches Epitaph ist in der Mistelbacher Kirche angebracht.

Epitaph für CHRISTIAN V. MISTELBACH 1563 in der Mistelbacher Kirche

In dem lib. antiqu. burggravii Johannsen, ampt Bayreuth v. 1398 kommt die zweite hiesige Pfarrstelle ebenfalls vor, und zwar in folgender Verbindung:

„*Die herschaft leihet die Pfarre zum GESEES mit Anhangen der* **Cappellen zu Mistelbach** *und auch die frümesse zum GESEES.*"

Die um die Förderung des Christentums und christlicher Kirchen in unserer Gegend so hoch verdienten HERREN VON MISTELBACH waren ohne Zweifel auch die vorzüglichsten Begründer dieser Stelle, wie denn die Felder auf der Haide und Röthe ganz sicherlich von ihnen herstammen. Zweifelhafter ist dies bei der Thalwiese.

Im Ganzen besitzt diese Stelle 1/16 Tgw. Garten, 4 ¼ Tagw. Felder und gegen 2 5/8 Tgw. Wiesen, über deren Bedrängung von Seiten der Grenznachbarn und durch unbefugte Wege seit alter Zeit schon geklagt wird. Auch in den letzten Jahren mussten mehrere Einkünfte und Rechte dieser Stelle erst durch harte Kämpfe und langwierige, zum Teil sehr kostspielige, Prozesse gegen frevelnde Übergriffe Einzelner sichergestellt werden.

Und wären die früheren Inhaber dieser Stelle, namentlich die im 17. und 18. Jh., weniger bequem und menschenscheu gewesen, sie hätten wahrlich manchen Missbrauch abstellen und manchen Schaden verhüten können, der nach und nach zur Verjährung kam. Aber sie begnügten sich mit vergeblichen Demonstrationen, seufzten „dass Gott erbarme," „ich armer Mann", „böse Zeiten, böse Menschen" u. dgl., und jeder überließ es seinem Nachfolger, dass er's bessern möge. Dass auf diese Weise die II. Pfarrstelle zu Schaden kommen und mit der Zeit schlechter, statt besser werden musste, wird umso mehr einleuchten, wenn man noch erfährt, wie spärlich fast die meisten Inhaber dieser Stelle mit Tinte und Papier und wie sorglos sie mit den vorhandenen schriftlichen Urkunden umgingen. Von manchem II. Pfarrer ist oft kaum eine Schriftprobe und über die wichtigsten Angelegenheiten oft kein einziges Aktenstück vorhanden.

Nach einer alten Designation der Einkünfte im Landbuche von 1499 und von SIMON GÜNTHER 1550 gehörte zu dieser Stelle auch der Zehnten vom WIRNSHOFE, der noch in jenem Jahre seine Rate mit sieben Metzen Haber und ebenso viel Korn, also durchschnittlich gegen 15 fl. rhl. an den damaligen Kaplan entrichtete. Um 1666 wurde der THIERGARTEN angelegt und dazu unter andern auch der WIRNSHOF, bestehend aus einem Gülthofe und einem

Söldengute, vom MARKGRAFEN CHRIST ERNST gezogen und in Hut und Weide verwandelt. Konnte nun von diesem Hofe selbst ferner kein Zehnten mehr erhoben werden, so war es doch Aufgabe des damaligen Kaplans AD. GLÄSEL, sein Recht zu reklamieren und eine adäquate Entschädigung vom hochfürstlichen Kastenboden in Anspruch zu nehmen. Allein, so wenig man eine Verweigerung dieser gerechten und billigen Leistung von Seiten der Landesregierung, und noch dazu einer protestantischen, annehmen kann, so ging doch diese Einnahme für die Stelle verloren, und GLÄSEL klagt 1690 sogar, dass ihm der WIRNSHOF seit seines priesterlichen Amtes kein Körnlein eingetragen habe, ja dass er gar nicht einmal wisse, wo dieser Wirnshof gelegen sei (sic!).

Das größte Unglück traf aber diese Stelle, als es im Jahre 1557 am 8. März der I. Pfarrer E. BAUERNSCHMIDT dahin zu bringen wusste, sie quasi aufheben und mit allen ihren Besitzungen und Einkünften zu seiner Pfarrei schlagen zu dürfen. Dieses traurige Interregnum dauerte bis 1589, also 32 Jahre, und kostete dieser Stelle auch das Zehntlein zu MISTELBACH, welches nach einer Designation im Bamberger Archive von 1587 – und übergeben am 18. Oktober 1589 – ausdrücklich dazu gehörte und damals „*4 Meßlein Korn, 11 Meßlein waitz, 4 Meßlein gersten, 11 meßlein Habern, Summa 30 meslein*" abwarf, seit jener Zeit aber zur ersten Pfarrei gezogen wurde, die es heute noch besitzt.

Jene Urkunde beginnt mit den Worten: „*Das vor Zeiten ein Kaplan zum GESEES sein Besoldung besonder und auser dem pfarrhaus gehabt hat, ist aus dem Zuermessen, weil nicht allein ein behausung, welches man das Frühmeßhaus nennt, auch andere untenbenannte reditus (Einkünfte) alhie augenscheinlich vorhanden. Sondern auch viel leut im Dorff, die doch nicht hohes Alters sein, wissen und hersagen können, wie die Caplan als Besitzer geheißen, wie geruhlich und reichlich sie sich mit weib und kindern genehret, wie viel viehe sie gehalten, und was jr verlasene barschaft gewesen."* Am Schluss heißt es: *„Im Hauß, welches sehr alt und bawfellig, wonet einer mit namen* HEINTZ OCHS, *der dem pfarrherrn an knechtsstadt arbeitet."*

Die unten von Nr. 10-19 verzeichneten II. Geistlichen waren alle ledige Privat- und Hauskapläne, die der I. Pfarrer sich selbst wählte und denen er außer Wohnung und Kost noch ein unbedeutendes Taschengeld von 20-30 fl. frk. reichte.

SCHLEUPNER [1587-89] war der erste, der wegen des unverträglichen Charakters der Pfarrfrau FROSCH die alte Kaplanei wieder bezog, welche „ein klein hölzern und ganz baufällig Häuslein war, worin er Mühe hatte, sich gegen den Regen und das Ungeziefer notdürftig zu verwahren."

Derselbe SCHLEUPNER erzählt auch, dass ihm alte Leute von einem **dritten** Kirchendiener in GESEES gesagt hätten, der alle Freitage in der Schlosskapelle zu MISTELBACH Messe lesen musste, dafür aber unter anderen Einkünften auch den erwähnten Zehnten in MISTELBACH bezog. Jedoch sei dieser Dienst mit dem Abgange der RABENSTEINE wieder **eingegangen**, und das Einkommen davon der ersten Pfarrstelle zugefallen.

Die Haupteinnahme dieser Stelle besteht in dem großen Fruchtzehnten auf der Geseeser Flur, von welchem aber die Hälfte dem Hospitale in BAYREUTH gehört, das anno 1728 einen Teil von den Geschwister BURKEL in BAYREUTH um 1500 fl. und 15 Dukaten Leihkauf, den andern Teil aber von den Stumpfischen Erben daselbst um gleichen Preis und 48 fl. Leihkauf anno 1740 erwarb.[114] Wem dieser Zehenten ursprünglich zugehörte, wer die Hälfte davon zur Zweiten Pfarrei stiftete und wann, konnte zurzeit noch nicht ausgemittelt werden. Höchstwahrscheinlich war er Eigentum der HERREN VON MISTELBACH, welche die eine Hälfte zur Gründung dieser Stelle stifteten, die andere für sich behielten, bis sie nach und nach in die Hände von Privatleuten und endlich ans Spital kam. Denn außer den wenigen und äußerst gering angesetzten Akzidenzien hat sie nur noch einen fixen Geldbezug von 1 fl. 38 ¼ kr. rhn. aus dem Gotteshaus, und zwar als jährliches Deputat anstatt des „pro pace" zu singen und zu beten, wovon schon oben bei der Ersten Pfarrstelle die Rede war.

Zur großen Erleichterung gereicht es, dass unentgeltlich und nur gegen eine Mahlzeit die Felder von den Bauern in FORKENDORF geackert, der Dünger und die fünf Klaftern Gerechtholz nebst Streu von der ganzen Pfarrgemeinde gefahren und gegen Bier und Brod auch die Erntefuhren von den Geseesern besorgt werden. Fast alle tun ihre Schuldigkeit gerne, sooft die Reihe an sie kommt, und manche erbieten sich noch freiwillig zu Fuhren verschiedener Art, wovon man denn hie und da dankbaren Gebrauch macht.[115]

---

[114] M. JOH. STUMPF war um 1626 Superintendent in Bayreuth.

[115] Diese Dienstbereitwilligkeit ist umso erfreulicher, als sie bei den Einsichtsvolleren aus der Überzeugung hervorgeht, dass die ganz geringe Geldabgabe an Akzidenzien keine angemessene Belohnung für oft beschwerliche Dienste, wie Krankenbeichten etc., sei, und dass man bei der Bestimmung jener niederen Geldbeträge auch auf die Leistung dieser Spanndienste und Gefälligkeitsfuhren schon Rücksicht

Außer diesen Einkünften hat auch der Zweite Pfarrer jährlich eine sogenannte Wölffel-, Wefel-, Weifel-, Webe- oder eigentlich **Weihfeldsteuer** [s.o.], d. i. eine Herbstabgabe, welche sämtliche Pfarrkinder ohne Ausname an ihn zu entrichten haben. Ist ihre Erhebung auch mühsam und lästig, so bietet sie doch Gelegenheit, jedes einzelne Haus jährlich einmal bestimmt zu besuchen, führt zu näherer Bekanntschaft mit der Gemeinde und ihrem religiös-sittlichen Zustande und bietet eine Veranlassung mehr, hie und da ein Wort zu seiner Zeit zu reden, und manches Gute zu stiften. Die Steuern, welche diese Stelle an den Staat mit 22 fl. 53 ½ kr. zu entrichten hätte, werden erlassen, und darüber nur eine Quittung ans kgl. Rentamt BAYREUTH abgefordert. Dagegen wird Familiensteuer, Kreisumlage, Waldzinstaxe und andere Gebühren für fünf Klafter Gerechtholz nebst Aststreu aus dem Lindenhardter Forste mit 5 fl. und einigen Kreuzern von dem jedesmaligen Nutznießer erhoben.

Die neueste Fassion[116] dieser Pfarrei ist von 1837 und auf 516 fl. 41 ¾ kr. vestgestellt,[117] erleidet aber einen neuen

---

genommen habe. Wir bemerken dazu nur noch, dass 20 kr. um 1464 einen grösseren Wert, als 1841 hatten, weil das Geld damals viel teurer, die Lebensbedürfnisse aber viel wohlfeiler waren, als heutzutage.

[116] (jt) Der veraltete Begriff „Fassion" bedeutet „Erklärung", „Bekenntnis". Er meint bei den Stellenbeschreibungen der Pfarrer und Lehrer die festgelegten Einkünfte.

[117] (jt) Zum Vergleich: Die Jahreseinkünfte für die I. Pfarrstelle waren oben mit gut 891 fl. taxiert worden. Der Gehaltsunterschied des II. Pfarrers mit gut 516 fl. war also beträchtlich; er hatte nur 58% der Einkünfte des I. Pfarrers! Man hört bei HÜBSCH zwar keinen Neid, wohl aber einen gewissen Unmut gegen die Kirchenleitung heraus, zumal er derjenige ist, der von den „laufenden Geschäften" einige „freiwillig zur Erleichterung seines Kollegen übernimmt".

Das Zweite Geseeser Pfarrhaus, hier mit seinem einstigen Haupteingang, barg im Erdgeschoss bis zum Umbau 1994 als Gemeindehaus den ersten offiziellen Geseeser Kindergarten

Verlust durch die Aufstellung eines zweiten Zehntners und Zehntbauers, welche auf der großen Flur notwendig sind, seitdem das Spital in BAYREUTH seinen halben hiesigen Zehnten fixiert hat.[118]

Wie der Erste Pfarrer alle Vormittags-Predigten, hat der zweite alle Nachmittags-Gottesdienste allein zu besorgen, seien es Predigten, Betstunden oder Kinderlehren, desgleichen alle Diakonalien und liturgischen Handlungen nebst den Fastenpredigten. Außerdem fallen ihm noch die Hälfte der Beichten und Betstunden und von den laufenden Geschäften diejenigen zu, die er **freiwillig** zur Erleichterung seines Kollegen übernimmt.

Das gegenwärtige **Pfarrhaus** ist im Jahre **1720** neu erbaut worden, wie aus einer schriftlichen Nachricht von den

---

[118] Dies geschah auf den Antrag der ganzen Gemeinde im Monat August 1841.

Streitigkeiten über die sogenannten Eggethen hervorgeht, wo Diakon MÖSCH am Schluss erzählt: *„1721 Montag nach XIII post Trin. da dasim Jahre zuvor neu erbaute Caplanhaus besichtigt worden"* etc. Und Diakon GEIGER sagt in einer Beschreibung des Diakonats: *„Die Caplanei ist in Form eines Oblongi*[119] *1720 neu erbaut, anno 1778 reparirt und 1809 die Südost- und Nordostseite herausgenommen und dafür das verfaulte Holzwerk mit Quadersteinen gebaut worden."*

Die Jahrzahl **1778** steht auch über der Hoftüre in Stein gehauen.

Daraus geht hervor, dass der frühere Bau nach Art der meisten hiesigen Häuser entweder ganz hölzerne Wände oder doch nur ausgemauertes Fachwerk von Holz hatte, welches nach und nach mit Steinen ersetzt wurde. Der aus dem unteren Hauskeller 1751 geführte **Kanal** setzte nach und nach so viel Kalk an, dass er das Wasser nicht mehr fördern konnte und der **Keller ganz unbrauchbar** wurde. In Folge dessen wurde 1799 das **hintere Kellergewölbe** gegraben.

Liste der Zweiten Geistlichen

Dahier, so weit ihre Namen aufzufinden waren. Sie führten in der katholischen Zeit den Namen **Frühmesser**, weil sie jedesmal die erste oder Frühmesse zu lesen hatten, nahmen aber nach der Reformation den Titel **Kapläne** oder **Diakone** an, bis durch

---

[119] (jt) Rechteckiger Grundriss, im Unterschied zu den mehr quadratischen Grundrissen der damaligen Holzhäuser der Bauern.

allerhöchstes Reskript d.d. Wien 27. November 1824 diese Benennung aufgehoben und ihnen der Titel „**Zweite Pfarrer**" erteilt wurde.

Ihre Reihenfolge war umso schwerer herzustellen und chronologisch zu ordnen, als sich von den meisten kaum ein Buchstabe schriftlichen Nachlasses findet und die Kirchenbücher nicht über **1556** zurückgehen[120].

Die meisten ihrer Namen verdanken wir den Akten des Archivs zu BAMBERG, sowie den Mitteilungen der Herren Zivil-Adjunct Dr. LAYRITZ in BERNECK und Raths HEINRITZ in BAYREUTH.

Frühmesser

*1) JOH. **EYSENGREIN**, empfängt am 21.Okt.1412 ... einen Bauernhof in DONNDORF mit einem Baumgarten und allem, was dazugehört.*

1a) **NICOLAUS FEULNER** um 1426.

2) **HANNS OTTSCHNEIDER** um 1499. Seinen Namen nennt eine Fassion dieser Stelle, die im Landbuche über das Amt BAYREUTH von 1499 enthalten ist. Desgleichen steht

---

[120] (jt) Das Lehenbuch von 1398 des Burggrafen JOHANN III. von Nürnberg) erwähnt namentlich einen Frühmesser, der wohl Pfr. HÜBSCH noch nicht bekannt war. Er wird auf der folgenden Liste an erster Stelle nachgetragen. Nach Angaben von RÜDIGER BAURIEDEL lautet der Eintrag:

„Hern Hansen Eysengrein, **pfarrer** zum Gesees, und Hansel Langenloher contulit dominus unverscheidenlich zusammen einen hof zu dem nechsten Tandorf ob Beyerreut gelegen, mit holz, eckern und wisen und aller seiner zugehorung und mit einem pawmgarten doselbst, das vormals Clasen Rauschners gewesen ist und altens des Gebhart Tandorfers. Actum Beyerreut, feria sexta post Luce anno 1412".

im Totenkalender der ehemaligen Kapelle zum Hl. Kreuze außerhalb der Stadtmauern am Einfluss der Mistel in den Main in BAYREUTH vom Ende des 15. Jahrhunderts bis etwa 1550: *„Gedenkt des Jars ewig gedächtnis in dieser Kapelle des heiligen Creuz des würdigen Herrn Hansen Ottschneiders Frümessers zum Gesees."* Im Register über die Leonhardts-Kapelle zu BAYREUTH im Neuenwege von 1502 heißt er: *„selig"*, d.h. verstorben.

3) **JACOB GUT** um 1504.

4) **CHR. POIL** od. **PÖLL**, von WICHSENSTEIN, geb. 1509.

4a) **LUDWIG HAINOLD** und **CHR. MAIER** um 1511.

Kapläne und Frühmesser

5) **PAULUS HERMANN**, um 1514.

6) **ALBRECHT MÜLLER**, um 1520.

7) **CONRAD STEIGEL** um 1528. In seinem Revers, den er am 10. September dem MARKG. GEORG ausstellte, nennt er sich zwar noch einen „erwählten Frühmesser", verspricht aber das hl. Evangelium und das Wort Gottes Alten und Neuen Testamentes wahr und klar zu predigen, woraus hervorgeht, dass er **nach geschehener Reformation** hier eintrat. 1534 kam er als Pfarrer nach MISTELGAU.

Ähnliche Reverse bald in deutscher, bald in lateinischer Sprache mussten die Geistlichen längere Zeit hindurch unterschreiben und versprechen, dass sie sich aller unbiblischen und unlutherischen Meinungen und Lehren enthalten wollten.

8) **CONARD LYNTZ**, Diakon und Frühmesser 1534.

(Es fehlen im Folgenden wahrscheinlich einige Namen.)

9) **SIMON GÜNTHER**, 1545-55. Er starb dahier mit Hinterlassung einer Witwe, welcher von der Regierung ein

ganzes Jahr Nachsitz gnädigst bewilligt wurde.

10) SALOMON KRAUS aus Oelsnitz, 1555-57, später Pfarrer zu MUGGENDORF, wohin er am 13. April 1559 verpflichtet wurde.

11) GEORG KREGLINGER oder KREGELMAIER, wird auch um diese Zeit als Diakon in einem alten Aktenstücke genannt und von ihm erzählt, dass er aus MEISSEN gebürtig war, von dort aber auf die Universität WITTENBERG ging, später als Prediger ins Kloster WEISENAU kam, 1564 als Pfarrer nach MÖGELDORF und 1574 als Subdiakon und Spitalprediger nach NÜRNBERG, wo er 1586 starb. Übrigens sagt die Kirchenrechnung von 1556 „v fl. den Kaplan herzuführen; und iiij hl. iiij kr. die Gottshausvätter verzert bei dem Baumeister, da wir zugefordert worden sind, und mit der Herrschaft des Caplansfuhr halber gehandelt."

12) BARTHOLOMÄUS WOLSCHENDORF, 1557-59, aus NEUSTADT am Culm, vorher Kantor in BERNECK, wohnte im Hause des Ersten Pfarrers, von dem er freie Kost und jährlich 20 fl. bezog, kam nach PEGNITZ als Diakon, dann in seine Heimat zurück, und zuletzt als Kaplan nach ANSBACH an die Pfarrkirche.

13) TOBIAS BAUERNSCHMIDT, 1560-64, jüngster Bruder des damaligen Pfarrers, studierte in JENA und kam von hier nach CREUSSEN, wo er als Kaplan starb.

14) GABRIEL BAIER aus BAYREUTH, 1565-68, hatte ebenfalls in JENA studiert und kam von hier als Pfarrer nach KIRCHAHORN.

15) JACOB DORNER aus NEUSTADT a. Kocher im Württembergischen 1569-71. In seinem Revers vom 13. November verspricht er fleißiges Studium der Hl. Schrift und der

symbolischen Bücher.

16) **GEORG KÜFFNER** aus BAYREUTH, 1571-73. Nach seinem Revers trat er vor dem Osterfeste 1571 hier ein; erhielt aber durch GEORG VON GIECH die Pfarrei LIMMERSDORF schon vor Ostern 1573, obwohl der Superintendent JUSTUS PLOCH mit dieser schnellen Beförderung nicht ganz zufrieden war.

17) **CHR. FIGULUS** (HÄFNER), 1573-74 (?), war von POTTENSTEIN und zog nach seinem Revers am 10. Dezember 1573 auf, nachdem vorher Pfarrer BAUERNSCHMIDT bei der Herrschaft geklagt hatte, dass er einen Kaplan haben müsse und ohne einen solchen nicht auskommen könne. Er scheint es unter Pfarrer FROSCH nicht lange ausgehalten zu haben und kommt vom 29. August 1576-1608 als Pfarrer in MISTELBACH vor. Nach ihm war die Kaplanstelle, wie es scheint, eine Zeit lang unbesetzt, und wir finden als seinen Nachfolger

18) **HEINRICH LACHTER** aus BERNECK, von welchem Pfarrer FROSCH 1583 berichtet, dass er 6/4 Jahre lang in Froschs Hause gewesen, hernach aber 1577 Pfarrer in HARSDORF geworden sei.

19) **WOLFGANG ERNST BAUERNSCHMIDT** aus CREUSSEN, 1580-86, verspricht in seinem Reverse vom 17. Juli, sich des Calvinismus ebenso sehr, als des Katholizismus zu enthalten. Die Kirchenrechnung von 1581 führt ebenfalls 1 Ort XXII kr. auf, *„zu Culmpach verzert, so wihr vmb einen Caplan angesucht haben."*

20) Dr. **CHR. SCHLEUPNER**, 1587-89, einer der merkwürdigsten Männer, die hier gelebt haben, und das sowohl seines vortrefflichen Geistes und seiner Gelehrsamkeit, als

seiner seltenen Schicksale halber, von denen wir hier nur einen kurzen Überblick geben sollen.

Er war zu TRUMSDORF 19. September 1566 geboren, wo sein Vater als Pfarrer starb und ihn mit seiner Mutter und Geschwistern nicht eben in den erfreulichsten Vermögensverhältnissen hinterließ. Von der Schule zu GOLDKRONACH kam er 1580 nach HOF und 1583, 17 Jahre alt, auf die Universität WITTENBERG, wo er sich kümmerlich durchschlagen musste. 1587 überfiel ihn noch dazu eine Krankheit, sodass er nach TRUMSDORF zurückkehrte und bald nach seiner Genesung am 12. März 1587 das hiesige Diakonat erhielt.

Auf des Rats besondere Verwendung kam er 1589 zum Syndiakonate in BAYREUTH, wo er aber die Kränkung erfuhr, dass ihm der nachstehende Kollege SALOMON CODOMANN 1590 und 1592 abermals der JUSTUS ZIMMERMANN vorgezogen wurden, worüber er so sehr gereizt war, dass er sich beschwerte und sogar 1594 seine Versetzung wünschte.

Der Vorfälle mit Froschens Gattin haben wir schon oben gedacht. Bei solchen Umständen kam denn die Einladung sehr willkommen, dass er 1598·als Inspektor der Schulen und als Superintendent nach GRATZ in Steiermark ziehen, vorher aber als doctor theologiae zu WITTENBERG auf Kosten der Stände zu Gratz promovieren sollte.

Unglücklicherweise hatten es aber die geschwornen Feinde der Protestanten, die Jesuiten, bei dem KAISER FERDINAND II. dahin gebracht, dass alle Protestanten aus den österreichischen Staaten vertrieben werden sollten. Nach zwei Jahren vergeblichen Wartens auf eine Besserung der Lage erhielt er mit einem ansehnlichen Geschenke seine

Entlassung von den Gratzern und nahm einen Ruf als Superintendent nach HILDESHEIM an, wo er in segensreichem Wirken und großer Achtung lebte, bis er 1607 als **Generalsuperintendent** nach EISLEBEN gerufen wurde, wo ihn und seine Gemahlin die GRAFEN V. MANSFELD an den Hof zogen.

Im Jahre 1612 berief ihn MARKGRAF CHRISTIAN wieder nach BAYREUTH als **General- und Spezialsuperintendenten**, Direktor des Konsistoriums und Hofprediger. Allein der Brand in BAYREUTH 1621 traf am 16. Juni auch sein Haus, und er musste, weil der Fürst nach KULMBACH gezogen war, bald da, bald dort längere Zeit in Geschäften leben und eine doppelte Haushaltung führen. Auch waren die Höflinge ihm nicht immer günstig und suchten ihm das Leben auf allerlei Weise zu erschweren. Recht erwünscht kamen darum die Abgesandten des Rates zu Hof, die beim Fürsten um SCHLEUPNER nachsuchten und ihn 1625 auch erhielten. Von der Pest hatte er dort weniger zu leiden, als von dem dortigen Brande, der im Herbste noch seine ganze Bibliothek vernichtete.

Im Mai 1632 wurde er dem Könige von Schweden, GUSTAV ADOLPH, bekannt, der ihn zum **Generalsuperintendenten** und Konsistorial-Direktor im Herzogtume Franken nach WÜRZBURG berief. Nach der für die Schweden unglücklichen Schlacht 1634 bei NÖRDLINGEN musste er vor den Kaiserlichen die Flucht ergreifen und eilte nach ERFURT, wo er sich als Professor der Universität durch seine Vorträge die allgemeine Achtung erwarb, aber schon am 10. August 1635 tiefbetrauert sein tatenreiches Leben endete. Er hinterließ 69 gedruckte Predigten und andere

Schriften, deren Verzeichnis·man bei Fikenscher[121] nachlesen kann.

Haben wir uns bei SCHLEUPNER etwas länger aufgehalten, so können wir uns bei seinen Nachfolgern desto kürzer fassen.

21) JOHANN GÜNTHER, 1590-95.

22) JONAS CODOMANN (Gademann) aus HOF, 1595-1606, war vorher Vikarius zu TREBGAST, dann Diakon in LINDENHARDT.

23) CHR. JAC. WEDEL, 1607-1619; er war von SPEINSHARDT in der Oberen Pfalz gebürtig und kam von hier als Pfarrer nach BENK, wo er 1634 starb. Seinen Namen nennt als Vater das Taufregister von 1608.

24) STEPHAN KÖNIG, verpflichtet 8. Februar 1619.

25) J. WOLFG. BAUERNSCHMIDT, 1623-34, aus CREUSSEN gebürtig, von 1620 an Diakon in BAIERSDORF, kam von GESEES aus als Pfarrer in seine Vaterstadt CREUSSEN. Sein Töchterlein KATHARINA MARGARETE war das erste Kind, das am neuerbauten Taufsteine am Thomastage 1630 vom Pfarrer LAUTERBACH getauft wurde.

26) **LUDWIG BUCHKA**, 1635-44. Er war ein Schullehrerssohn aus BRENSLAU in der Mk. Brandenburg. Als **1634 alle drei Gotteshausmeister an der Pest gestorben** waren, übernahm und führte er die Gotteshausrechnung mit Pfarrer FRÖHLICH. Von ihm erzählt Pfarrer ERNST TEICHMANN in STAMMBACH 1742 folgendes: *„Da durch den langwierigen Krieg alles herum öde und wüste lag, drang ihn die Not, sich selbst mit jemand der Seinen an den Pflug zu spannen*

---

[121] gel. Fürstl. Bayr. VIII. pag. 73.

und etwas von seinem Feldbau zu bestellen, um nur dadurch wieder zur Besamung seiner Felder zu gelangen. Er hatte oft nicht genug rauhes Kleyenbrod, um sich und den Seinigen damit kümmerlich den Hunger zu stillen." Ging es dem Geistlichen so, wie mag es da in anderen Häusern ausgesehen haben!!!

BUCHKA kam 1644 als Kaplan nach CREUSSEN, wo er den Pfarrer M. J. WILL zum Kollegen hatte, der ihn in seiner Geschichte der Stadt CREUSSEN ehrenvoll erwähnt.

27) JOH. SEITZ von 1644 bis 1647, war vorher Rektor in SELB, und wurde am 13. April 1645 in KULMBACH ordiniert. Von hier aus kam er 1647 als Diakonus nach GEFELL bei Oelsnitz.

Von 1648-51 scheint die Stelle leer, von da an aber dem Pfarr-Adjunkten

28) J. EBERH. VETTERLEIN 1651-58 als Verweser übertragen gewesen zu sein, der in der neu reparierten Kaplanei seine Wohnung nahm, und nach den Rechnungen auch des Kaplans Bestallung von 1 fl. 1 Ort 15 aus der Kirchenkasse bezog. Anno 1658, 8. Dezember, wurde er als Pfarrer[122] und mit ihm laut der 58/59 Rechnung auch ein Kaplan eingesetzt, der kein anderer war als

29) **M. JOH. ADAM WENDT**, 1658-60. Er war aus KÖLN gebürtig und hatte kurz vor dem Antritte seiner hiesigen Stelle **die Mönchskutte der Franziskaner mit dem katholischen Glauben abgelegt** und zur evangelischen Kirche sich gewendet. Am 4. Juli 1659 wurde er mit EVA GAREIß aus der Dienerschaft des MARKGRAFEN GEORG

---

[122] (jt) S.u. I. Pfarrer Nr. 16, 1658-65.

ALBRECHT vom Pfarrer VETTERLEIN kopuliert.

Sein Charakter scheint eben nicht verträglich gewesen zu sein, wie manche Klagen Vetterleins beweisen. Trotz der Gunst, in der er und seine Frau bei Hofe standen, war sein Aufenthalt dahier nicht von langer Dauer und sein **Abzug mehr gezwungen** als freiwillig. In einem alten Kirchenbuche liest man über ihn: „*olim pontificius, post conversus, denique perversus*", d.h. „einst päpstlich, dann bekehrt, zuletzt verkehrt."

Nach Wendt's Abzug übernahm abermals die Verwesung der damalige Pfarrer

30) **J. EBERH. VETTERLEIN** von 1661-65, denn die Kaplanei war ihres gar geringen Einkommens halber in so schlechtem Rufe, dass sich Niemand mehr darum melden mochte. Das Kaplaneihaus war um diese Zeit vermietet.

31) **ADAM GLÄSEL**, 1665-1701, aus ADORF im Vogtlande, war **über 33 Jahre auf dieser Stelle**.[123] Er stiftete eine neue karmoisinrote Decke und das Kruzifix auf dem Altar, das heute noch seinen Namen trägt.

Obschon seine Ehe kinderlos war, klagt er doch über sein geringes Diensteinkommen und begreift nicht, wie erst ein Mann mit Kindern darauf sich nähren wolle. 1697 nahm er sich einen **Adjunkten** an in der Person des

32) **HEINRICH LORENZ MÖSCH**, der auch von 1701-40 sein Nachfolger wurde, wo GLÄSEL am 17. Mi 1740 im 71. Lebens- und 43. Dienstjahr dahier entschlief.[124] Mit seinem

---

[123] (jt) Nachdem der Inhaber der I. Pfarrstelle JOH. DÖRFLER wegen Unverträglichkeit seines Amtes enthoben worden war, versah GLÄSEL diese Stelle für gut ein Jahr von 1668-69 mit.

[124] (jt) MÖSCH wirkte 39 Jahre auf dieser Stelle, also noch länger

Kollegen Pfarrer HAAG I. lebte MÖSCH in unveränderlicher kollegialischer Eintracht, Freundschaft und Liebe beisammen, darüber sich Hohe und Niedrige erfreut und als ein ganz besonderes Exempel bewundert haben!! Er war 1669 zu BAYREUTH geboren, wo er von 1682-86 die Schule besuchte. Nach längerem Aufenthalte in HEILSBRONN bezog er 1691 die Universität JENA, 1697 die hiesige Stelle, verheiratete sich 1701 mit ELISABETH BARBARA, einer Tochter des Kaplans KOPP von PEGNITZ, und ein Sohn aus dieser Ehe, geboren 11. December 1709, war sein Amtsnachfolger, nämlich 33) **ADAM LORENZ MÖSCH**, 1740-46, welcher sich am 12. Juni in TREBGAST mit ANNA KATHARINA TEICHMANN, Tochter des Pfarrers ERNST TEICHMANN in STAMMBACH, trauen ließ. Dem Hochzeitsgedicht des Schwiegervaters sind schätzbare Notizen über GESEES angehängt. Er starb am 1. Juli 1746 **im Alter von 36 Jahren**, wie er denn überhaupt einen schwächlichen Körper hatte.

34) **JOH. GOTTFRIED RUCKTESCHEL** I., 1746-52, geboren zu HALLERSTEIN, erhielt diese Stelle am 4. Aug. 1746 als Kandidat der Theologie, wurde von hier aus Pfarrer in BENK 1752 und starb 1771 in OBERRÖSSLAU.

35) **WILHELM HEINRICH ELLRODT**, 1752-60, am 8. September 1721 in GEFREES geboren, wo sein Vater Kastner war und am 11. Mai 1760 [**im Alter von nur 38 Jahren**] hier gestorben.

36) **J. ANDR. RUCKTESCHEL** II., 1760-77, stirbt am 29. Januar in seinem **49sten Jahre**. Er war als der Sohn eines Webers zu BERNECK am 13. September 1728 geboren und

---

als GLÄSEL!

hatte zu BAYREUTH und ERLANGEN studiert. Er schrieb eine sehr gute Hand, verwaltete sein Amt mit besonderer Liebe und Treue, scheint aber doch auch von rohen Menschen bisweilen gekränkt worden zu sein. Im Übrigen lebte er mit der Gemeinde in Frieden und wurde von ihr **sehr geliebt**, sodass man heute noch seinen Namen nennt und von ihm erzählt, er habe sich sein Grab auf dem hinteren Teile des Kirchhofes bestellt, obschon alle Geistlichen vor ihm sich auf der vordern oder nordwestlichen Seite begraben ließen: „Die hintern Schafe müssen doch auch einen Hirten haben."

Auch hinterließ er **schriftliche Nachrichten** über die Einkünfte, Amtsverrichtungen und Beschaffenheiten des hiesigen Diakonats, welche einzelnen Blätter in diesem Jahre von uns gesammelt, **gebunden** und durch einen Anhang von weißem Papiere zum Album bestimmt sind, in welches die Nachfolger alle diese Stelle betreffenden Notizen und Ereignisse eintragen sollen.

37) **NICOLAUS GRÖTSCH**, 1777-1808. Von ihm ist schon unter den ersten Pfarrern das Wichtigste gesagt und darf hierauf verwiesen werden. In seiner Jugend soll es ihm so kümmerlich gegangen sein, dass die Schilderung seiner Leiden seine Bekannten und Vertrauten in der Gemeinde oft bis zu Tränen rührte. Doch konnten wir Spezielleres nicht ermitteln.

38) **GG. MARTIN GEIGER**, 1809-1818. Er war 1764 in STÜBACH geboren, seit 1798 Rektor in ARZBERG, zog am 20. März 1809 mit Weib und vier Kindern hier auf, wirkte als Geistlicher und Schulinspektor manches Gute, kam 1818 nach GUTENSTETTEN und 1827 nach DIETENHOFEN, wo er im Februar 1839 in einem Alter von 75 Jahren starb.

39) **J. THEODOR HERMANN**, 1818-21, geb. zu RUMLAS bei HOF am 19. October 1775, studierte in HOF und HALLE, war dort von 1796 am Waisenhause Lehrer der Schönschreibkunst, kam 1807 nach KASENDORF als Kaplan, 1818 in gleicher Eigenschaft hieher und 1821 als Pfarrer nach BUSBACH, wo er noch jetzt in seinem Amte lebt, jedoch seit mehreren Jahren von einem Vikarius unterstützt wird.

40) **GG. CHR. FR. HOFMANN**, 1821-30, geb. am 5. Februar 1794 zu MISTELBACH, wo sein Vater Pfarrer war, vollendete 1817 seine Studien, kam 1821 als II. Pfarrer hieher und 1830 nach GOLDKRONACH, wo er am 18. Juli 1830 von Dr. phil. et utriusq. juris Hrn. Civil-Adjunkten LAYRITZ in BERNECK feierlich eingesetzt wurde.

41) **J. MARTIN MAIER**, von 1830-35, geb. 13. Januar 1800 zu ERLANGEN, wo sein Vater Musiklehrer war, studierte in seiner Vaterstadt, war dann Hauslehrer bei FRHR. V. CRAILSHEIM in RÖDELSEE, kam 1821 in gleicher Eigenschaft nach AUGSBURG, wo ihm das stabile Vikariat zugleich mit übergeben wurde, und zog am 24. März 1824 als Pfarrer in HAAG auf. Zur Tilgung der dortigen übergroßen Gotteshausschulden übernahm er am 23. Mai 1830 die II. Pfarrstelle dahier und **verweste nebenbei Haag**, um nach Abzug von 150 fl. Gehaltes **den übrigen Ertrag zum Besten jener Kirche** zu verwenden.

Obschon sein Kollege und Freund DÖHLA dahier ihm die Last möglichst zu erleichtern suchte, sie fügte doch seinem Körper manchen Nachteil zu, besonders da er auch hier die Leitung des Armenwesens und der Kirchenverwaltung über-nommen hatte. Er stand bei der Gemeinde in großem Ansehen, und sie sah es nicht gerne, dass er am

20. Oktober 1835 nach RÜGHEIM als Pfarrer und Dekan abzog, nachdem sein Plan in HAAG glücklich hinausgeführt war.

42) **J. CHR. HUTZSCHKY**, 1836-37, geb. zu MARKTBREIT 6. Juni 1790, studierte von 1810-13 in ERLANGEN, unterstützte seinen Vater im Pfarramt seiner Geburtsstadt, kam 1816 als Pfarrer nach HÜTTENHEIM, 1829 nach ERLACH und 1836 am 5. Juli hieher, wo er schon am 25. Februar 1837 [im Alter von 46 J.] an der Grippe **starb**.

Nach seinem Tode entspann sich zwischen seiner Witwe und der Pfarrgemeinde ein langwieriger und widerwärtiger Prozess über die Aufzugskosten, welchen unter andern ein verworrener Zimmergeselle anzettelte und zum großen Schaden der Gemeinde und unter grober Verletzung des zarten Bandes der Liebe und des Vertrauens zwischen Geistlichen und ihren Seelsorgern durch alle Instanzen fortschleppte, bis endlich im Juni 1838 durch gerichtliche Auspfändung bei dem hiesigen Ortsvorsteher J. WEIGEL die Bezahlung der Umzugskosten bewerkstelligt wurde.

43) **DR. J. GG. ADAM HÜBSCH**, 1837 geboren zu BAIERSDORF den 22. August 1805, von 1819-24 auf dem Gymnasium und von 1824-28 auf der Universität Erlangen für die Kandidatur der Philologie und Theologie gebildet, bis 1829 Instituts- und Hauslehrer zu ERLANGEN und WEIHER, vom Dezember 1829 - März 1830 Vikar des Seniors KRIEG in MEMMELSDORF, freudigen Andenkens. Von da an bis November 1832 Rektoratsverweser und Vikar des Stadtpfarrers und Senior SCHÖNER in KITZINGEN a. M. von 1832-37 Studienlehrer an der neugegründeten höhern Bürgerschule daselbst, zog am 25. September 1837 nachmittags 3 Uhr feierlich in GESEES mit seiner Frau und drei Kindern ein.

Verzeichnis einiger gelehrter Männer, die zu Gesees geboren sind

Unter den Dingen, welche einem Orte Ruhm verleihen, nimmt der Nachweis, dass in ihm einer oder mehrere gelehrte und ausgezeichnete Männer geboren seien, gewiss nicht die letzte Stelle ein. Das wussten schon die Alten; darum stritten sieben große griechische Städte über das Recht, Vaterstadt des berühmten Dichters HOMER zu sein. Und auch heutzutage schätzt man dieses Glück so hoch, dass man berühmten und verdienstvollen Männern nach dem Tode Denkmäler in ihrem Geburtsorte errichtet und dadurch sowohl ihren Namen ehrt, als ihr Beispiel zur Nachahmung dem jüngeren Geschlechte hinstellt.

Die Namen derjenigen, welche in GESEES geboren zum Studium der Wissenschaften gelangten, sind der Reihe nach folgende:

1) **M. WOLFGANG BRATER**, Sohn des hiesigen Pfarrers M. SALAMON BRATER, geb. den 18. Juli 1602; verwaltete nach vollendeten Studien von 1626 an in verschiedenen Zeiten die Pfarreien TRUMSDORF 1626, STÜBACH 1633, OTTENHOFEN, WEICKERSHEIM, BILLINGSBACH 1661 (im Hohenlohischen), und zuletzt als Pfarrer zu RÜDISBRONN im Aischgrunde und starb daselbst am 21. Januar 1677 im 51. Jahre seines Predigtamtes und im 75. seines Lebens.

DR. TOBIAS BAUERNSCHMIDT, Sohn des hiesigen I. Pfarrers KONRAD BAUERNSCHMIDT und seiner Gattin ANNA, geb. PLOCH aus BAYREUTH, wurde dahier 1568 geboren, kam von den Schulen zu HOF und HEILSBRONN 1595 nach WITTENBERG und 1596 nach BASEL auf die Universität, wo er am 26. Juli als doctor medicinae promovierte, ging dann nach PRAG und blieb daselbst, bis er 1597 am 3. November auf Empfehlung des Amtmanns JULIUS VON SECKENDORF vom Bürgermeister und Rat zum **ersten Stadtphysikus in Bayreuth**[125] angenommen wurde. Er heiratete den 8. Mai 1598 die Witwe KUNIGUNDA SCHMAUS, starb am 8. August 1618 und hinterließ eine Schrift über Heilmittel gegen die Pest.[126].

J. MELCHIOR VETTERLEIN, Sohn des hiesigen Pfarrers J. EBERHARD VETTERLEIN, wurde dahier am 25. Okt.1650 getauft und wahrscheinlich nur einige Tage früher geboren. Seine Mutter war URSULA, eine geb. LEHNERIN, und sein Taufpate: HANNS MELCHIOR VON PLASSENBURG auf ECKERSDORF. Nachdem er längere Zeit durch den Unterricht seines Vaters und vom 28. Mai 1668 an auf dem Gymnasium zu BAYREUTH gebildet war, bezog er 1672 die Universität und gelangte am 22. November 1674 zur Pfarr-Adjunktur in BINDLACH, wo sein Vater seit 1665 als Pfarrer lebte. Im Juni 1683 wurde er als Pfarrer nach TÖPEN befördert und zum Senior des Kapitels HOF ernannt. Er starb daselbst 1711 im 61. Lebens- und 37. Dienstjahre.

---

[125] (jt) Als „Physicus" wird der amtlich angestellte Arzt bezeichnet. Der erste Bayreuther Stadtarzt ist 1598 der genannte Dr. TOBIAS BAUERNSCHMIDT. Er wird als *„Stadtphysicus"* bezeichnet und *„zum Medico anhier berufen und bestellt".* Über die Pflichten des Arztes wird protokolliert: *„Soll ohne erlaubniß nicht ausraisen und gebührende Pflicht thun, der herrschaft und gemeiner Stadt bestens fürdern, schaden warnen und wenden fleißig sein, den armen alß den reichen, auch der Apotheke fleißig wahrzunehmen etc."* (Text aus Jürgen-J. Taegert „Myrten für Dornen", Folge 3, S. 286, „Arzt und Apotheker im Fürstentum Bayreuth." – ISBN 978-3-9472-4717-2.

[126] Hof 1612. 4°.

DR. JOH. WOLFGANG HAAG erblickte als der **vierte Sohn** des hiesigen Pfarrers und Seniors J. HAAG I. und dessen Gattin JOH. ELISABETHA, geb. JAMPERT, am 13. August 1707 das Licht der Welt, kam nach genossenem **Privatunterrichte bei seinem Vater** am 29. Dez. 1724 nach BAYREUTH aufs Gymnasium, besuchte die Universität JENA, erlangte dort die Würde als „doctor medicinae" am 22. August 1733 und kehrte nach BAYREUTH zurück, wo er dann als praktischer Arzt und substituierter Garnisons- und Landphysikus wirkte und bald den Titel eines fürstl. Brandenburg. Rates erhielt. Er starb aber frühzeitig am 25. März 1747 und wurde nach seinem ausdrücklichen Wunsche nicht in BAYREUTH beerdigt, sondern am 29. Mai nach GESEES herausgefahren und nach einer vom Diakon J. G. RUCKTESCHEL gehaltenen Rede in der Familiengruft beigesetzt, in einem Alter von noch nicht 40 Jahren. Ein fürstlicher Trauerwagen, begleitet von vier Chaisen folgte seinem Sarge. Sein Vater bemerkt, dass er sich schon im achten Lebensjahre die Worte Weisheit 5, 16-17 zum einstigen Leichentexte gewählt habe und setzt im Sterbregister hinzu:

Sit mi charissime fili, sicut vita et mors tua, ita et requies tua gloriosa.

NICOLAUS PANKRATIUS THÜBEL[127], Sohn des hiesigen Schullehrers MICH. THÜBEL, war nach den Taufbüchern hier nicht geboren. Sein Vater, der 1748 am 3. August starb und an die 33 Jahre hier Schullehrer war, kann vor 1715 hier nicht aufgezogen, also auch dieser Sohn hier nicht geboren sein, besonders da Fikenscher dessen

---

[127] N. P. THÜBEL war Cantor und Tertius, und sein Bruder J. G. THÜBEL Organist in Kulmbach. Vielleicht sind beide auch dort geboren.

Geburtszeit auf **1692** setzt.

FRIEDRICH LOTTES, Sohn des Zimmermanns JOH. LOTTES, geboren dahier 15. Januar 1806, besuchte in seinem neunten Jahre das Gymnasium zu BAYREUTH, studierte von 1825-29 als Zeitgenosse des Verfassers auf der Universität ERLANGEN die Gottesgelehrtheit, kam, nachdem er längere Zeit zu TRUMSDORF, BACHHAUSEN, NEMMERSDORF, EMTMANNSBERG und ROSENBERG als Vikar und Pfarrverweser gewirkt hatte, im Mai 1841 nach WONSEES als Zweiter Pfarrer, wo er noch gegenwärtig sich befindet.[128]

Schulische Verhältnisse

Die Schule

Die Schule in GESEES liegt mit der Lehrerswohnung innerhalb der Ringmauer des Kirchhofes und ist von dem eigentlichen Begräbnisplatz durch eine erst 1838 aufgeführte Verzäunung abgeschlossen. Da man in den ersten Zeiten der Bekehrung zum Christentume sich mehr mit den Erwachsenen als mit der Jugend beschäftigte, so war auch für die Kirche ein Vorsänger und Mesner notwendiger als ein Lehrer, und erst später wurde das Amt des Letzteren dem Kirchner zur Mitbesorgung übertragen. Daher kam es, dass die ehemalige Kirchnerswohnung noch bis gegen das Ende des vorigen Jahrhunderts zu gleicher Zeit als **Lehrzimmer** diente, bis auf höhere Veranlassung beide von einander geschieden wurden.

---

[128] J. CARL AUG. HAAG und ADAM LORENZ MÖSCH siehe oben unter den Ersten und Zweiten Pfarrern.

Das Geseeser Kirchenensemble in der Zeit um 1800 auf einer Zeichnung von HERBERT PACHL *von 1956, die aber hier für realistischere Proportionen neu bearbeitet ist. Das alte Schulgebäude von 1707 steht noch innerhalb der Mauern, welche von Wehrtürmchen bekrönt und von Schießscharten durchbrochen sind. Der Kirchturm hat noch seine vier Ecktürmchen(bis 1840). In der Bildmitte thront auf der Mauer das „Glockenhäuschen".*

Zur besonderen Beheizung der Schule wurden seit jener Zeit die fünf Klaftern Holz stipuliert[129], welche die Schulgemeinde anzuschaffen und kleinzuhauen hat. Dass die früheren Schullehrer hier so wenig, als anderwärts, immer besonders unterrichtete Männer waren, sieht man teils aus ihren schlechten Handschriften, teils aus manchen Bemerkungen in den Kirchenrechnungen, die nicht eben zu ihrem Vorteile sprechen. Während der langen Sommerschulen, d. h. **Schulferien von Mai bis November**, verschafften sie sich Zeitvertreib und Nebenverdienst durch Bauerei,

---

[129] (jt) Vertraglich festgelegt

Taglohn oder Gewerbsbetrieb, und JOHANN KRIEBEL scheint der Erste gewesen zu sein, der für sein Fach eine besondere Vorbereitung erhielt.

Das **jetzige Schulhaus**[130] steht zwar noch auf demselben Platze, aber nicht mehr in derselben Gestalt da, welche jenes erste mit der Kirche zugleich erbaute hatte, sondern erhielt nach und nach mancherlei Erweiterung und Verbesserung. Selbst das mit Riegelwänden 1706-67 neu erbaute Haus wurde von 1782 an mit Mauern aus Quaderstein unterzogen. Im Jahr 1839 wurde dem Lehrer noch eine alte Rüstkammer zur Nebenstube eingerichtet und der Kellereingang von dort in den Stall verlegt, so dass jetzt außer der Schule noch zwei heizbare Zimmer parterro und eines unter dem Dache vorhanden sind.[131]

Einen wesentlichen Schaden leidet dieses Gebäude durch den Viehstall, dessen nicht gewölbte Decke sich immer mehr einsenkt und früher oder später der darüber sich befindenden Schulstube den Einsturz droht.

Dem Übelstand des weiten Weges zum Wasserholen wurde im Jahre 1840 durch den dermaligen Lehrer

---

[130] (jt) Gemeint ist hier das Vorgängergebäude zum heutigen Kantorat, das von 1707 bis 1858 an diesem Platz stand. Die umseitige bearbeitete Zeichnung von Herbert Pachl ist zwar nicht historisch, vermittelt aber doch einen einigermaßen verlässlichen Eindruck von diesem eher kleinen Schulgebäude.

[131] (jt) 1859 wurde dieses alte Schulhaus abgerissen und der Neubau auf um 90° gedrehten Grundriss errichtet. Dieses „Kantorat" dient heute, nach seiner Totalsanierung 2003-04, als vielfältig genutztes Gemeindehaus mit Wohnung, Das alte Kellergewölbe samt Außenmauern ist unter der heutigen Terrasse noch erhalten. Dagegen wurde das Toilettgebäude abgerissen und ganz neu gebaut. Es birgt auch die Heizung des Kantorats.

Das Geseeser Schulgebäude von 1859, das „Kantorat", wie es gut acht Jahre nach dem Weggang von Pfr. HÜBSCH neu errichtet wurde, vor seinem Umbau zum heutigen Gemeindehaus.

abgeholfen, der auf eigene Kosten eine Quelle hereinleitete.

Außer 5 Klaftern Gerechtigkeits- und Besoldungsholz, dem Genuss des Kirchhofes, zweier Gemüsegärten, eines Industrie-, Gras- und Obstgartens, so wie einiger Gemeindeteile hat der Kantor noch 2 ½ Tagw. Felder und Wiesen, für welche er einen Quasi-Pachtzinns von 2 fl. rhn. jährlich an die Stiftungskasse entrichtet, aus welcher er dagegen 20 fl. 13 kr. für alle und jede der Funktionen als Kantor, Organist und Mesner zu beziehen hat.

Der Schulsprengel

Der [Geseeser] Schulsprengel umfasste bis gegen 1750 fast alle eingepfarrten Dörfer, Weiler und Einzelnen. Die nach dem 30-jährigen Kriege immer steigende Bevölkerungzahl brachte auch in der Schule eine Überfüllung hervor, bei welcher ein Lehrer allein nicht mehr allen Anforderungen der Eltern genügen konnte. Dieser Umstand, mit der weiten Entfernung mancher Orte bei schlechter Beschaffenheit der Verbindungswege, war Ursache, dass in PETTENDORF, PITTERSDORF, OBERNSCHREEZ und THIERGARTEN sich nach und nach **Winkelschulen** bildeten, auf welche wir weiter unten wieder zurückkommen werden. Dass dadurch die hiesigen Lehrer einen Ausfall von Schulgeldern erlitten, war trotz alles Protestierens nicht zu ändern; wohl aber blieben ihnen die Natural- und Geldbezüge für alte Observanzen und kirchliche Verrichtungen im ganzen Pfarrumfange unangetastet. Die königl. Regierung war der Arrondierung der Schulsprengel sehr günstig und leistete den desfallsigen Gesuchen allen möglichen Vorschub. Nachdem einmal PITTERSDORF etc. seine eigene Schule hatte, brachten es GOSEN und SPÄNFLECK am 25. Januar 1812 dahin, dass sie zu ihrer Erleichterung nach HAAG ausgeschult wurden.

Der THIERGARTEN, der 1812 noch einen eigenen Schulhalter (WILH. KÄPPNER) hatte, dann seine Kinder nach DESTUBEN, und nach Auflösung dieser Schule mit den Destubenern zugleich in die SAAS zur Schule schickte, wurde endlich am 19.September **1827** dem Schulsprengel OBERKONNERSREUTH zugewiesen.

Die Einzelnen SORGENFLIEH, GRODELSBERG und BAUERNGRÜN waren früher der ehemaligen Unternschreezer, seit den 10. September 1827 sind sie der hiesigen Schule einverleibt. Dasselbe geschah am 2. Mai 1830 mit HEINERSREUTH, das vorher nach OBERKONNERSREUTH zur Schule gehörte.

Die NEES oder Näß ist seit 1818 nach CREEZ eingeschult, vorher besuchten ihre Kinder die Schule in MUTHMANNSREUTH. Nachdem RÖDENSDORF und OBERNSCHREEZ den 1822 ihnen gemachten Antrag: sich in die damalige Schule zu UNTERNSCHREEZ aufnehmen zu lassen, standhaft zurückgewiesen hatten, bildete sich der gegenwärtige [Geseeser] Schulsprengel folgendermaßen aus:

GESEES mit der THALMÜHLE, FORKENDORF mit der FORSTMÜHLE, HOHFICHTE und EICHENREUTH, RÖDENSDORF, SORGENFLIEH, HEINERSREUTH, BAUERNGRÜN und GRODELSBERG, OBERNSCHREEZ und CULMBERG, von welchen zusammen circa 120 Kinder die Werktags- und 40 die Sonntagsschule[132] und Christenlehre[133] besuchen.

---

[132] (jt) In Meyers Conversations-Lexikon aus der Zeit des Geseeser Büchleins (Meyer 1850, 704) ist der Schultyp der „Sonntagsschule" eine Einrichtung, „in welchem die an den Wochentage gehinderten jungen Leute, namentlich Lehrlinge, Gesellen, Dienstboten und ... die Kinder, die man in den Wochentagen zur Arbeit braucht, Sonntags einige Stunden lang in Lesen, Schreiben, Rechnen und anderen gemeinnützigen Kenntnissen sowie in der Religion unterrichtet hatte." Sie diente nach VOLKER GEDRATH „Vergessene Traditionen der Sozialpädagogik" (Weinheim 2003) „der Qualifizierung für die moderne Gesellschaft und der sozialen Integration und ersetzte zum Teil soziale und bildungsmäßige Funktionen, die auf Grund differenzierter Arbeitsprozesse von den Eltern, aber auch von den Meisterfamilien nicht mehr wahrgenommen wurden." Das Sonntagsschulwesen kann so einerseits zu den Vorläufern der gewerblichen Fachschulen und des dualen Berufsbildungssystems gezählt werden. Anderseits ist es in seiner religiösen Ausrichtung der Vorläufer der heutigen kirchlichen Kindergottesdienstarbeit.

[133] (jt) Der Begriff „Christenlehre" geht zurück auf die Zeit Martin Luthers. Mit seinem Kleinen und Großen Katechismus bemühte er sich, den Glauben und die Grundpfeiler der protestantischen Religion alltagstauglich und für alle verstehbar zu machen. – Einen

Das im Jahre 1819 von der kgl. Regierung eingeführte **Sonntagsschulgeld** wurde nie völlig erhoben und auf dringendes Bitten der Gemeinden 1827 ganz und gar wieder abgeschafft, nachdem man auch den Plan einer **zweiten Schule**, zu deren Dotierung es verwendet werden sollte, wieder aufgegeben hatte. Veranlassung zu diesem Plane war der ungenügende Zustand, in welchem der selige. Kreisschul- und Regierungsrath Dr. GRASER im Jahre 1822 die hiesige Schule bei Gelegenheit einer Visitation gefunden hatte.

Durch diese neue Maßregel sollte die Überzahl der Kinder als der angebliche Grund ihrer geringen Schulkenntnisse in **zwei Hauptklassen** geteilt und dem schleunigst zu berufenden **Unterlehrer** 96 fl. Schulgeld von 60 Werk-, 48 fl. desgl. von 48 Sonntagsschülern und eine hinlängliche Ergänzung aus dem Kreisschulfonde als Besoldung zugewiesen werden.

Soweit war alles in Ordnung; nur die Hauptsache fehlte noch, nämlich ein geeigneter Platz, sowie das erforderliche Kapital zur Errichtung und Erhaltung einer neuen Schule. Und man hatte wohl vorher nicht bedacht, dass der

---

Aufschwung erlebte die Christenlehre zur Zeit der Weimarer Republik und wurde so zu einem stabilen Pfeiler der kirchlichen Arbeit in den Zeiten der Diktatur im Nationalsozialismus, aber dann besonders auch im SED Regime, welches den Religionsunterricht aus den öffemtlichen Schulen verbannte. Religiöse Themen und Unterweisungen durften in der DDR nur noch außerhalb der Schulen, meistens in den Pfarr- und Gemeindehäusern, stattfinden. Mit viel Engagement und bedroht von Repressalien führten die Pfarrer, Katechetinnen und andere mutige Mitarbeiter die Zusammenkünfte mit den Kindern durch.

Ausmittelung dieser Gegenstände von allen Seiten große Hindernisse entgegentreten würden, oder war wenigstens für gründliche Beseitigung derselben nicht ernstlich genug besorgt. Bis auf weitere Lösung dieses Knotens sollte die zweite Schule als Unterklasse abwechselnd mit der Oberklasse das bisherige Schullokal in den Vor- und Nachmittagen **teilen**, der **neue Lehrer** aber einstweilen im Dorfe zur Miete ziehen.

Wirklich erschien dieser in der Person des bisherigen Schulverwesers zu NEUDROSSENFELD, CHRISTIAN DIETZEL, schon im November 1822; allein, da noch keine weitere Vorbereitung zur Bildung einer neuen Schule geschehen war, konnte er erst am 8. Dezember in seine Funktion eingewiesen werden. Nach kurzem Aufenthalte und vielen bitteren, wiewohl ganz unverschuldeten, Erfahrungen musste er aber seine Stelle wieder niederlegen, da er selbst in dem Wirtshause keine Herberge und im ganzen Dorfe keine freundliche Begegnung und Unterstützung mehr fand. Der **Hass gegen die neue Schule** war auf ihn gefallen, ohne dass er irgendwo Schutz dagegen finden konnte.

Nun sollten dem Schulverweser HÄFNER, der Hofmanns Nachfolger 1822 geworden war, jährlich 117 fl. vom vollen Dienstertrage abgezogen und zur Bildung eines Fonds für die zweite Schule deponiert und admassiert werden. Wofern Weigerung einträte, würde HÄFNER versetzt und an seine Stelle zwei unverheiratete Lehrer berufen werden, die bis zur Erweiterung des alten Schulhauses von 2 ½ Stunden zu 2 ½ Stunden abwechselnd im alten Schullokal Unterricht erteilen sollten.

Allein HÄFNER ließ sich dadurch nicht abschrecken, sondern zu ungewöhnlichem Fleiß und Verdoppelung der

Lehrstunden ermuntern, um die Schule einem besseren Zustande entgegenzuführen, und die Errichtung einer zweiten Schule überflüssig zu machen. Anstatt Geld für diese zu deponieren, fertigte er Bittschriften auf Bittschriften ab und zog von Jahr zu Jahr den vollen Gehalt seiner Stelle ein.

Am 20. Mai 1826 erfolgte endlich auf den Grund eines vorteilhaften Prüfungsprotokolles und kräftiger Berichte der Schulbehörden die Entschließung, dem HÄFNER bis auf Weiteres die Verwesung auch der zweiten Schule zu belassen; jedoch habe er jährlich 58 fl. zum Besten derselben in die Schulkasse zu erlegen.

Auch dies geschah nicht, und da die Gemeinden selbst durch die angestrengtesten Bemühungen des Pf. SCHILLING nicht für die Ansichten der Regierung gewonnen werden konnten, SCHILLING inzwischen gestorben war und sein Amtsnachfolger DÖHLA den Hauptgrund hervorhob, dass – abgesehen von der vorläufigen Entbehrlichkeit – zwei Lehrer sich nun und nimmermehr neben einander halten könnten, ohne bei der **Unzulänglichkeit der öffentlichen und örtlichen Mittel** in auffallende Dürftigkeit oder schmähliche Abhängigkeit von der Gemeinde zu geraten, – so wurde der lange vergebliche Streit endlich dahin entschieden, dass die Sache der Zweiten Schule in GESEES zu beruhen habe.

Nach dieser geschichtlichen und aktenmässigen Darstellung der Schulverhältnisse gehen wir nun zur Aufzählung der **Schullehrer** über, soweit wir ihrer Namen aus den zufälligen und spärlichen Notizen der Kirchenbücher und Stiftungsrechnungen noch habhaft werden konnten.

Liste der Schullehrer

CONTZ ... Schullehrer zum GESEES 1511.
1) CHR. PRANTNER, um 1526.
2) FRITZ ARNOLD 1528.
3) MELCHIOR STEINHAUER 1573.
4) WOLF STEINHAUER 1588.
5) LEONH. PORT, stirbt 1607.
6) J. G. PRELL, gest. 9. April 1633, 67 Jahre alt.
7) CONRAD TRAUTNER, stirbt 1635.

8) WOLFGANG GEBHARDT, von 1635-1648. Ihm wurde für 1637/38 die Besoldungszulage gestrichen, weil er keine Schule gehalten; und anno 1638/39 sagt die Stiftungsrechnung darüber: *„weilen solche 6 fl. Additionsgeld in guten Jahren, als das Gotzhaus in guten Würden gestanden, einem Schulmeister umb der Jugend und Schulhaltens willen z seinem Dienst geschlagen, sind sie bei jetzigen Läufften bis zur hoffentlichen Besserung suspendirt, und ihme hingegen von einem jeden öden Hofe 1/2 Tagw. Feld zu bauen vergunstiget worden, wogegen er 1/2 Mäslein Getreid auf den fürstl. Kastenboden in Bayreuth zu schütten."* Von 1642 an bezog er seine Zulage wieder, gab aber 1648 seine Schulstelle auf und ließ sich mit dem **Glockenhäuslein** belehnen.

9) LORENZ KRIEBEL, von 1649-1672, war Schul- und Webermeister zu gleicher Zeit. Ihm folgte sein Sohn

10) JOH. KRIEBEL, bis 1697, unter welchem die **neue Orgel** angeschafft, und im Jahre 1696/97 10 fl. 59 kr. für das Schlagen des neuen Orgelwerkes verwilliget wurde, wovon 6 fl. die Stiftung reichte, 4 fl. 59 kr. der Klingelsack an den drei hohen Festen eintrug.

11) J. NIC. STUMPF, von 1697-1707; er ist der erste, der

den Titel „**Organist und Schulmeister**" führt.

12) ANTON SCHÖTTGEN, bis 1714, aus KÖLN am Rhein gebürtig, war ehedem ein Augustinermönch, dann kaiserl. Feldprediger in Italien, zuletzt Schullehrer dahier, mit dem Titel „Kantor". Da er die Orgel nicht zu spielen vermochte, nahm er sich zu diesem Zwecke einen gewissen J. CHR. BEROLD an, und es war kein geringer Schrecken für die Gemeinde, als er diesen infolge eines Wortwechsels kurz vor einem hohen Feste fortjagen wollte, weil ihr dadurch für den Gottesdienst der Genuss des neuen Orgelwerkes entzogen worden wäre. Eilig lief man nach BAYREUTH und holte Vermittlungs- und Friedensarznei, die denn auch die gewünschte Wirkung hervorbrachte.

13) MICHAEL THÜBEL, von 1715-1748, Schulmeister und Organist, stirbt 79 Jahre alt, mit Hinterlassung eines Vermögens von 2.013 fl. 42 kr. srk., welches unter seine beiden Söhne – von denen der eine Tertius, der andere Organist in Kulmbach war – und eine Enkelin gleichheitlich verteilt wurde.

Zu seiner Zeit – und zwar am 7. März 1732 – erging das **Verbot des Possenspiels an Fastnacht**, bei welchem die Kinder in der Schule dem Lehrer durch die Beine krochen und von ihm einige leichte Hiebe bekamen; jedoch wurde das Geben und Annehmen der dabei üblichen Geschenke in Gnaden auch fernerhin gestattet.

14) JOH. CONR. HAUENSTEIN, von 1748-1780. Er war vorher Schreiber in Bayreuth, schrieb eine ausgezeichnete Handschrift, stand mit hochgestellten Familien der Stadt in freundlicher Verbindindung und wusste sich durch seinen redlichen Charakter ihre Gunst bis an sein Ende zu erhalten. Er stiftete auch die zwei großen **zinnernen Leuchter**,

die heute noch auf dem Altare stehen.

15) J. LAUTERBACH, von 1781-1793, war früher Schulhalter in PITTERSDORF, hatte das Unglück, dass am 14. Februar 1788 seine Frau auf dem Kirchhofe am Schlage starb. – In seinem hohen Alter wurde ihm mit der Hoffnung auf Dienstnachfolge als Adjunkt beigegeben am 10. Februar 1791:

16) LORENZ SCHMIDT, bis 1808, bisheriger Winterschulhalter in OBERNSCHREEZ und GOSEN, geboren zu DONNERSREUTH bei KULMBACH am 2. April 1768. Er eiferte ungemein heftig gegen die Winkelschule zu PITTERSDORF, als er nach Lauterbachs Tod, 14. März 1793, zur wirklichen Anstellung gelangt war. Sonst rühmt man ihn als einen bescheidenen und diensteifrigen Mann, der sich die Achtung und Liebe von Jung und Alt zu erwerben wusste. Er starb am 25. August 1809 an den Folgen eines unglücklichen Falles bei ECKERSDORF, 38 Jahre alt.

Nach ihm verweste die Schule ein gewisser EICHMÜLLER, bis

17) JOH. HOFMANN von 1810-22 zu seinem Nachfolger hieher berufen wurde. Er war zu WIRBENZ bei NEUSTADT am Culm 1783 geboren und wurde von hier aus nach PEGNITZ, von da nach ARZBERG befördert, wo er noch heute in seinem Berufe tätig ist. – Ihm folgte der bisherige Schulverweser von CREEZ

18) JOHANN HÄFNER, von 1822-32, ein Mann von vielen guten Gaben und schönen Kenntnissen. Er war am 23. Januar 1789 in CONRADSREUTH bei HOF geboren und erwarb sich durch seinen ausgezeichneten Fleiß und sittlichen Wandel die Gnade der Regierung in dem Grade, dass er am 23. Juni 1822 mit vollem Gehalte von **1822-1829** als

Verweser auf das hiesige Kantorat berufen und, nachdem er die Schule dergestalt gehoben hatte, dass die Errichtung einer zweiten Schule entbehrlich schien, definitiv in seine Stelle eingewiesen wurde. Bei der ganzen Gemeinde war er sehr beliebt, und nur der ärgerliche Lebenswandel seiner Frau konnte jene dahin vermögen, auf seine Versetzung anzutragen. Im Januar **1832** ward er von hier nach BRAND bei REDWITZ abberufen.

In der Zwischenzeit wurde die Schulverwesung dem Schulpräparanden CHR. MÜNZER übertragen, bis im Mai 1832 der bisherige Lehrer zu SCHIRNDING,

19) J. PETER BAUMANN, von der königlichen Regierung in Anerkennung seiner vorzüglichen Gaben und Eigenschaften zum definitiven Lehrer der hiesigen Schule berufen und von der **Lokal-Schulinspektion**[134] in die Funktio-

---

[134] (jt) Die bayer.-königliche Amtsinstruktion für die Lokal-Schulinspektion vom 15.9.1808 sah vor: *„In jedem Pfarr- und in jedem Filial-Ort, der eine eigene Schule hat, soll eine Lokal-Schulinspektion aufgestellt werden."* Diese bestand aus dem jeweiligen Ortsgeistlichen und dem Ortsvorsteher. Diese Form der Aufsicht über das Volksschulwesen durch die evangelischen und katholischen Geistlichen ging zurück auf die entscheidende Rolle der Kirchen im Bildungswesen bis weit in die Neuzeit hinein und bezog sich neben den fachlichen vor allem auf Fragen des Glaubens und der Sittlichkeit. Den Bischöfen und in ihrer Vertretung den jeweiligen Ortspfarrern wurde damit die Aufsicht über das gesamte allgemeinbildende Schul- und Erziehungswesen zugestanden. Alle Lehrer waren damit fachlich, aber auch hinsichtlich ihres sittlichen und staatsbürgerlich-politischen Verhaltens der Kontrolle der Geistlichkeit unterstellt.

Die Lehrerschaft kritisierte diese geistliche Schulaufsicht schon früh. Abgeschafft wurde sie in Bayern aber erst zum 1. Januar 1919, als eine der ersten Maßnahmen der Regierung EISNER. Gesetzeskraft erlangte die Abschaffung schließlich durch Art. 144 der Weimarer

nen wie in die Bezüge seiner neuen Stelle feierlich eingewiesen wurde. Derselbe steht jetzt noch seinem Berufe mit lobenswerter Sorgfalt und Treue vor.

Die Nebenschule zu Pittersdorf

Diese Schule umfasst gegenwärtig PETTENDORF mit Mühle und PITTERSDORF mit Steinmühle, und hat durchschnittlich 70 Werktags- und gegen 30 Sonntagsschüler. Sie war nicht ursprünglich vorhanden, sondern entstand erst im Laufe der Zeit, und zwar scheint einerseits die schlechte Beschaffenheit des Weges, anderseits die weite Entfernung von GESEES – wohin ehedem auch die Pittersdorfer und Pettendorfer Kinder zur Schule gingen – die Ursache von der Aufstellung besonderer Schulhalter gewesen zu sein. Diese waren meist Leute aus dem geringeren Stande, abgedankte **Soldaten, Hirten und Handwerker**, die im Winter, so gut sie konnten, die liebe Dorfjugend im Lesen, Schreiben, Rechnen und in dem Katechismus unterrichteten, im Sommer aber ihres eigentlichen Berufes warteten oder als Tagelöhner arbeiteten.

Denn so wenig, als an anderen Orten, dachte man ehedem auch in den genannten Dörfern daran, die **Kinder im Sommer** zur Schule zu schicken; höchstens kamen diese

---

Verfassung vom 11. August 1919, der nunmehr bestimmte: *„Das gesamte Schulwesen steht unter Aufsicht des Staates; ... Die Schulaufsicht wird durch hauptamtlich tätige, fachmännisch vorgebildete Beamte ausgeübt."* – Die Kirchen rügten nachdrücklich die Form der Aufhebung, da sie von dem Erlass vorab nicht informiert worden waren; der Sache nach waren sie aber mit der Aufhebung grundsätzlich einverstanden.

alle Sonntage einmal zusammen, um das Evangelium zu lesen; die Woche über wurden sie zur **Feldarbeit** und zum **Viehhüten** verwendet. Kostet es doch heute noch viele Mühe, den armen Kindern das Recht des Schulbesuchs auch im Sommer zu sichern, wie es ihnen Staat und Kirche beim Eintritt in die bürgerliche und religiöse Gesellschaft behufs ihrer Erziehung und Bildung zugesichert haben.

Ein jeder solcher Winterschulhalter hatte, außer der sogenannten fliegenden oder turnusweisen Kost und dem Schulgelde, auch noch einige Naturalbezüge. Und seine Existenz in einer Gemeinde dauerte so lange, als diese mit ihm zufrieden war.

Die Schule wurde abwechselnd **in den Häusern** gehalten, deren Besitzer schulfähige Kinder hatten.

Die Erlaubnis zum Lehren erhielt ein solcher Schulhalter nur auf vorhergegangene **Prüfung** von der königl. Lokal-Schulinspektion, die auch die Aufsicht über seine Schule zu führen hatte.

Nach den vorhandenen Notizen bestand trotz der Protestation der Geseeser Schullehrer – die entweder die Kinder zu ihrer Schule oder doch das halbe Schulgeld forderten – ungefähr seit 1750 schon eine solche Winterschule zu PITTERSDORF und PETTENDORF, und aus dieser hat sich nach und nach, nicht ohne vielfache Kämpfe und Schwierigkeiten, im Jahre 1812 eine organisierte förmliche **Nebenschule** herausgebildet. Von den alten Schulhaltern sind uns nur noch folgende bekannt:

1) J. G. FUHRMANN, Schulhalter und Webermeister in Pittersdorf 1782,

2) AUBARET, 1788, ein abgedankter Soldat,

3) HELM, 1793,

4) OETTER, 1794,

5) ACKERMANN, von LINDENHARDT, von 1797-1812. Mit diesem war man so zufrieden, dass man sich für seine Beibehaltung sogar in einen Prozess gegen den Schullehrer SCHMIDT von GESEES einließ. Allein im Jahre 1807 bildete sich in PITTERSDORF eine Partei gegen ihn aus, der bald seine Methode, bald sein Fleiß, bald seine Geschicklichkeit nicht mehr genügen wollte und die daher den Maurermeister

6) J. G. WEIß, von BAYREUTH 1807-1808, berief und diesem ihre Kinder übergab. Nachdem eine Aussöhnung vergebens versucht war, blieb ACKERMANN auf PETTENDORF beschränkt, WEIß wurde nach bestandener Prüfung in PITTERSDORF eingewiesen. Wider alles Erwarten brachen nun neue Unruhen aus, als jene Pittersdorfer Gegenpartei, die weder um Ackermann's Abdankung noch um Weiß'ens Annahme gefragt worden war, ihre Kinder nach wie vor zu ACKERMANN nach PETTENDORF in die Schule schickte und sich nicht durch Bitten noch durch Drohen in ihrem Vorhaben irre machen ließ. WEIß, der wenig Kinder und darum eine geringe Einnahme hatte, drohte wiederholt, seine Stelle aufzugeben und blieb auch wirklich nur einen einzigen Winter da.

Nach Weißens Abzug vereinigten sich die Pittersdorfer wieder miteinander, und schickten ein Jahr lang ihre Kinder abermals nach PETTENDORF zu ACKERMANN, der nur noch jenes einzige Jahr, nämlich von 1808/09, das Glück hatte, in beiden Dörfern alternierend Werk- und Sonntagsschule zu halten. Denn schon im folgenden Jahre wählten sich die Pittersdorfer einen eigenen Lehrer in dem

7) JOH. ULRICH FROSCH, von 1809-1812. Dieser war

ihnen als ein geschickter Schulhalter schon bekannt, da auch sein Vater JAKOB FROSCH in gleicher Eigenschaft in MUTHMANNSREUTH seit vielen Jahren wirkte. Beide Winterschulhalter aber, sowohl ACKERMANN in PETTENDORF, als FROSCH in PITTERSDORF, mussten sich anderweitige Unterkunft suchen, als im Herbste 1812 endlich von einer Regierungs-Commission in der Person des

    a) k. Schulraths Dr. GRASER,

    b) k. Landrichters MEYER,

    c) k. Distr.-Schulinspektors Dr. STARKE, von BAYREUTH dem Unwesen ein Ende gemacht, die Winkelschulen in PITTERSDORF, PETTENDORF und CREEZ aufgehoben und für diese drei Ortschaften eine förmliche **Nebenschule** errichtet wurde.

Nach dem Protokoll vom 16. September 1812 sollte diese gemeinschaftliche Schule in PITTERSDORF, nach dem vom 17. ej. und 26. Nov. aber in PETTENDORF als dem eigentlichen Mittelpunkte, errichtet und von dem Kreisfond ein Beitrag zur Bestreitung eines Neubaues erbeten werden. Dies wurde genehmigt, und der von der königl. Regierung als erster provisorischer Lehrer abgeordnete

8) ADAM DORETH begann 1812 im Spätherbst seinen Unterricht für die Kinder der drei vereinigten Gemeinden in einem zu PETTENDORF gemieteten Lokal. Die Einführung der neuen Stephanischen und Graserischen Lautiermethode, die Doreth mit großen und kleinen Schülern durchsetzen wollte, machte ihm viele Händel und entzog ihm immer mehr das Vertrauen der ohnedies über alles Neue so bald befremdeten Landleute. In Folge dieser Unannehmlichkeiten verließ er selbst seine Stelle im Frühjahre 1814. Im Herbste desselben Jahrs wurde

9) THOMAS VETTER 1814 bis 1816 nach PETTENDORF berufen, aber weniger seiner Methode, als anderer Umstände halber auf Antrag der Gemeinde- und Schulbehörden bald wieder versetzt.

Nach dessen Abzug weigerte sich die Gemeinde PETTENDORF, ferner ein Quartier für den Lehrer und seine Schule herzugeben, weil die Beitreibung des Holz- und Mietgeldes mancherlei Schwierigkeiten unterlag. Es erschien deshalb eine Gerichts-Kommission zur Ausmittelung eines Bauplatzes für ein eigenes Schulgebäude in PETTENDORF.

Inzwischen suchten beide Gemeinden um den ihnen schon als Winterschulhalter bekannten und zu jener Zeit in HASELHOF befindlichen

10) J. ULRICH FROSCH, 1816, als provisorischen Lehrer bei der königl. Schulbehörde nach. Ihre Bitte wurde zwar gewährt; allein kaum war FROSCH einige Zeit in PETTENDORF, als sich wegen des Quartiers die alten Klagen erhoben. Glücklicherweise fand sich aber ein geeignetes Lokale für die Schule in dem Hause des JOH. HAGEN in PITTERSDORF, wohin sich diese im Oktober 1817 mit höherer Genehmigung übersiedelte, während ihr Lehrer in PETTENDORF wohnhaft blieb.

Da den **Creezern** der Weg nach PITTERSDORF nicht genehm war, so erbaten sich diese von der königl. Regierung die Gnade, von nun an und in Verbindung mit BÄRNREUTH, NÄß, ROSENGARTEN, HOHENREUTH, GUBITZMOOS, VOITSREUTH und SCHOBERTSREUTH eine besondere Schulgemeinde bilden und ein **eigenes Schulhaus** sich erbauen zu dürfen. Im Jahre 1819 stand die neue Schule fertig da, wiewohl an einem eben nicht besonders günstigen Platze.

Desto ernstlicher wurde nun von allen Seiten auf Verwirklichung des Planes zu einem **neuen Schulhaus für** PETTENDORF **und** PITTERSDORF gedrungen und dazu die Stelle am Dorfbrunnen zwischen dem derzeitigen Vorsteher CHRISTOPH FÖRSTER und dem d. Z. Armenpfleger WOLFG. PFAFFENBERGER und Bauern GEORG RICHTER in PETTENDORF – auf einem freien Gemeindeplatze am rechten Ufer der Mistel – ausgewählt. Schon waren in PETTENDORF nach erfolgter gerichtlicher Genehmigung Steine und Baustämme aufgefahren und Maurer und Zimmerleute mit Handlangern vollauf beschäftigt; schon war man daran, mittels Exekution die Beiträge von den sich nicht willig beweisenden Pittersdorfern zu erheben, als plötzlich die Sache eine ganz andere Wendung nahm.

Die Gemeinde PITTERSDORF trat mit ihrem Vorsteher CONRAD HACKER an der Spitze bei der k. Regierung auf, teils mit Beschwerden über den vom kgl. Landgerichte festgesetzten, in jeder Beziehung aber ungeeigneten und vom Wasser gefährdeten Bauplatz in PETTENDORF, teils mit dem Anerbieten eines ganz freien und gesunden Bauplatzes in der Mitte ihres Dorfes; und bestand um so beharrlicher auf ihrer Bitte, als sie den Bauplatz ebenfalls unentgeltlich hergeben wollte und die Baukosten durch besseren Grund bedeutend vermindert würden.

Im August 1817 kam eine Besichtigungs-Kommission, auf deren gutachtlichen Bericht die königl. Regierung laut Dekrets vom 3. Oktober beschloss, die Schule in PITTERSDORF erbauen zu lassen. Gleich den Creezern waren nun auch die Pettendorfer nicht damit zufrieden, dass die Schule nach PITTERSDORF gebaut werden sollte, und gingen damit um, sich von PITTERSDORF loszusagen und an CREEZ anzuschließen, in welchem Falle aber PITTERSDORF entschlossen war, seine Kinder in die Mistelbacher Schule zu schicken, die sie bereitwillig aufgenommen hätte. Dieser völligen Trennung wurde aber durch das Einschreiten der Polizeibehörde vorgebeugt und PETTENDORF zum **Schulverband** mit PITTERSDORF **gezwungen**. Zur Deckung der Baukosten sollten nun Konkurrenzbeiträge erhoben werden; allein dagegen sträubten sich die Begüterten beider Gemeinden, welche verlangten, dass die zur gleichheitlichen Verteilung schon zertrümmerten Gemeindegründe in beiden Orten an die Meistbietenden veräussert und von dem Erlöse die Baukosten gedeckt würden. Auch dies wurde von Seiten der königl. Regierung am 5. Juni 1820 gnädigst genehmigt.

Allein während dieses letzten Streites wäre der ganze Bau in Stockung geraten, und zwar aus Mangel an sicher ausgemittelten Fonds. Da unternahm es der Ortsvorsteher C. HACKER von PITTERSDORF, auf eigene Hypothek um einen verzinslichen Bauvorschuss **von 1400 fl.** aus der Kreiskasse bei der königl. Regierung nachzusuchen. Diese gab aber dem HACKER wegen seines rühmlichen Interesses für den Schulhausbau das verdiente Lob zu erkennen und befahl dem kgl. Landgerichte, gegen solidarische Haftung der ganzen Schulgemeinde ein Kapital von 1400 fl. von der Verwaltung der Reluitionsgelder gegen jährliche Zinnsabgabe und verhältnismäßige Stückzahlung zu besagtem Schulbaue hinauszugeben, d. d. Bayreuth, 17. August 1818. Die Abzahlung dieses Darlehens wurde aus dem Erlöse der verkauften Gemeindegründe bewirkt.

Nachdem nun endlich alle Hindernisse besiegt, alle Streitigkeiten ausgestritten, alle Intrigen vereitelt waren, gab man nach dem genehmigten Plane des Kreisbauinspektors TAUBER den **Schulbau zu PITTERSDORF** auf gleiche Kosten der beiden Gemeinden an den Maurermeister DÖRFLER in OBERNSEES und MICHAEL FRANK, Zimmermeister von GESEES, in Akkord am 25. Mai 1818, und er stand schon im Monate September vollendet da, sodass am 7. September **1818** in Gegenwart des Regierungsdirektors VON MASSENBACH, der Regierungsräte FIKENSCHEr, Dr. GRASER u. a., des Landrichters MAYER, Pfarrers SCHILLING und einer zahlreichen Versammlung die feierliche **Einweihung** stattfinden konnte.

Dem provisorischen Lehrer FROSCH, der durchaus nicht von PETTENDORF nach PITTERSDORF ziehen wollte, wurde Veranlassung gegeben, sich auf eine andere Schulstelle zu melden und in das neuerbaute Schulhaus auch ein neuer Lehrer berufen, nämlich

11) JOH. CHRISTIAN BENKER, von 1818-1822, aus HELMBRECHTS, der seines Berufes zur Freude der ganzen Gemeinde treulich wartete, die seit Doreth's Zeiten aufgegebene neue Lautiermethode mit Vorsicht und Schonung wieder aufnahm und namentlich bei dem neu eintretenden Geschlechte ohne Ausnahme damit fortfuhr. Die günstigen Resultate söhnten bald die Gemeinden mit dieser so sehr gefürchteten Neuerung aus, sodass auch der letzte Verteidiger des alten Ab-ba = Abba mit seinem Geschrei verstummen musste. BENKER kam nach HAAG und anno 1837 nach WALKERSBRUNN bei GRÄFENBERG.

12) OTTO HEINRICH HANF aus STREITBERG, von 1822-25, scheint es in PITTERSDORF nicht recht gefallen zu haben; kam 1825 nach STOCKAU, wo er gegenwärtig noch als Lehrer lebt. Ihm folgte der bisherige II. Lehrer in Lindenhardt

13) ALBRECHT FEHLHAMMER, 1825-39, von BAYREUTH, der es bei den Gemeinden dahin brachte, dass sie im Jahre 1838 zu seiner schon längst projektierten Verehelichung ihre Einwilligung gaben, was umso schwerer ging, als dieseSchule nur für unverheiratete Lehrer bestimmt und eingerichtet ist. Um sicher zu gehen, ließen sich die Ortsbehörden eine förmliche Verzichtleistung auf Wohnungserweiterung von ihm ausstellen. Nach seiner Beförderung nach MARKTLEUTHEN am 15. März 1839 erhielt diese Stelle

14) J. G. DEGELMANN, der 1839 am 1. Mai von dem **Lokal-Schulinspektor Dr. HÜBSCH** in Gegenwart der beiderseitigen Gemeindeverwaltungen feierlich in seinen Dienst eingewiesen wurde. Unter ihm blüht die Schule sichtbar empor, wie nicht nur von den vorgesetzten Behörden, sondern auch von der ganzen Schulgemeinde lobend anerkannt wird.

In Bezug auf die Fassion[135] wird hier nur bemerkt, dass von jeder Gemeinde zur Schule 2 Tagw. Gemeindeteile versprochen wurden. Die Pittersdorfer Gemeinde wurde unter sich dahin einig, dem Lehrer lieber den beiläufigen Reinertrag dieses Feldes mit 6 bayr. Metzen Korn und 2 Metzen Waizen zu liefern, so dass der Lehrer zu den 4 Metzen Besoldungskorn im Ganzen von PITTERSDORF 12 Metzen Getreide bezieht.

---

[135] (jt) Zum Ausdruck vergl. oben Anm. 114.

Die Grundherrschaft

Die Herren von Mistelbach zu Mistelbach

Es dürfte nun an der Reihe sein, der HERREN VON MISTELBACH ZU MISTELBACH zu gedenken, deren christlichem Wohltätigkeitssinne und frommem Eifer wir nach der allgemeinen Sage den größten Teil unserer kirchlichen Gebäude und Stiftungen zu verdanken haben. Schade nur, dass sich nirgends genaue Nachricht über diese edlen Geber und ihre großmütigen Gaben auffinden ließ, ja dass von diesem ausgestorbenen adeligen Geschlechte selbst nur äußerst wenig Glieder aus Turnierbüchern, Adels- und Kirchenmatrikeln und anderen Dokumenten bekannt sind. Bekanntlich gab es noch eine andere Linie VON MISTELBACH oder MISTELBECKHEN im Eichstädtischen, die von denen zu MISTELBACH wohl unterschieden werden müssen.[136]

J. GOTTFR. BIEDERMANN[137] führt in der CCCXXXVII.

---

[136] (jt) Ein altes Geschlecht der HERREN VON MISTELBACH ist auch in Österreich im nordöstlichen Weinviertel nachzuweisen, vergl. http://www.liechtensteinove.cz/de/objekt/mistelbach/790/.

[137] (jt) Das Vermächtnis des Pfarrers JOHANN GOTTFRIED BIEDERMANN (1705-66, studierter Sohn eines Sattlers aus PLAUEN im Vogtland), ist ein umfangreiches genealogisches, in den Jahren 1745 bis 1752 erschienenes Nachschlagewerk in mehreren Bänden speziell für

genealogischen Tabelle des Kanton Obergebürg über unsere **von Mistelbach** folgendes an:

"Das Schloss und Stammhaus, so diesem Geschlechte zuständig gewesen, liegt 1 ½ Stunde von BAYREUTH an der Mistel, und gehört dermalen dem hochfürstlichen Hause BRANDENBURG-CULMBACH." Bekannt sind noch:

1) FROWIN V. MISTELBACH, turnierte 1235 zu WÜRZBURG,

2) HANNS V. M., turnierte 1296 zu SCHWEINFURT,

3) WOLFRAM und 4) HEINRICH V. M.,[138] die am Dienstag nach St. Michaelstag **anno 1321** ihr **Recht des Kirchensatzes zu** GESEES an den MARKGRAFEN FRIEDRICH verkauften. Den **Verkaufsbrief** siehe Faksimile auf der folgenden Seite [Staatsarchiv Bamberg BBU Nr. 127_001].

5) FRIEDRICH V. M., turnierte 1362 zu BAMBERG,

6) KATHARINA V. M., verehelicht an JOHANNES V. MENGERSREUTH 1356,

7) ANNA V. M., verehelicht an HEINRICH VON MENGERSREUTH 1358,

8) WILHELM und 9) HANNS V. M., Brüder, kauften 1467 den halben Zehenten zu PETTENDORF von JACOB GROß; WILHELM, gestorben 1477 mit Hinterlassung einer Witwe ANNA, geb. V. HABERKORN und einer Tochter

---

den fränkischen Raum. Er selbst hatte im Patronat der Herren von AUFSEES von 1742-48 die dortige evang. Pfarrstelle inne und wechselte dann nach UNTERSTEINACH bei KULMBACH. Die sorgfältig gezeichneten Stammbäume gelten als Standardwerk. Die Stärke dieser Sammlung ist die Behandlung zahlreicher niederadeliger Geschlechter, über die sonst wenig bekannt ist.

[138] (jt) Die Zählung der Adligen bei HÜBSCH ist jetzt der chronoligischen Reihenfolge angepasst.

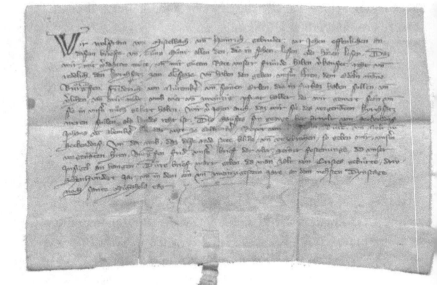

Verkaufsurkunde von 1321 mit der ersten urkundlichen Erwähnung von Gesees.

10) MARGARETHA V. M., welche mit ihren übrigen Geschwistern unter ihres Oheims HANNSEN V. M. Vormundschaft stand und sich 1500 mit SIEGMUND jun. v. PLASSENBURG zu ECKERSDORF vermählte,

11) BARBARA V. M., verh. an ULRICH NEUSTÄDTER, genannt Stürmer, zu BERNRODE und UNTERNESSELBACH anno 1444.

12) GEORG V. U. ZU M., hatte den halben Zehnten zu PETTENDORF 1497. Sein Sohn

13) CHRISTOPH V. U. ZU M. empfing nach seines Vaters Tode 1531 den halben Zehnten zu MISTELBACH, kaufte 1538 von MARGARETHA, BARBARA und URSULA, des CLAUS

V. KÖNIGSFELD Töchtern, den halben Zehnten zu PETTENDORF um 200 fl. mit Konsens Bischofs Conrad von Würzburg und lebte noch 1545. Sein Sohn

14) CHRISTOPH jr. V. U. ZU M. soll nach BIEDERMANN anno 1593 noch bekannt gewesen sein, ist aber nach dem **Epitaphium**[139] schon 1563 am Mittwoch nach Pfingsten als **der Letzte** seines Geschlechts verschieden. Er war seit anno 1527 an ANNA V. SPARNECK verheiratet und nebst JORG LMHOF zu St. Johannes 1558 Vormund über die nachgelassenen Töchter des Fritz v. Weiher. – Sein Bild ist im Ritterkostüm in der Kirche und an einem GRUNDSTEINE des ehemaligen Schloßgebäudes zu MISTELBACH zu sehen.

Eine 15) SOPHIA V. M. war anno 1600 an URBAN CASPAR V. FEILITSCH verehelicht. Ausser diesen von BIEDERMANN angeführten wissen wir nur noch anzugeben:

Die Herren von Heerdegen

DIE HERZOGEN V: CVLM.

Auf dem CULMBERGE wohnte lange Zeit das adelige Geschlecht derer VON HEERDEGEN, von welchen wir folgende namhaft zu machen vermögen:

1) HANNS HEERDEGEN war von 1466-69 Amtmann zu Jößlein. Seinen Söhnen

2) JÖRG, 3) NICKEL und 4) JOBST wurde der Ort Jößlein in Amtmannsweise übergeben.

---

[139] (jt) Abbildung oben S. 165.

Von diesen erscheint wieder NICKEL HEERDEGEN als der **erste Besitzer des Culmberges**; 1500 wurde er Bürger zu BAYREUTH, 1502 daselbst Voigt, 1502 am Montag nach Erhardi (11. Januar) wurde er vom MARKGRAFEN FRIEDRICH mit einem Hofe und einer Sölden zu LOCHAW belehnt. 1512 Amtmann und Pfleger zu FRANKENBERG und fürstl. brand.-culmb. Rat. **1512** Sonntag Exaudi von demselben Markgrafen **mit 2 Höfen zum C**ULM belehnt, *„die vnser gewest und er mit 1 Hof und 1 Söldengut zu Lochau von vns gewechselt und dafür gegeben hat, item ein burkgut zu Bayreuth am Frohnhof gelegen, auch den Sitz, so er zum Culm zu pauen vor sich hat."*

Diese Belehnung erfolgte auch von den MARKGRAFEN KASIMIR und GEORG ZU BLASSENBERG 1515 am Donnerstag nach vincula Petri (1. Aug.) Er war ferner unter dem Hauptmann auf dem Gebirg, dem Hof- und Lehenrichter FRIEDRICH V. LINDWACH von TUTTINGEN, 1520 Amtsverweser und 1530 Amtmann zu BAYREUTH. Und MARKGRAF GEORG ZU ONOLZBACH befahl ihm montags nach dem hl. Neujahrstage 1530, dass er alle Kirchenkleinodien seines Amtes nach PLASSENBURG dem Hauptmanns-Verweser und Landschreiber HANNS CLAUS zustellen sollte. 1535 wurde er Hauptmann[140] zu STREITBERG und empfing in dieser Eigen-

---

[140] Die Titel **Amtmann** und **Hauptmann** sind in jener Zeit gleichbedeutend. Der Amtmann war ein Vasall des Fürsten, von dem er ein Amt und einen Strich Landes zur Ausübung seines Amtes auf eine gewisse Zeit oder lebenslänglich empfangen hatte. Sie waren nicht bloß Richter, sondern auch Soldaten, die beim Aufgebot die Mannschaft ihres Amtes mustern und zum Heere führen mussten. Der Hauptmann auf dem Gebürg, der in Abwesenheit des Fürsten an dessen Stelle das Regiment hatte, stand über den gewöhnlichen Amt- oder

schaft Dienstag nach dem hl. Ostertag 1539 von den MARK-GRAFEN GEORG und ALBRECHT ZU BRANDENBURG drei Güter zu KAUTTENDORF, ein Gut zu WÜRLITZ und STROBERSREUT, starb aber in diesem Jahre, und liegt dahier hinter dem Altar [in der Geseeser Kirche] begraben. Ihm zu Ehren wurde folgendes **Epitaph** errichtet:

„*Nach Christi Gepurt 1539 jar verschied In Gott der Edel und Erenvest Nicolaus Heerdegen vffm Kulmperg, dieser zeyt Amtmann zu Streytperg. Nach In Anno **1556** verschied in Gott sein Christliche havsfraw die Edle vnd Tugendhaft Fraw - Geporne von Kozaw. Gott verleihe Inen Ein Fröliche Auferstehung, Amen.*

Die Mitte des Epitaphiums [S. 216] zeigt die Auferstehung Christi. Oben darüber die Worte Röm. 14,7-9, und an den beiden Seiten der hölzernen Tafel sind die Wappen der MARSCHALK, LICHTENSTEIN, WIRSPERG und HEERDEGEN" (ein Degen im roten Felde) angebracht.[141]

Auch der Stein ist noch kenntlich, der die Heerdegen'sche Gruft bedeckt. Schade nur, dass kein besonderes Legat da ist, um von seinen Zinsen dieses Grabmal renovieren zu lassen, und auch in der Kirchenkasse keine Gelder sich finden, um dergleichen Nebenausgaben zu bestreiten.

In einer alten Designation der Frühmesseinkünfte von Kaplan SIMON GÜNTHER 1550 wird geklagt, dass durch „*... Nicol Heerdegen sellen uffm Culmberg an die Thalwiese*

Hauptleuten. Alle dergleichen Ämter verlieh man ehedem nur an adelige Personen.

[141] (jt) Ein Vermerk am unteren Rand des Epitaphs besagt, dass Pfr. Dr. HÜBSCH 1846 die Renovierung veranlasste.

Das Epitaph zeigt NIKOLAUS VON HEERDEGEN (+ 1539), seine Frau (+ 1556) und, aufgereiht hinter Vater und Mutter beiderseits des Kreuzes, die drei Söhne und vier Töchter. Alle beten noch in der „katholischen" Gebetshaltung, obwohl zu dieser Zeit, 1528, in Gesees die Reformation durch Pfarrer GEORG HEYDERER schon eingeführt war. Kleine rote Kreuze bezeichnen die Familienmitglieder, die zu diesem Zeitpunkt schon verstorben sind (Aufn. J. Taegert)

der Caplanei vor ohngefähr 14 Jahren (1536) ein Weiher geschüttet, und eine Mühle des Orts gebauet, dadurch er ihm (dem Kaplan) an dieser Wiesen viel Schaden thut, mit Einziehung der Wiesen, dazu hab Heerdegen durch solche Wiesen durchaus einen Graben machen lassen, dadurch ihme nicht kleiner Nachteil entstehet, welches Heerdegen weder Fug noch Macht gehabt, und so habe gemelder Caplan bei dem jungen Heerdegen solches abzuthun gebeten, aber kein Ansehen bei ihm haben wollen. Bittet derowegen solches abzuschaffen, damit der Frühmeß nichts entzogen werde."

Ob dem Übel abgeholfen wurde, steht nirgends zu lesen. - Über die Tätigkeit, die unser N. V. HEERDEGEN an der Unterdrückung des Bauernkrieges nahm, verweisen wir auf diesen Artikel selbst. Über seine unmittelbaren Nachkommen vermögen wir keine weiteren Nachrichten aus den hiesigen Kirchenbüchern zu geben, da diese erst mit 1556 beginnen.

Inzwischen erscheint 1548 ein

6) HANNS HEERDEGEN, welcher 2 Güter und ½ Wiese zu ALTENPLOS von den FÖRTSCHEN VON THURNAU erkaufte. Nach seinem Ableben fiel das Gut wieder an die Herrschaft heim.

7) Ein WOLF CHRISTOPH und seine Söhne, 8) HANNS BASTIAN, 9) HANNS CARL, und 10) CHRISTOPH VON HEERDEGEN erscheinen um 1607 als RITTER VON ALLADORF, welches Gut ihr Vater den Gebrüdern WILHELM, SIGMUND und HANNS WOLF V. KÖNIGSFELD erkauft hatte. Die HEERDEGEN besaßen auf dem Culm- oder Sophienberge den vormals Wunderlich'schen Hof, – wovon die eine Hälfte jetzt zerschlagen, die andere Eigentum des MATTH. BÖHMER ist – hatten aber ihr **Schloss auf dem Gipfel des Berges**.

Obiger WOLF CHRISTOPH V. H. auf dem CULMBERG

erzeugte mit seiner Gattin Katharina noch eine Tochter ELISABETHA KATHARINA, welche am 4. Oct. 1596 in der hiesigen Kirche getauft wurde. Nach ihm erscheint auf dem CULMBERG

11) HANNS WOLF VON HEERDEGEN, der mit seiner Gattin ANNA SABINA[142] verschiedene Kinder erzeugte und zwar:

a) GEORG WILHELM SEBASTIAN, am 5. September 1602,

b) MARIA DOROTHEA, am 16. April 1604, wobei eine DOROTHEA HIRSCHBERGERIN, Gattin des HANNS CHRISTOPH V. H. zu SEYBOTENREUTH als Gevatterin stand.

c) am 5. Mai 1607 CATHARINA CYDONIA MARGARETHA, wobei Pfarrer Braters Gattin Mitgevatterin war.

d) SABINA AMALIA DOROTHEA, am 7. Juli 1609.

e) ANNA MARGARETHA CATHARINA, 27. Nov. 1611.

Dieser HANNS WOLF V. H. (11) war übrigens der **letzte Besitzer des Culmberges**, den er samt dem dazu gehörigen EICHENREUTH – vermutlich im Drange der Not – an die Markgräfin MARIA, Gemahlin des MARKGRAFEN CHRISTIAN, Donnerstag den 27. Januar 1614 um 7.000 fl. Hauptsumme und 1.400 fl. Leihkauf verkaufte. Die Einkünfte vom CULMBERG mögen damals nicht bedeutend gewesen sein, wie sich aus einzelnen Bemerkungen in der Rechnung des Amtes SCHREEZ vermuthen lässt.

Den deutlichsten Aufschluss über die Familienverhält-

---

[142] *) So heißt sie in dem Kirchenbuche, und nicht BARBARA, wie H. Dr. LAYRITZ meinte. Ob dieser HEERDEGEN 1609 wahnsinnig wurde und ohne männliche Nachkommen starb, weiß ich nicht. Gewiss ist, dass er 1611 noch taufen ließ, wobei BASTIAN von Breitenstein zu Königstein, und WOLFF MICHELS VON WOLFFSTHAL zu BAYREUTH Gattin, so wie eine Tochter des Pfarrers BRATER in GESEES als Patinnen erschienen.

nisse des etc. HEERDEGEN gibt unstreitig ein Schreiben des Vogts von Schreez, CHRISTIAN LELIUS, an den „Edlen, Gestreng vnnd Vesten Hansen von Pudewels F. B. geh. Rath, Oberhof-Marschalchen zu Payreuth, Amtmann zu Himmelkron und Schreez, d. d. 4. März 1614", folgenden Inhalts:

„Vf Ewr Gestreng gn. beuel, bin ich gestrigen tages vfn Culmbergk beim Juncker heerdegen gewesen, vonn demselben so uiel vernommen, dass er taglich das Schloß rauhmen, Wann er nuhr bei gelt, dass er die Pauern, so Ihm seine Farnus sollen fuhren, auszalen köndte, halte darfür er wirdt sich zu E. Edel. Gestr. ehestenn verfügen, vnd mit deroselben sich bereden, Ob Ihr Frl. Gn. Ihm mit Fünfzigk guldenn gl. wollenn helffenn, Sonstenn halte ich dafür, der von heerdegen wirdt wenig können mit wegkführen, weiln von solchen Zeugk nicht uiel vorhanden, ausser in der Wohnstuben seint Zwenne behelter, vermeint ich, sie wehren eingeteffelt, das er sie nicht köndte abnehmen, So werden E. Edle Gestr. wann dieselben dahin gelangen, vernehmen, das die Tachung sehr böse sey."

Wahrscheinlich zog Junker HEERDEGEN in das Burggut, das er in der Stadt hinter der Pfarrkirche hatte. Bemerkt wird, dass es außer den HEERDEGEN VON CULMBERG auch noch andere Linien gleichen Namens gab, wie denn z. B. ein NICOLAUS V. H. 1591 Amtsvogt in UTTENREUTH und ein HANNS ADAM V. H. 1727 Schlossverwalter in MISTELBACH war.

Wenden wir uns nun von den ehemaligen Besitzern dieses Rittergutes zur näheren Beschreibung und Geschichte desselben, um es nach Maßgabe der darüber vorhandenen Quellen und Schriften[143] genauer kennen zu lernen.

---

[143] Von diesen [Quellen und Schriften] verdienen hier vorzugsweise

Landschaft

Der Sophienberg

Der SOPHIENBERG, ehedem Kolm- oder Kulmberg genannt,[144] hat wie in der gegenwärtigen so auch schon in der ältesten Zeit die Aufmerksamkeit der Bewohner hiesiger Gegend auf sich gezogen.[145]

Er liegt 1 ½ Stunde von BAYREUTH in südlicher Richtung, steigt sehr anmutig in die Höhe und ist seiner Form nach mehr lang als rund. Seine Abhänge sind auf drei Seiten ziemlich steil und größtenteils angebaut, gegen Süden aber hängt er mit dem Lindenhardter Forste zusammen und bietet darum nach dieser Richtung eine sehr beschränkte **Aussicht** dar. Desto interessanter ist aber diese von seinem schönen und flachen Rücken herab gegen Norden hin.

Berauschende Aussicht[146]

Hier breitet sich ein anmutiges Tal voll fruchtbarer

---

genannt zu werden: 1. M. Joh. Will's Paradies im Fichtelgebirge, 2. Dr. Layritz in den fränkischen Provinzialblättern von 1801 pag. 305 bis 310, und 3) Blicke vom Sophienberge v. J. S. (Senfft) im Hausfreunde 1823 pag. 126-131.

[144] Ob „Culm" von dem slavischen Worte „colo", Hügel, Berg, oder von dem Lateinischen „culmen", Spitze, Gipfel, herkomme und in letzterem Sinne einen über andere hervorragenden Berg bezeichne, ist noch unentschieden.

[145] (jt) Bereits um 550 v. Chr. lässt sich nach Wikipedia hier oben angeblich eine befestigte Höhensiedlung der Kelten nachweisen.

[146] (jt) Der folgende Bericht über die grandiose Aussicht vom Sophienberg lässt vermuten, dass große Teile des Bergrückens seinerzeit unbewaldet waren, wie auch Pfr. HÜBSCH weiter unten bestätigt. Heute lässt sich solche Aussicht nur noch in Ausschnitten von der

Felder, üppiger Wiesen und freundlicher Gärten vor unseren Augen aus, welche an den vielen Waldparzellen und den dazwischen liegenden Häusern und Dörfern wohltätige Ruhepunkte finden. In der Mitte der malerischen Landschaft liegt die Hauptstadt BAYREUTH mit ihren schönen Umgebungen, unter welchen die Vorstadt ST. GEORGEN, vulgo „der Brandenburger", eine besonders liebliche Ansicht darbietet. Weiter hin sieht man die Hohewarte, hinter welcher die Gebirge bei HELMBRECHTS und SCHAUENSTEIN, vorzüglich aber der hohe Döbraberg bei SCHWARZENBACH a. W. hervorragen.

In dem Tal, welches der Rote Main durchströmt, sieht man HEINERSREUTH, DROSSENFELD und die Chaussee nach KULMBACH. In der Ferne erblickt man den Baadersberg bei KULMBACH, das Schloss Wernstein, den Spitzberg bei WEIßENBRONN, die Veitenleithen, hinter dieser die Berge bei SCHMELZ, den Thüringer Wald bis EFFELTER ohnweit SONNEBERG, den Kottegast bei WEIßMAIN, den Zultenberg, den Neudorfer Berg mit der Linde gegen THURNAU, die Wacht bei LOCHAU, die hohle Buche bei ESCHEN und den Limmersdorfer Forst.

Im Vordergrunde erscheint uns die Altenstadt mit den Neuenhäusern bei BAYREUTH, MAIERNBERG, DANNDORF, SCHLOSS FANTAISIE[147], ECKERSDORF, DIE SCHANZE, OBER-

---

nordseitig umlaufenden Teerstraße in Richtung OBERNSCHREEZ her gewinnen.

[147] Nach dem Tode des letzten FRHRN. V. LÜCHAU 1756 fiel DONNDORF an den MARKGR. FRIEDRICH VON BAYREUTH zurück, der das Schloss daselbst erbaute 1758. Sein Nachfolger und Bruder MARKGR. CHRISTIAN FRIEDRICH schenkte es 1763 lebenslänglich der einzigen Tochter Friedrichs, ELISABETHA FRIEDERIKA SOPHIA, die 26. Sept. 1748

PREUSCHWIZ, OBERWAIZ, MISTELBACH, FORKENDORF und mehrere Einzelne und Mühlen in dem Tale der Mistel hingestreut.

Links von MISTELBACH finden wir in der Ferne die Neubürg, Schloß Greifenstein und die Höhe von Würgau; näher den Schobertsberg, Pittersdorf, Pettendorf, den Hartmannsberg und GESEES, dessen Häuser durch ein Dickicht von Obstbäumen hindurchschimmern, während sein neu vergoldeter Turmknopf über der malerisch schönen Bergkirche wie ein freundlicher Stern im dunkelblauen Äther zu unsern Füßen glänzt.

Rechts von BAYREUTH sehen wir in der Ferne die steile Bergstrasse über den Bindlacher Berg in weißem Widerscheine glänzen und hinter demselben den Weißenstein bei STAMMBACH und den Heideberg bei ZELL. Am fortlaufenden Gebirgssaum sieht man rechts am Bindlacher Berge LAINECK, ALLERSDORF, ST. JOHANNIS (sonst ALTENTREBGAST genannt), die Eremitage, WOLFSBACH, SEULBITZ, CAROLINENREUTH (den ehemaligen Fasanengarten), THIERGARTEN, FÜRSETZ, den RÖMERBERG, die Chaussee nach CREUSSEN.

Zu unseren Füßen liegen RÖDENSDORF, DESTUBEN, der

---

mit CARL EUGEN, HERZOG VON WÜRTEMBERG vermählt wurde. Sie ließ es prächtig ausschmücken, den herrlichen Park anlegen, gab ihrer ganzen Besitzung den Namen FANTAISIE, starb aber schon den 6. April 1780. Zehn Jahre lang überließ man diesen Ort seinem Schicksal, bis ihn 1791 der Oberforstmeister VON OBERWITZ kaufte, der ihn 1793 wieder an FRIEDERIKE DOROTHEA SOPHIA, Gemahlin des HERZOGS FR. EUGEN VON WÜRTEMBERG käuflich abtrat. Der gegenwärtige Besitzer ist der HERZOG ALEXANDER V. WÜRTEMBERG, Kgl. Hoheit, der für die Erweiterung und Verschönerung seines Gutes eben so viel Eifer, als Geschmack zeigt.

Saaser Berg, QUELLHOF, BIRKEN, CEST BON[148], KREUZSTEIN, OBERKONNERSREUTH.

Wenden wir uns nun gegen Morgen, so finden wir rechts vom THIERGARTEN UNTERN- und OBERNSCHREEZ, zwischen welchen sich der Sendelbach aus seiner Quelle dem Maine zuwindet, SCHAMELS- und EMTMANNSBERG, die Kemnather Strasse, die Höhe von SEYBOTHENREUTH, und dahinter den erhabenen Saum des Fichtelgebirges mit dem Ochsenkopfe, dem Schneeberge und der Kösseine, den Rauhen Kulm, Armesberg, WALDECK und das gesellige CREUSSEN.

Auf der entgegengesetzten Seite von BAYREUTH aus liegen GOSEN, HAAG und SPÄNFLECK, und in der Mitte des Bergabhanges von Süden gegen Osten zwischen Wald und Wiesengründen die einzelnen Häuser des Culmberges.

Der Rücken des Berges ist kahl und etwa 500' lang und 100' breit. Nach der Mitteilung meines hochverehrten Freundes, Hrn. Dr. SAUERNHEIMER in BAYREUTH, beträgt die relative Höhe vom Roten Maine an der Kaserne in BAYREUTH aus 893, die absolute von der Meeresfläche aus gemessen 1861 Pariser Fuß.[149]

Der Berg besteht in seiner Tiefe aus Sand- und oben aus Kalksteinlagern, mit verhärteten Thon- und Mergelschichten, in denen sich auch Petrefacten in braunem Eisensteine finden. An seiner Westseite ist eine ergiebige und vortreffliche Wasserquelle, deren Abfall einen kleinen Weiher

---

[148] (jt) CEST BON, ein Geländepunkt am südlichen Röhrensee bei der ehemaligen Eisenbahnbrücke; dort ist heute ein kleiner Zoo bzw. auf der anderen Straßenseite die ehem. Kaserne.

[149] (jt) Auf der Topographischen Karte ist BAYREUTH heute mit einer Meereshöhe von 339 m, der Sophienberg mit 594 m angegeben.

bildet und dann die Wiesen des Abhanges bewässert. Die Vorrichtung der trigonometrischen Landesvermessung steht gegenwärtig auf den Trümmern stolzer Fürstenschlösser, die einst den Gipfel dieses Berges zierten und weit in die Gegend hineinschauten.

Ein alter Herrensitz

Als die älteste Urkunde über den Culmberg[150] zitiert Hr. Dr. LAYRITZ a.a.0. einen Revers der Gebrüder OTTO und HERMANN V. RABENSTEIN *„d. d. an dem nesten Samstak nach sant Micheltak 1353, kraft dessen sie sich verbinden, den Burggrafen Johann und Albrecht von Nürnberg mit ihrer Veste Rabeneck von St. Martinstag, der schier kommt, 12 ganze Jahre lang zu dienen, wofür sie aber 200 Pfund Haller erhalten und 8 Pfund jährlichen Geldes zum Burggut in dem Dorf Kulmleins (?) oberhalb geseeß mit 6 vierteln Habern, Weisat und Frohn."*

Nach dem alten Landbuche von 1440 bestand der Culm damals aus sechs Lehen, die ihrer Drei besessen; nach dem Landbuch von 1499 Fol. 92 aber nur in einem Hof Fritz Küfners und Hanns Nüzels, *„so vorhin in viel Lehens, und ein Höflein, so 2 Lehen gewesen, auf welchen Gütern nicht nur gewisse Geld- und Getraidzinnsen, sondern auch der Zehend gehaftet, von welchem die Herrschaft 2/3 und die Pfarr GESEES 1/3 gehabt, und gehörte ins Amt Bayreuth."*

Von den vielen **Warttürmen**, welche MARKGRAF FRIEDRICH VII. (reg. 1486-1515) im Lande errichtete, um

---

[150] (jt) Bereits im 12. Jahrhundert sollen die Grafen ULRICH und POPPO VON BLASSENBERG auf dem CULMBERG eine Burg errichtet haben.

plötzliche feindliche Überfälle abzuwehren, war auch einer[151] auf dem Culmberg. Beständig mussten hier zwei Wächter Acht geben und in's Land lugen (schauen), und sobald sie auf irgendeinem Wartturme Feuer bemerkten, zündete der eine von ihnen die Flamme an, indes der andere augenblicklich zum Amtmanne lief. Dieser stellte Vorposten auf, visitierte die Wälder und schickte in die Gegend, wo zwei Flammen zum Zeichen der wirklich vorhandenen Gefahr brannten, ein Hülfskorps ab.

NICOLAUS V. HEERDEGEN, der am 23. Mai 1512 dieses Rittergut vom MARKGRAF FRIEDRICH gegen sein Rittergut zu LOCHAU eintauschte, erbaute sich auf dem Culmberge ein Schloss zu seinem Wohnsitze[152], das über hundert Jahre in den Händen seiner Familie blieb, bis es am 27. Januar 1614 Hanns WOLF V. HEERDEGEN an die MARKGRÄFIN MARIA, Christian Ernst's Gemahlin, verkaufte. Diese ließ das Gut Culmberg anfangs vom Amte UNTERNSCHREEZ verwalten, von 1659 an aber wurde es zum Amte ST. JOHANNES geschlagen.

Der MARKGRAF CHRISTIAN ERNST, dessen Reiterstatue vor dem neuen Schlosse zu Bayreuth zu sehen ist und der

---

[151] (jt) Dieser Turm stand hier wohl seit 1494; er erscheint in der „Wartordnung" von 1498 als Teil eines Systems von Wach- und Signaltürmen. Dieses System umfasste seinerzeit 13 Warttürme von HOF bis CREUßEN, von denen die nächstgelegenen auf dem Rauhen Kulm bei NEUSTADT und auf dem Schneeberg standen.

[152] (jt) Das „feste Haus" dieser Burg wurde 1553 im zweiten Markgräflerkrieg von den bundesständischen Truppen zerstört. In diesem Zusammenhang wurde auch die Burg auf dem Rauhen Kulm nach Belagerung durch die Nürnberger zerstört und die oben erwähnte Turmuhr der Geseeser Kirche geraubt.

von 1655-1712 regierte, trat es am 24. Dez. 1662 auf die Dauer seiner Regierung an seine Gemahlin ERDMUTHE SOPHIE, eine geborne Kurprinzessin von Sachsen, ab, welche von 1663-68 auf den Trümmern des v. Heerdegen'schen Schlosses ein neues Gebäude aufführen ließ und ihm den Namen **SOPHIENBURG** gab, wovon später der ganze Berg den Namen SOPHIENBERG annahm.

Da ihr, als einer stillen und gelehrten Frau, das Geräusch des Hoflebens zuwider war, bezog sie dieses Schloss und fand ihre Freude in gelehrten Studien und im Genusse der herrlichen Natur, die sie mit allen Schönheiten zu ihren Füßen ausgebreitet sah. Wollten ihr aber die scharfen und kalten Winde, die beständig den Gipfel dieses Berges umwehen und im Winter oft furchtbar umbrausen, für die Folge nicht so zusagen, so hatte die Dienerschaft, die den Glanz und Reiz des Hoflebens nicht vergessen konnte, sich schon lange an der schönen Gegend satt gesehen, und sann auf Mittel, diese Einöde auch der Fürstin verhasst zu machen.

Und dazu fand sich gar bald Gelegenheit durch die **Erscheinung eines Gespenste**s, das sich in Kapuzinertracht in mitternächtlicher Stunde in den Gängen des Schlosses zeigte und allgemeinen Schrecken verbreitete.[153] Auch hier lag der Täuschung Wahrheit zu Grunde, nur dass sie

---

[153] (jt) Nach anderer Überlieferung sollte hier die „weiße Frau" spuken. Es war die Wundergläubigkeit zur Zeit der Gegenreformation, die solche Gespenster gleichsam zu einem Standesattribut machten, um die Bedeutung des betreffenden Adelsgeschlechtes hervorzuheben. So geistert auch eine weiße Frau durch die Haupt- und Nebenschlösser der HOHENZOLLERN einschließlich BAYREUTH und soll dort sogar NAPOLEON bei seiner Übernachtung am 14. Mai 1812 in der Eremitage füchterlich erschreckt haben.

Das Anwesen der Sophienburg auf dem Rücken des kahlen Culmberges mit der Ziffer 4 ist auf dieser Radierung der Stadt Bayreuth von 1680 gut zu erkennen (Aus Wikipedia)

damals niemand zu erforschen wagte. Ein Bediener versteckte sich nämlich in jene Maske, um unter ihrem Schutze desto sicherer die nächtlichen Besuche bei seiner Geliebten abzustatten, die in einem anderen Flügel des Schlosses ihr Schlafgemach hatte. Inzwischen hatte diese Spukgeschichte Fürstin und Gesinde dergestalt in Furcht versetzt, dass alsbald das Schloss (1668?) verlassen und nie wieder als Aufenthaltsort gewählte wurde.

Seit 1724 nagte der Zahn der Zeit an Grundpfeilern und Mauern ungestört fort, bis es endlich in sich selbst zusammenstürzte und die Steine von den Bauern nach und nach bis auf die Grundmauern weggefahren wurden. Im Jahre 1704 wurden die herrschaftlichen Grundstücke und

Hofgebäude pfandweise und 1743 tot und erblich verkauft. Vor 20 Jahren stand noch auf einem etliche Schuh hohen Gemäuer eine Pyramide von drei Waldstämmen, welche oben mit Brettern verschlagen war. Zu ihr konnte man auf einer Leiter hinaufsteigen und eine freiere Aussicht in die Gegend genießen. Wünschenswert wäre die Anpflanzung einiger Lindenbäume, die dem Berge selbst in der Ferne zur Zierde, dem Wanderer aber zum Schutze gegen Regen und Sonnenhitze gereichen würden.

Bedeutsame Feiern

Im Sommer 1805 besuchte der höchstselige KÖNIG FRIEDRICH WILHELM II. VON PREUSSEN mit seiner unvergesslichen Gemahlin LUISE nach der Heerschau bei FÜRTH auf mehrere Wochen die Stadt BAYREUTH und, unter andern Punkten der Umgegend, auch diesen Berg.[154] Mit Freuden rühmen alle, die Zeugen jenes Tages und seiner Festlichkeiten waren, die Freundlichkeit und Milde, mit der das hohe Herrscherpaar sich zu den Untertanen als lieben Kindern herabließ, die von allen Seiten scharenweise herbeigeströmt waren, um ihren Landesvater und ihre Landesmutter zu sehen und zu begrüßen.[155]

---

[154] (jt) Seit 1791 gehörte der Sophienberg und sein Umland zu Preußen als den Erben der Markgrafen. Zu Ehren der Gattin des genannten Monarchen, LUISE VON MECKLENBURG-STRELITZ, sollte der Berg in *Luisenberg* umbenannt werden. Anders als bei der „Luisenburg" bei Alexandersbad setzte sich diese Bezeichnung aber hier nicht durch. Seit 1810 war der Berg eine bayerische Landmarke.

[155] (jt) Seltsamerweise unerwähnt lässt Pfr. HÜBSCH die große „Freiheitsfeier" auf dem Sophienberg, die 1814 veranstaltet wurde, nachdem NAPOLEON in der Völkerschlacht bei Leipzig besiegt worden war. An diesem Ereignis beteiligte sich mit feurigen Reden auch Bayreuths beliebter

Fast den ganzen Sommer hindurch besuchen übrigens immer noch bald größere, bald kleinere Partieen aus der Umgegend diesen Berg, um sich an seiner reizenden Aussicht zu erquicken; insbesondere aber wird er alle Jahre recht zahlreich am **Himmelfahrtsfeste** besucht, wo sich bei heiterm Wetter oft mehrere Hunderte aus Städten und Dörfern der Nachbarschaft zum frohen Naturgenusse auf seinem Gipfel vereinigen.[156]

Zum Schlusse wollen wir nicht unerwähnt lassen, dass die Volkssage, wie unter den Ruinen des alten Schlosses auf der Pütschiburg bei RÖDENSDORF, so auch unter den Trümmern der Sophienburg einen reichen Schatz von Gold, Silber und Edelsteinen verborgen sein lässt und

---

Sohn der Stadt, der Schriftsteller JEAN PAUL. Ein lebendiger Bericht über diese Feierlichkeiten mitsamt einem Literaturverzeichnis findet sich bei ANGELA BECHER in der Heimatbeilage zum amtl. Schulanzeiger Nr.218, 1995, „Neubürg und Sophienberg – Zeugenberge der Nordalb".

[156] (jt) Wahrscheinlich gehen diese hier bezeugten großen Treffen auf die Flurumgänge und -umritte zurück, bei denen die Gemeinden für gute Saat und Ernte beteten, auch wenn Pfr. HÜBSCH dies hier nicht erwähnt. – Die Tradition von Himmelfahrtsgottesdiensten hat die Kirchengemeinde GESEES gemeinsam mit den benachbarten Kirchengemeinden HAAG und HUMMELTAL seit dem Jahr 1993 wieder aufgenommen. So sieht man nun jedes Jahr große Scharen von wandernden Familien und Radfahrern aus dem Umland und aus Bayreuth auf ihren Hausberg ziehen. Musikalisch unterstützt von den vereinten Posaunenchören feiern Jung und Alt unter den herrlichen alten Bäumen mitten in der Natur ihren familienfreundlichen Gottesdienst und loben Gott mitten in seiner Schöpfung. Den Gemeinden heute ist es wichtig, dem Himmelfahrtstag seine ursprüngliche Bedeutung als Verkündigung des Herrschaftsantritts Christi wiederzugeben und zugleich den verantwortlichen Blick der Menschen auf die Bewahrung der Erde als der Heimstatt der Menschen zu richten.

schon manchen leichtgläubigen Toren verleitet hat, in mühevollen Nachgrabungen Befriedigung für seine Habgierde umsonst zu suchen.

Geschichtliche Ereignisse und Kriege

Die Reformation.

Obgleich die Hussiten mit Feuer und Schwert den Tod ihres Meisters und die ihnen selbst vom Kaiser und seinen Fürsten zugefügten Beleidigungen rächten und mit Schrecken und Entsetzen die Spuren ihres Daseins bezeichneten, so hatten doch ihre Grundsätze in Sachen des Glaubens und der Lehre viele Anhänger in Franken gefunden, wo man schon längst des Geisteszwanges und der Brandschatzungen müde war, wodurch sich Rom seine Herrschaft und sein Einkommen in Deutschland zu sichern suchte. Von Seiten der Bischöfe arbeitete·man aber jeder Neuerung kräftig entgegen, stellte die Freunde hussitischer Lehre vor besondere Ketzergerichte und zwang sie zum Widerrufe. ROM ging sogar so weit, 1426 und 1437 den Handel mit Böhmen zu verbieten. Der dadurch gesteigerte Hass der Franken gegen das Papsttum sollte aber bald Gelegenheit zum Ausbruche finden.

Zur Bereichertmg ihrer Kassen hatten die Päpste unter anderem auch den Ablass ausgesonnen, und in ganz Deutschland zogen Mönche umher, welche alle Sünden und die dafür festgesetzten Kirchenbußen gegen eine gewisse Summe Geldes erliessen und marktschreierisch predigten:

„So bald das Geld im Kasten klingt, Die Seele in den Himmel springt."

Am dreistesten aber trieb sein Handwerk JOHANN TEZEL. Hatte man aber seinen Vorgängern hie und da in den Städten die Errichtung eines Ablasskrames geradezu verweigert, so trat gegen diesen zu Wittenberg Dr. MARTIN LUTHER mit seinen 95 Lehrsätzen am 31. Oktober 1517 hervor und beleuchtete mit dem Lichte des Evangeliums das Widersinnige und Nachteilige des ganzen Ablasswesens.

Dass diese Lehrsätze in wenigen Wochen mehrmals nacheinander gedruckt und durch ganz Deutschland mit der größten Begierde gelesen wurden, ist gewiss der deutlichste Beweis ihres trefflichen und zeitgemässen Inhaltes sowie der großen Empfänglichkeit, die sich für dergleichen Untersuchungen unter den Deutschen vorfand. Durch den Sturz des Ablasshandels wurde der päpstlichen Macht ein empfindlicher Stoß versetzt; doch würde sie diesen leichter verschmerzt haben, wenn mit ihm nicht der erste und unwiderrufliche Schritt zu der so lange abgelehnten Kirchenverbesserung oder Reformation geschehen wäre, und zwar von einem unangesehenen Augustinermönche.

Dass die Grundsätze der evangelischen Wahrheit in unserm Franken sehr reichlichen Anklang fanden, verdankt man dem gelehrten und freisinnigen BISCHOF VON BAMBERG, GEORG V. LIMBURG und seinem Hofmeister JOH. V. SCHWARZENBERG, die mit den Reformatoren sogar im freundschaftlichen Briefwechsel standen. Und wäre nicht der erstere am 31. Mai 1522 aus dem Leben entrissen worden, so hätte die Lehre Luthers sich in unserer Gegend viel schneller und allgemeiner verbreitet. Allein sein unentschlossener und papistischer Nachfolger WEIGAND VON REDWITZ trat zwar allmählich, aber entschieden gegen diese Neuerung auf, die ihn leicht die bischöfliche Würde kosten konnte.

Solange der katholisch gesinnte [MARKGRAF] KASIMIR [1481-1527] lebte, der Reformation und Aufruhr für gleichbedeutend hielt, machte die Reformation geringere Fortschritte; sobald er aber zu OFEN in Ungarn 1527 an der Ruhr gestorben war, berief sein Bruder GEORG [1484-1543] als unbeschränkter Herrscher evangelische Prediger aus WITTENBERG, deren einer unser **GEORG HEYDERER**[157] war, welchen Dr. LUTHER in einem besonderen Schreiben d. d. Christi Himmelfahrtstag **1528** dem MARKGRAFEN GEORG dringend empfahl. Am 7. August d. J. leistete er seinen Eid auf die hiesige erste Pfarrstelle, und wenn wir nicht mit einigen schon seinen Vorgänger Chr. PÖLL als den ersten protestantischen Pfarrer in GESEES annehmen[158], so glauben wir diese Ehre desto sicherer dem G. HEYDERER zuwenden zu dürfen.

Irrig sind deswegen alle, welche die hiesige Kirche bis 1540 katholisch sein lassen, da auch aus der **Kirchenrechnung von 1528** hervorgeht, dass man die entbehrlichen Gerätschaften des katholischen Gottesdienstes verkauft und *„3 Pfund minder 10 Pfg. für zween leimwattene Flügel, vom hiligen Mariebild"* gewonnen habe.

Auch wurden ja auf dem Landtage, den der MARKGRAF GEORG 1528 zu ANSBACH hielt, die Grundsätze der Reformation im ganzen Lande eingeführt, alle gestifteten Jahr-

---

[157] (jt) in der obigen Liste der Geistlichen auf der I. Pfarrstelle in GESEES die Nr. 7.

[158] (jt) Die lfd. Nr. 6, CHRISTOPH PÖLL, von WICHSENSTEIN gebürtig, in GESEES bis 1527, vorher daselbst Frühmesser um 1509.

Markgraf Georg der Fromme im Jahr 1522 auf einem Ölgemälde von Hans Henneberger in der Klosterkiche Heilsbronn (Foto: Harald Stark 2008).

tage zum Gedächtniss der Verstorbenen abgeschafft und die Kirchenvisitation auch für das Oberland angeordnet.

War es löblich, dass von den Erträgnissen eingezogener Klöster die armen Leute unterstützt und die Schulen verbessert wurden, so war es ein Beweis von **Habsucht**, dass der Markgraf am 28. Dezember 1529 alle inventarierten Kleinodien, Gefäße und Ornamente mit Ausnahme von ein oder zwei Kelchen den Kirchen hinwegnehmen und nach Ansbach schaffen ließ, deren Wert für das Oberland allein auf 10.000 fl. angeschlagen wird. Dieser Schritt verwickelte den Markgrafen in einen Streit mit dem Bischof von BAMBERG, der erst 1538 durch einen Vergleich beigelegt wurde. Und obwohl er sich 1530 zu Augsburg als ein standhafter Bekenner der augsburgischen Konfession bewies, so muss doch seine vielfach gepriesene Frömmigkeit und die Lauterkeit seiner Teilnahme am Reformationswerke in Zweifel gezogen werden.

Nach Vollendung der Kirchenvisitationen ließ GEORG seine evangelische Kirchenordnung 1533 auch im Oberlande einführen, um eine größere Gleichheit der gottesdienstlichen Gebräuche zu erzielen.

Durch die Reformation verlor das Bistum Bamberg seine Diözesanrechte über die protestantischen Kirchen. Und GESEES, das früher zum Archidiakonat HOLLFELD gehört hatte, wurde nun mit den übrigen umliegenden Kirchen der Superintendur BAYREUTH zugeteilt, wozu der Bischof VON REDWITZ in BAMBERG zuletzt auch seine Zustimmung geben musste.

Der Bauernkrieg

Die größten Hindernisse einer früheren und schnelleren Verbreitung erwuchsen aber der Reformation Luthers auch in unserer Gegend aus dem Bauernkriege von 1524-25. Schon früher waren an verschiedenen Orten in Deutschland Unruhen ausgebrochen unter den Bauern, die das unerträgliche Joch der Leibeigenschaft und der harten Bedrückung durch Steuern, Abgaben und Frohnen etc. mit Gewalt abzuschütteln drohten.

Bei dem Beginnen der Reformation erschienen verschiedene Schriften über die Ausartung der Geistlichkeit, das Sittenverderbnis des Adels und die traurige Lage des Landmanns, in denen es an Übertreibungen nicht fehlte. Die dadurch entstandene Erbitterung wuchs noch durch die unglückselige Verwechselung der christlichen Freiheit – von Sünde, Wahn, Geistes- und Gewissenszwang – mit der bürgerlichen – von jeder Abgabe und Unterwürfigkeit –, und so wurde unter dem fortdauernden Druck des Adels bei den Bauern in Schwaben zuerst der Wunsch wieder rege, mit den kirchlichen auch die politischen Fesseln abstreifen zu können.

Wie ein Lauffeuer verbreitete sich der **Aufstand nach Franken und in unsere Gegend**. In BAYREUTH predigte 1525 ein Kupferschmied, dass jetzt die schönste Gelegenheit sei, indem GEORG zu weit entfernt und KASIMIR bereits verstorben seien. Allein jener gab in ernsten Mahn- und Warnbriefen gar bald deutliche Lebenszeichen aus dem Lager zu MARKT ERLBACH und verlangte zur Ergänzung seines Heeres 1.500 Mann vom Oberlande. Mit Mühe und Not waren kaum 700 zusammengekommen, über welche

NICOL V. HEERDEGEN am 16. Mai 1525 die Musterung hielt. Allein diese waren von einem so schlechten Geiste beseelt, dass sich die Wunsiedeler nur von KASIMIR mustern lassen wollten, andere sogar von Zerstörung des Klosters HIMMELKRON und des Schlosses auf dem CULMBERG sprachen.

Anstatt die von KASIMIR zugeschickte Rede den Truppen vorzulesen, verkroch sich unser HEERDEGEN in die Büsche und eilte nach Hause zur Sicherung seiner Habe. Der Haufe strömte ungestüm durch die Tore in die Stadt, wuchs durch Neugierige, hielt Trinkgelage und Versammlungen, und einer von ihnen brachte durch das Läuten der Sturmglocke unser Dorf GESEES und den ganzen Gau in Aufruhr.

Sie liefen zum Dorfe heraus mit einem Kerl, der die Trommel schlug, indes ein andrer Abendteurer eine schwarz und weiße Fahne schwenkte, und durchzogen den Mistelgauer Grund, um die Gefahr aufzusuchen, wegen der man Sturm geläutet hatte. So kamen sie endlich vor den Toren Bayreuths an, ohne eigentlich recht zu wissen, was sie wollten. Obwohl ihnen der Zugang zur Stadt im bewaffneten Zustande versagt war, so ließen sie doch jeden in ihr Lager, der sich für gut evangelisch ausgab.

Endlich regte sich die Lust, sich bei H. V. IMHOF in St. Johannes ein Stück dürres Fleisch und ein Glas Wein zu holen; aber HANNS LORENZ, der das Wort führte und das Evangelium und die Gerechtigkeit in der Gemeinde handhabte, schwang sich auf die Rednerbühne, seinen Stuhl, und sprach vernämlich also: *„Ich will das Evangelium und die Gerechtigkeit handhaben. Ist das denn die Gerechtigkeit, dass man den Leuten das Ihre nimmt, so sch... ich in die Gerechtigkeit."*

Darauf ward es wieder ruhig. Sie gingen mit ihm vor die Stadt, legten ihre Spieße vor dem Thore nieder und zechten

in den Schenken für ihr eigenes Geld, ohne Jemandem etwas Leides zu tun. An die Wände aber schrieb man allerlei Spottgedichte gegen die Verräter, z. E.
„Die Zududler haben ihre Herren lieb,
Doch stehlen sie so viel, als andere Dieb."
Am Abend nahm jeder seinen Spieß und ging, wenn auch etwas schwer beladen, doch friedlich nach Hause, zufrieden über diesen Kriegszug zur Handhabung des Evangeliums. Und hätte am nächsten Tage, meint HR. V. LANG, wieder einer getrommelt, sie wären traun! abermals gekommen.

In dem **Lager der Geseeser** wird außer dem Sprecher HANNS LORENZ noch ein Anführer SEBOLD SCHMIDT und ein Fähnleinsträger Junker THOMAS GROß VON RAIZENDORF genannt, der einem Bauern beim Zuge die Fahne aus der Hand riss, sich zum Fähnrich aufdrang und ausdrücklich verlangte, dass man ihn nicht mehr Junker Thomas, sondern Junker Bauer nennen sollte.

Auch soll sich zu dem Haufen damals ein CHRISTOPH WEBER aus WUNSIEDEL gesellt haben, der später im gerichtlichen Verhöre die Edelleute beschuldigte, dass sie den Aufruhr selbst gemacht, weil sie von allen Seiten ihre Güter geflüchtet und ihre Schlösser verlassen hätten.

Obwohl von den Bauern des Oberlandes keine groben Exzesse verübt worden waren, so brütete doch KASIMIR **blutige Rache**. Er schrieb vom Unterlande unter dem 17. Mai, dass er keiner Hilfstruppen mehr bedürfe und dass diese wieder nach Hause gehen könnten; beorderte seinen Bruder JOHANN ALBRECHT, Coadjutor zu MAGDEBURG, auf die PLASSENBURG zur Ergreifung und Bestrafung der aufrührerischen Buben und drohte mit dem ganzen Bundesheere selbst zu kommen. J. ALBRECHT eröffnete nun seine Folter- und Blutgerichte und ließ Schuldige und Unschuldige, wenn sie nur reich waren, köpfen, braten, spießen, henken, vom Turme werfen und ihnen die Augen ausstechen, sobald sie nur des Aufruhrs beschuldigt und nicht durch Gold oder Silber seinem Racheschwert entrissen wurden. Auch wurde das ganze Land furchtbar gebrandschatzt und über 104.000 fl. von den armen Untertanen erpreßt.

KASIMIR allein soll 500 Menschen dem Scharfrichter überantwortet haben. Und seinem Bruder ALBRECHT liefen, als er bluttriefend nach MAGDEBURG über HOF zurückkehrte, die Witwen der Hingerichteten und die Waisen der Gemordeten nach und fragten ihn mit höhnender Wut und grässlicher Verzweiflung, „ob denn die Bauern schon alle erstochen wären?"

Der obengenannte SEBOLD SCHMIDT, der einer der ärgsten Aufrührer war und allein einen Panzer trug, wusste sich durch das Anschwärzen der ehrbarsten Leute in Gunst zu setzen und blieb ungestraft, indes der lange LORENZ, THOMAS GROß und CHRISTOPH WEBER etc. eingezogen und hingerichtet oder verstümmelt wurden.

Länger noch hätten die Grausamkeiten fortgedauert, wenn nicht ein deutscher Biedermann, HANS VON WALDENFELS, am Dienstag nach Allerheiligen 1526 ein eindringliches Schreiben an den MARKGRAFEN KASIMIR erlassen und um Menschlichkeit und Vergessen des Geschehenen gebeten hätte.

Obschon die Papisten von diesen Unruhen Veranlassung nahmen, die Reformation als deren Quelle zu verleumden und die römische Rechtgläubigkeit als die Stütze der Throne anzupreisen, so lag doch die Unwahrheit dieser

Behauptung zu handgreiflich vor den Augen eines jeden Unbefangenen, als dass sie großen Glauben finden konnte, besonders da LUTHER alles Ernstes die Bauern zur Ruhe und zum Gehorsam gegen die weltliche Obrigkeit in Wort und Schrift verwies.

Nach der **Schlacht bei Frankenhausen** 1525 und nach den Tatsachen, welche wir oben erzählt haben, war der Bauernkrieg um 1528 auch in unserer Gegend beendigt. Schade nur, dass mit den ungeheuren Opfern, Anstrengungen und Drangsalen das Los der Bauern um gar nichts erleichtert, weder Steuern noch Frohnen erlassen, weder Jagd noch Fischerei freigegeben, wohl aber das Vertrauen zwischen Fürsten und Untertanen aufgehoben, das Land verwüstet, Dörfer und Städte eingeäschert, zahllose Menschenleben hingeopfert, und der Wohlstand des Bürgers und Landmanns auf viele Jahre ruiniert wurde!

Genieße, was dir Gott beschieden,
Entbehre gern, was du nicht hast.
Ein jeder Stand hat seinen Frieden,
Ein jeder hat auch seine Last. [CHR. F. GELLERT]

Der Dreißigjährige Krieg

Eines der größten Übel, die je unsere Gegend und unser Dorf heimgesucht haben, ist unstreitig der **Dreißigjährige Krieg** von 1618-48. Es war der letzte Versuch der Katholischen, die Anhänger der evangelischen Kirche entweder in den Schoß der s.g. Alleinseligmacherin zurückzuführen oder sie von Grund auf zu vernichten. Gleich dem Hussitenkriege war es ein Kampf um Meinung und Überzeugumg und wurde auch mitderselben Erbitterung geführt, die Religionskriegen eigen zu sein pflegt. Die Einschränkung der Protestanten in Böhmen unter KAISER MATTHIAS überhaupt und die Verhinderung eines Kirchenbaues brachte diese so auf, dass sie unter Anführung des GRAFEN V. THURN vor das Prager Rathaus zogen, nach böhmischer Weise zwei Räte zum Fenster hinauswarfen, und an diesem .ganzen-Akte nichts auffallend fanden, alsdass diese von den weichen Kehrichthaufen unten am Graben so leicht wieder aufstehen und davon laufen konnten. Dass man sich zur Abwehr der sie erwartenden Strafe rüsten müsse, wussten die protestantischen Böhmen gar wohl, schwerlich aber mochten sie ahnen, dass dieser eine Tag 30 blutige Schreckensjahre für fast halb Europa nach sich ziehen werde.

Nach MATTHIAS wurde FERDINAND II. von 1619-1637 Kaiser, ein Jesuitenschüler und Protestantenfeind. Ihn wollten die Böhmen nicht anerkennen, sondern wählten den PFALZGRAFEN FRIEDRICH V.[159] zu ihrem König. Doch

---

[159] (jt) FRIEDRICH V. (1596-1632) – von seinen kaiserlichen Gegnern auch als „Winterkönig" verspottet und unter diesem Namen nach seiner militärischen Niederlage in die Geschichtsbücher eingegangen – war Kurfürst und Repräsentant der Pfälzer Linie des jahrtausendalten deutschen Hochadelsgeschlechtes der Wittelsbacher. Sie beherrschten zu seiner Zeit die Kurpfalz mit ihren beiden Teilen, der Oberen Pfalz mit dem Sitz in AMBERG und die Rheinpfalz mit HEIDELBERG. Der abwechselnd lutherische und calvinische Glaube des pfälzischen Zweiges der Wittelsbacher stand in tiefem Gegensatz zum strengen Katholizismus der kaisertreuen Linien der Wittelsbacher in Bayern, die zu dieser Zeit durch HERZOG MAXIMILIAN I. in MÜNCHEN repräsentiert wurden.

Die Wurzeln zum Dreißigjährigen Krieg reichen sicher tiefer, als bei Pfr. HÜBSCH hier dargestellt. So schwelte schon seit dem Ende des vorausgehenden Jahrhunderts ein Kampf um die Verfassung des Reichs, der sich zunehmend mit der Verschärfung des konfessionellen

das Heer dieses untätigen und schwelgerischen Mannes wurde in der ersten Schlacht am 8. November 1620 am Weißen Berge bei PRAG geschlagen, und er hatte sich nur von der Tafel aufgemacht, um die Flucht nach Holland zu ergreifen. Selbst der König von Dänemark, CHRISTIAN IV., der für die Protestanten in die Schranken trat, musste nach mehreren unglücklichen Schlachten mit den kaiserlichen Generalen TILLY und WALLENSTEIN 1629 zu LÜBECK Frieden schliessen.

Schon schien der Krieg zu Ende, da erließ FERDINAND das **Restitutions-Edikt**, nach welchem alle seit 1552 eingezogenen Bistümer und geistlichen Güter den Katholiken wieder zurückgegeben, die Protestanten vom Religionsfrieden ausgeschlossen und in katholischen Ländern zur katholischen Kirche zurückgebracht werden sollten. Wahrscheinlich wäre es unter so bewandten Umständen um die evangelische Wahrheit und Freiheit geschehen gewesen, wenn nicht **GUSTAV ADOLPH, der junge Schwedenkönig,** das Schwert für die Glaubensbrüder ergriffen hätte und am 24. Juni 1630 mit 14.000 Mann auf deutschem Boden gelandet wäre.

TILLY wurde am 7. September 1631 bei BREITENFELD geschlagen, das ganze nördliche Deutschland und Bayern dem verspotteten „Schneekönige" unterworfen und der

---

Gegensatzes vermischte. So sah sich FRIEDRICH V. als Verteidiger der „teutschen Libertät" gegenüber dem katholischen Kaiser und als Führer der protestantischen Fürsten im Reich. Absehbar war auch ein Krieg zwischen den protestantischen Generalstaaten der Niederlande und dem katholischen habsburgischen Spanien, für den beide Seiten bereits seit Jahren rüsteten. Ein zwölfjähriger Waffenstillstand sollte gerade im Jahr 1621 auslaufen.

Kaiser selbst hart in seinen Erblanden bedroht. TILLY starb zu Ingolstadt, da wandte der Kaiser seine Augen wieder auf den anno 1629 abgedankten WALLENSTEIN, der inzwischen von seinen in Deutschland erpressten Reichtümern auf seinen böhmischen und mährischen Gütern lebte. Er nahm das Kommando wieder an, jedoch ohne alle Einschränkung, lag bei NÜRNBERG dem tapfern GUSTAV ADOLPH 11 Wochen lang gegenüber, ohne etwas auszurichten, und wurde endlich am 16. Nov. 1632 von diesem bei LÜTZEN so geschlagen, dass er nach Böhmen fliehen musste. Der König erkaufte diesen Sieg mit seinem Leben. Auch WALLENSTEIN überlebte ihn nicht lange, indem er am 25. Februar 1634 wegen angeblicher Einverständnisse mit den Schweden von seinen eigenen Leuten in EGER ermordet wurde.

Nach **Gustav's Tode** übernahmen zwar nacheinander mehrere treffliche Generäle das Kommando, wurden aber am 6. September 1634 bei NÖRDLINGEN so heftig geschlagen, dass ohne die Dazwischenkunft Frankreichs die Sache der Protestanten verloren gewesen wäre. Dadurch gewannen die Schweden neue Kraft und so viele Siege, dass es dem Kaiser zuletzt an tüchtigen Generalen fehlte.

Der Krieg sollte aber da enden, wo er angefangen hatte. Denn als 1648 am 25. Juli der schwedische General PRAG belagerte und bestürmte, erscholl von Westfalen her das lang ersehnte Friedenswort, und der österreichische Graf TRAUTMANNSDORF legte mit den Franzosen zu MÜNSTER und mit den Schweden zu OSNABRÜCK den 30-jährigen Krieg glücklich bei.

Katholiken und Protestanten erhielten trotz alles Widerspruches von Seiten des Papstes durch diesen Friedensschluss völlig **gleiche Rechte und Freiheiten**. Schade nur, dass die Provinz Elsass für Deutschland verloren ging und den Franzosen gegeben wurde, zur Entschädigung für ihre Kriegskosten.

Doch über dieser allgemeinen Übersicht dieses Krieges dürfen wir seinen Einfluss auf unser Dorf und die vorzüglichsten Tatsachen nicht vergessen, die sich in unserer Gegend zugetragen haben.

Der Dreißigjährige Krieg im Bayreuther Land

Die ersten 13 Jahre blieb unsere Gegend durch das neutrale Verhalten des MARKGRAFEN CHRISTIAN von allen Leiden des Kriegs verschont. Als aber der HERZOG MAXIMILIAN VON BAYERN nach der Niederlage bei LEIPZIG am 7. Sept. 1631 sich aus Norddeutschland zurückzog, und die ihm nachrückenden Schweden die Gegend von HOF verwüsteten, schloss CHRISTIAN mit GUSTAV ADOLPH zu NÜRNBERG **1632** ein Bündnis und gab einen Teil seiner Bayreuther Miliz zur **Bestürmung von KRONACH** her.

Darüber aufgebracht, überfällt am 20. September desselben Jahres der [kaiserliche, aus Piemont stammende Feldmarschall] MARQUIS DE GRANA auf Wallensteins Befehl die Stadt BAYREUTH, fordert 10.000 Thlr. Brandschatzung und nimmt bis zu deren völliger Bezahlung 23 vornehme Männer als **Geiseln** mit sich, die nach 12 Wochen kläglicher Misshandlung erst wieder in ihre Heimat zurückkamen.

Aber auch die **Umgegend** blieb nicht verschont. Ein Haufe Feinde legte sich vor MISTELBACH in Hinterhalt am Matthäi-Tage, 21. Sept. [**1632**] und ließ durch einen Landesverräter den geängsteten Mistelbachern vorspiegeln, der Feind sei im Ganzen nur 300 Mann stark. Da verbanden sich jene mit den **Geseesern** und trieben durch unaufhörliches Schießen die Feinde dreimal zurück, wurden aber mit großem Verluste zurückgeworfen, als der Feind sich durch seine im Hinterhalte liegenden Haufen verstärkt hatte. Hierauf wurde ganz MISTELBACH umzingelt, geplündert und, nach einer alten Sage, von den Hollfeldem und Waischenfeldern angezündet, wobei 21 Häuser und 21 Stadel abbrannten.

Die Einwohner flohen in die Haide und verbargen sich im Holz; ein Teil der Gefangenen wurde mit fortgeschleppt, und drei als Hauptanführer, nämlich HANNS STREITBERGER, SCHLOßSCHMIED und CLAß NÜTZEL von MISTELBACH, sowie ALBERT BÄR von GESEES, erschossen. Wegen der den Mistel-bachern geleisteten Hilfe wurde an GESEES strenge Rache genommen, **alles Vieh fortgeführt**, die Einwohner, so weit man ihrer habhaft werden konnte, peinlich **misshandelt** und ein Teil der Wohnungen **in Asche gelegt**.

Dasselbe tat auch **im Jahre 1633** der kaiserliche Oberst MANNTEUFEL und 1634 der Hauptmann ZWEIFEL VON AMBERG, der unter dem Generalfeldmarschall-Lieutenant VON DER WAHL mit weit größerer Härte in unserer ganzen Umgegend hauste, sodass niemand mehr seines Lebens sicher war und alles, was fliehen konnte, sich in die Wälder und Höhlen verkroch.

Um das Maß des Übels zu erhöhen, grassierte **1634** auch die **Pest**, die gewöhnliche Gefährtin langer und blutiger Kriege, und raffte sehr viele Menschen hinweg.

Nach einem alten Kaufbriefe brannte unter andern um diese Zeit auch die **Schmiede** zu GESEES ab und lag bis

1657, also 24 Jahre lang, als Schutthaufen da, wie **die meisten andern Häuser** unsers Dorfes. Und es ist als ein besonderer Beweis der göttlichen Gnade zu rühmen, dass Kirche, Turm, Schul- und Pfarrhäuser von den wütenden Horden **verschont** blieben, sodass doch die gottesdienstlichen Übungen und Handlungen nach Abzug der Feinde wieder ihren Fortgang hatten.[160]

Wie furchtbar die Kriegsnot war[161], geht auch ausden Kirchenbüchern hervor, die viele Erschossene unter den Toten aufführen und anno 1632 also anfangen:

„*Ach Herr Jesu, stehe uns bei, in diesem hochbetrübten und gefährlichen Jahre!*" und anno 1633: „*Ach Herr Jesu schenk uns deinen Frieden!*"

---

[160] (jt) Die Folgen des Dreißigjähr. Krieges und der Pest waren auch für die Arbeit der Pfarrer im ganzen Bayreuther Raum tiefgreifend und die Situation chaotisch. Für das Jahr 1634 konstatierte Pfr. HÜBSCH weiter oben schon, dass die I. Pfarrstelle in GESEES damals in einem „*betrübten Zustande*" war. Von 1633-34 klaffe im Kirchenbuch eine Lücke, was bedeuten dürfte, dass in diesem Jahr die Stelle nicht besetzbar war. Und auch der dann vorgesehene Pfarrer CHR. RÜGER musste „*wegen Kriegsgefahren sich noch etliche Wochen in BAYREUTH aufhalten und konnte erst am 12ten post. Trin. seine Stelle beziehen.*" Auch bleibt er überraschenderweise nur ein Jahr, ohne dass wir die Hintergründe kennen.

Der 1635 folgende MICHAEL ECCARD stirbt bereits im selben Jahr. Sein Nachfolger DANIEL FRÖHLICH, der aus dem bayreuthischen NEMMERSDORF stammte, hatte von seinem Dienstort EMSKIRCHEN aus Kriegsgründen flüchten müssen und war einige Zeit dienstlos gewesen, „*bis er unter dem 7. August 1635 von MARKGRAF CHRISTIAN laut Dekrets hieher befördert wurde, wo er aber erst im November d. Js. aufzog ... Da bei seinem Aufzuge die drei Gotteshausmeister gestorben waren, musste er mit [Diakon] BUCHKA einige Jahre die Kirchenverwaltung übernehmen.*"

[161] Vergleiche übrigens Nr. 12 - 14 der Liste der I. Pfarrer weiter oben.

Das Sterbregister von 1609 zählt 27, von **1634** aber **115**, und das von 1648 5 Tote. Aus dieser letzten Zahl mag man einen Schluss auf die Stärke der damaligen Bevölkerung machen, die unter den beständigen Drangsalen immer hin- und herziehender freundlicher und feindlicher Truppen so zusammengeschmolzen war, dass man **das Dorf nicht wieder ganz aufbauen** konnte und Felder und Wiesen mit Wald überflogen.

Ja auch an Vieh war ein solcher Mangel, dass Menschen sich an Wagen und Pflug spannen mussten.[162] In FORKENDORF sollen dies auch der „**rothe und schwarze Bauer**"[163] zur gegenseitigen Aushülfe einander getan haben.

Wie wohlfeil aus Mangel an Käufern und Geld in jener Zeit die Güter waren, mag daraus hervorgehen, dass 1657 die Brandstätte der hiesigen Schmiede nebst den zu dieser Sölde gehörigen 2 Tgw. Wiesen von der Herrschaft um 5 fl. an einen NIKOLAUS WOLF, Schmied von WALDAU, 1667 ½ Hof in EICHENREUTH um 25 fl. und die abgebrannte THALMÜHLE um 18 fl. an CHRISTIAN SPINDLER verkauft wurden.

Kleinere **Hufeisen**, die man sehr häufig in unserer Gegend ausgräbt, sollen aus dem 30-jährigen Kriege stammen und werden insgemein „Schwedeneisen" genannt.

---

[162] Vergl. Nr. 26 auf der Liste der II. Pfarrer. – (jt) Hier wird erzählt, dass der Brandenburger Schullehrersohn LUDWIG BUCHKA, nachdem in Gesees drei Gotteshausmeister 1634 an Pest starben, mit Pfr. FRÖHLICH die Gotteshausrechnung übernahm und, weil „*alles öde und wüst lag*", sich selbst in den Pflug spannte.)

[163] (jt) Nach Information durch Nachfahren geht diese Bezeichnung der benachbarten Anwesen auf die angebliche Tatsache zurück, dass der eine Bauer rotes, der andere schwarzes Fleckvieh gehabt habe.

Die Napoleonischen Kriege 1792-1815

An die Reihe dieser unerquicklichen Begebenheiten schließt sich der „Französische Krieg" **1792-1815** an.[164] Frankreich war durch die gewissenlose Haushaltung mehrerer seiner Könige in eine so ungeheure Schuldenlast gesunken, dass mit dem öffentlichen Kredit auch das Glück unzählig vieler Familien unterging und niemand mehr ein Mittel zur Rettung fand. Notgedrungen willigte der König[165] in den Antrag zur Berufung eines Reichstages, der sich bald zum National-Konvent erhob, das verhasste Königtum abschaffte, die Republik allgemein ausrief und nach einem kurzen Scheinprozess den KÖNIG LUDWIG XVI. am 21. Januar 1793 zum Tode verurteilte.

Allen Staaten Europas, die diesen Mord missbilligten,

---

[164] (jt) Pfr. HÜBSCH verwendet noch die seit dem Feldzug 1870/71 veraltete Bezeichnung „**Französischer Krieg**". Will man den gesamten von ihm bezeichneten Zeitraum beschreiben, verwendet man heute meist die Bezeichung „**Koalitionskriege**", um auszudrücken, dass die kriegführenden Mächte seinerzeit in sehr wechselnden Koalitionen miteinander kämpften. Um das Typische dieser Feldzüge zu charakterisieren, spricht man auch gern von den „**Napoleonischen Kriegen**", die NAPOLEON dazu dienten, seine Vorherrschaft auf dem Kontinent zu festigen. Sie umfassen aber eigentlich nur den Zeitraum von 1800-1814, darin auch Napoleons Feldzug gegen Russland 1812 und die Befreiungskriege zur Beendigung von Napoleons Ambitionen seit 1813. Die „**Völkerschlacht bei Leipzig**" im Oktober 1813 markiert einen eigenständigen Höhepunkt im Kriegsverlauf, während die „Schlacht bei Waterloo" 1815 bereits in die Zeit des Wiener Kongresses fällt und ein letztes Aufbäumen des bereits längst geschlagenen NAPOLEON beschreibt.

[165] (jt) LUDWIG XVI aus dem Haus der Bourbonen, seit 1774 König von Frankreich und Navarra, der letzte König des „Ancien Régime".

wurde unverzüglich der Krieg erklärt. Anfangs fiel dieser für die neuen Republikaner zwar ungünstig aus, allein die revolutionäre Regierung mit unumschränkter Gewalt fing an, durch Schrecken alle innern und äussern Feinde zu vertilgen und die ganze Nation in Pulverfabrikanten, Waffenschmiede und Soldaten zu verwandeln. Die Tollkühnheit und Überzahl der neu gebildeten Heere, unterstützt durch den Fanatismus sogenannter Freiheit, erfocht fast überall den Sieg über die Deutschen.

Da schloss **Preussen,** zu dem seit dem 22. September 1792 auch unser Bayreuther Land gehörte, mit Frankreich einen Separatfrieden, zog sein Heer vom Rhein zurück, und blieb neutral, bis ihm 1806 von NAPOLEON, der sich seit 1805 zum Kaiser der Franzosen aufgeschwungen hatte, der Krieg erklärt wurde. Schon am 20. Oktober 1805 flohen die Überreste der bei ULM geschlagenen Ferdinandischen Armee mit den sie verfolgenden Truppen des französischen Generals MURAT durchs Bayreuther Land nach Böhmen zu.

Im Dezember d. J. zog BLÜCHER mit einer preussischen Armee von 11.278 Mann Infanterie, 3.347 Mann Kavallerie, 428 Mann Artillerie, also in Summa 15.053 Mann, in BAYREUTH ein, verteilte seine Truppen in die Umgegend und zog erst im Januar 1806 wieder ab. Durch so viele unerwartete Gäste und durch die vorangegangene ungünstige Ernte stiegen die Preise der Lebensmittel so hoch, dass 1 Bayreuther Simra Korn (= 16 Metzen) 53 fl., Waizen 78 fl. 20 kr., Gerste 34 fl., die Klafter Holz 10 - 11 fl., 1 Pfund Rind- und Schweinfleisch l0 und 11 kr., 1 Maß Schmalz 50 kr., 1 Pfund Butter 24 kr. kostete.

Am 7. Oktober **1806** überschwemmte der französische Marschall SOULT unser Land mit 30.000 Mann, wurde aber schon am folgenden Tage durch Marschall NEY vorwärts gegen HOF geschoben, der mit 18.000 Mann nachrückte, das ganze Bayreuther Land okkupirte und am 9. October den gerechten LEGRAND zum Gouverneur der Provinz BAYREUTH einsetzte.

Am 14. November gesellte sich zu ihm der Staatsrats-Auditeur V. TOURNON als französischer Intendant und verlangte von dem Kammerkollegium dritthalb Millionen Franks (a 27 1/2 kr.), d.i. ungefähr 1.160.541 fl. 35 1/3 kr., als Kriegskontribution, von welcher ein Drittel sogleich bar bezahlt werden musste. Zur Beischaffung dieser Summe wurde ein förmlicher Landtag zusammenberufen und sogar Knechte und Mägde zu Beiträgen gezwungen. Zugleich wurden alle preussiscben Siegel und Wappen in französische verwandelt, und alle amtlichen Ausfertigungen geschahen im Namen des Kaisers der Franzosen. Im folgenden Jahre musste man, um die Kontribution völlig zu tilgen, mit Genehmigung Napoleons 800.000 fl. gegen Verpfändung eines Teils der Landeseinkünfte aufnehmen.

1808 hielt sich der General D'ESPAGNE 10 Monate lang mit 3.000 Kürassieren im Bayreuthischen auf, und Marschall MORTIER 14 Tage lang mit 22.000 Mann. Nach ihm rückte die Französiscbe Division von 13.000 und das Dudinot'sche Korps von 12.000 Mann ein, und alle diese Heerzüge trafen mehr oder weniger unseren Pfarrsprengel[166], indem nicht nur **Einquartierungen** auf Einquartierungen erfolgten, sondern auch Wagen und Zugvieh der Einwoh-

---

[166] (jt) In diese Phase fällt wohl die oben erwähnte Entwendung des Gnadenbildes der Maria aus der Geseeser Kirche durch französische Soldaten.

ner zum Transporte des Gepäcks und der Marodeurs[167] bei jeder Truppen-Veränderung in Anspruch genommen und oft so weit in die Ferne mit fortgeschleppt wurde[168], dass mancher Bauer samt seinen Pferden nur durch nächtliche Flucht und unter großer Gefahr und Mühe seine Heimat wieder erreichen und seinen Töchtern sowie seiner eigenen Gattin den ersehnten Schutz gegen französische Schamlosigkeit und Frechheit gewähren konnte.

Denn wenn auch in diesem ganzen Kriege kein Untertan aus seinem zerstörten Hause fliehen musste, der **Wohlstand** und die **Sittlichkeit** litten so heftige Erschütterungen, dass ihre **traurigen Spuren** – wer weiß, wie lange noch! – in unseren Gemeinden bemerkbar sind.[169]

Nur auf kurze Zeit ward unsere Gegend durch den

---

[167] (jt) Als Marodeur bezeichnete man eigentlich die ausgemusterten Soldaten, die sich, um ihren Lebensunterhalt zu verdienen, häufig in Banden zusammenschlossen, um am Rande der Kampfhandlungen die Zivilbevölkerung zu berauben, auszuplündern, zu vergewaltigen und zu ermorden; daher auch das deutsche Eigenschaftswort *marode* im Sinn von „heruntergekommen".

[168] (jt) Unter den verschleppten Geseesern war auch der Bader WILHELM SÖLLHEIM. Er musste als Dolmetscher und Wegführer nach Rabenstein dienen.

[169] (jt) Erst ab den Zeiten von Pfr. HÜBSCH kommt es im Dorf zu zaghaften Aufbauversuchen, die sich in der allmählichen Ablösung der alten, schindelgedeckten Holzhäuser durch feste große Steinbauten mit Schieferdach und einheitlichem Baustil dokumentieren. Der Bauplan für das erste dieserart aus Sandstein mit festem Dach konstruierte Haus in FORKENDORF stammt aus dem Jahr 1838 und betraf das Anwesen des „Schwarzenbauern". Es düfte wohl kaum vor 1841 fertig gewesen sein, denn Pfr. HÜBSCH erwähnt diese auffallende Neuheit noch nicht. Seine diesbezügliche Beschreibung von Gesees, s.o., lässt aber erkennen, dass sich ein solcher nachhaltiger Wandel beim Bauen bereits anbahnt.

Ausbruch des Krieges mit Österreich **1809** von diesen unsaubern Gästen befreit. Am 12. Juni erschienen nämlich der österreichische General RADIVOIEWICH, der Intendant v. KUTSCBERA, Major V. NOSTITZ und 4.300 Soldaten und nahmen das Bayreuther Land **für Österreich** in Besitz.

Bald aber erschien der franz. General JUNOT mit 8.000 Mann, drängte die Österreicher wieder zurück und quälte das Land mit seinen beständigen Geldforderungen.

Endlich verbreitete sich im Anfange des Jahres **1810** die Nachricht, dass BAYREUTH von den Franzosen **an Bayern abgetreten** sei, dessen guter König MAX JOSEPH treulich darauf bedacht war, die Not des Landes zu lindern und seine Wunden möglichst zu heilen.

Indessen dauerten doch Truppenzüge, Einquartierungen, Lieferungen und Vorspann fort, bis endlich am **18. Oktober 1813** die französische Macht durch die Schlacht bei LEIPZIG gestürzt[170] und durch die Einnahme von PARIS am 6. Juni 1815 gedemütigt war. Die Wiederkehr des goldenen Friedens nach fast 9-jährigen Kriegsplagen wurde überall mit großer Freude begrüßt, und der 18. Oktober lange als der Deutschen Siegestag mit Freudenfeuern und anderen Festlichkeiten begangen, bis politische Rück-

---

[170] (jt) Diese bis zum Ersten Weltkrieg wohl „größte Schlacht der Weltgeschichte", an der am Ende fast 1 Mio. Soldaten beteiligt waren, wurde erstmals durch den Dichter ACHIM V. ARNIM „Völkerschlacht" genannt. Napoleon verfügte in ihrem Verlauf von anfangs nur über Truppen von 150.000 Mann, die aber schließlich auf rd. 440.000 Mann anwuchsen, davon 40.000 Kavalleristen. Ihm stand eine sich zunehmend vereinigende Armee von zunächst 100.00 und am Ende bis zu 500.000 Mann aus Preußen, Russland, Österreich, Schlesien, Schweden und England gegenüber. Am Ende trat NAPOLEON mit nur noch 100.000 Mann den Rückzug an. Er hatte 38.000 Tote und Verwundete zu beklagen, die Seite der Alliierten 54.000.

sichten dies für die Zukunft untersagten.[171]

Solange Deutschland einig mit sich selbst ist, wird kein fremdes Joch mehr seine Völker drücken!

Teuere Zeiten: Das Notjahr 1816

Kaum hatte der Landmann angefangen, freier zu athmen, und Pläne zu entwerfen, wie er den Schaden wieder heilen wolle, den die harten Kriegsjahre seinem Hauswesen zugefügt hatten, siehe, da brach, um das Maß des Unglücks zu vollenden, das Jahr **1816** mit neuen Schrecken herein.

Die großen Schneemassen des Winters waren zwar gegen Ende März verschwunden, dagegen wollte der Regen, der sie zum Weichen brachte, nicht aufhören; ja dieser fiel mit wenigen Unterbrechungen so häufig und so dicht herab, dass er öfters das Land überschwemmte, Felder und Wiesen verwüstete und das Getreide so wie die Schmalsaat im Zeitigen hinderte oder gänzlich verdarb.[172]

---

[171] Für Deutschland galt der 18. Oktober 1813 lange Zeit hindurch als Beginn einer nationalen Wiedergeburt, die auch auf dem Sophienberg ausgiebig gefeiert wurde. Die von Pfr. HÜBSCH erwähnten „politischen Rücksichten" und das Verbot der Feiern konnten noch nicht verifiziert werden. Bekannt ist lediglich, dass der sächsische König 1815 für sein Land jegliche Erinnerungsfeiern untersagte. Er hatte an Napoleons Seite die Völkerschlacht verloren und dafür nach dem Wiener Kongress fast 60 Prozent des Landes an den Sieger Preußen abtreten müssen. Wahrscheinlich spielt aber HÜBSCH auf die restaurativen Bestrebungen unter KÖNIG LUDWIG I. an, der freiheitlichen Regungen aus Sorge um seinen Thron ängstlich entgegentrat.

[172] (jt) Nur an dieser Stelle, neben einer kurzen Notiz bei der Gesamtzahl der Gemeindeglieder weiter oben, erwähnt Pfr. HÜBSCH die auffallende Teuerung von 1817, nicht aber ihre physikalischen

Da sich nirgends eine Hoffnung zeigte, die leeren Vorratskammern wieder zu füllen, so stieg das Getreide zusehends im Preise. Das Korn kostete im April 1816 noch 2 fl. 8 kr. per Metzen bayer. und im Winter 8 bis 9 fl., Waizen 10 bis 11 fl.; Gerste 7 bis 8 fl.; Haber 3 bis 4 fl.; Erbsen und Linsen 8 bis 9 fl.; Erdäpfel 3 fl.; 1 Maas Bier 7 kr.; 1 Pf. Rindfleisch 14 kr.; Schweinfleisch 16 bis 20 kr.; Kalbfleisch 10 kr.; 1 Ct. Heu 2 fl., – kurz: alles fast vier- und sechsmal so viel, als in Zeiten gesegneter Ernte.

Und dabei war das Schlimmste, dass man oft nicht einmal für Geld Nahrungsmittel finden und an den gefun-

---

Hintergründe. Als „das Jahr ohne Sommer" wird in vielen Teilen der Welt das Jahr 1816 bezeichnet. In den Vereinigten Staaten, wo vor allem der Nordosten betroffen war, gab man ihm den Namen „Eighteen hundred and froze to death". Aber auch im Westen und Süden Europas bis weit nach Deutschland hinein herrschten ungewöhnlich kalte Temperaturen; hier wurde das Elendsjahr als „Achtzehnhundertunderfroren" bekannt.

Nach Meinung der Forschung war der Grund eine globale Klimaveränderung, welche durch den gigantischen Ausbruch des Vulkans Tambora in Indonesien im April 1815 hervorgerufen wurde. Eine dünne Staub- und Ascheschicht verbreitete sich anschließend in der Atmosphäre über den ganzenm Globus und rief in vielen Gebieten Abkühlung und und gravierende Ernteausfälle hervor. Da Russland dagegen eine ungewohnte Wärme und reiche Ernte erlebte, konnte mit Hilfe von Getreideimporten zwar die Hungersnot gemildert, aber eine drastische Erhöhung der Preise nicht vermieden werden. Die Grafik: https://upload.wikimedia.org/wikipedia/commons/d/d8/1816 _summer.png macht das extreme Temperaturgefälle dieses Notjahres sichtbar.

An manchen Orten des Bayreuther Landes erinnern eindrückliche Zeichen noch heute an diese unerwartete Not, so in KIRCHENPINGARTEN eine hölzerne Säule hinter der Orgel mit der eingemeißelten Inschrift „*1817 – In der harten Zeit*".

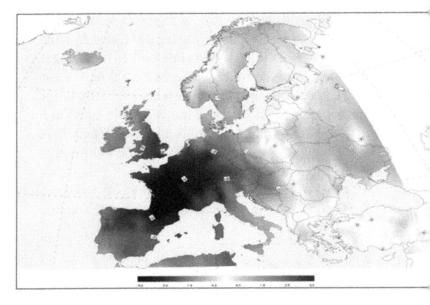

Diese Karte nach Wikipedia zeigt das auffallende Temperaturgefälle im „Jahr ohne Sommer" 1816: In West und Mitteleuropa führten Nässe und Kälte zu großen Ernteausfällen, in Osteuropa hingegen war es unerwartet warm, sodass von hier sogar importiert werden konnte

denen sich nicht sättigen konnte, weil aller Frucht zur Zeit der Reife der milde Sonnenschein und damit auch der eigentliche Mehl- und Zuckerstoff abging.

Da schrieen auch manche sonst wohlhabende Leute: Was werden wir essen? und genossen Kleienbrod und Gräser des Feldes, um ihren Hunger zu stillen.

Zum Glück machte Gott dieser verzweiflungsvollen Not ein Ende durch die überaus gesegnete Ernte **1817**, in deren Folge alle Lebensmittel fast unter den gewöhnlichen Preis herabsanken. Allenthalben feierte man das Erntefest mit besonderer Auszeichnung und Dankbarkeit gegen Gott, der mit seiner Allmacht und Güte dieNot seiner Kinder in Überfluss und Freude verwandelt hatte.

Bemerkenswert ist, dass die Teuerung von 1816 noch grösser, als jene von 1771, und nur in dem einen Punkte gelinder war, dass sie nicht wie jene die Pest in ihrem Gefolge hatte.

Die Anzahl der Gestorbenen war 1816 und 1817 auch in GESEES nicht grösser, als in anderen Jahren, wohl aber sieht man die **Wirkung des Elendes** an den Gebornen, deren 1817 nur 22, also etwa die Hälfte der früheren Jahre zählt, und auch von diesen 22 sind die meisten bald wieder gestorben.

Viktualienpreise

Werfen wir bei dieser Gelegenheit noch einen Blick auf die dem Landmann vor andern so interessanten Victualienpreise etc. früherer Jahrhunderte, um einen Maßstab zur Würdigung des Geldes zu erhalten, welches im Vergleiche mit unsern Tagen damals wohl 10 und 12 mal höheren Wert hatte, während für die Nahrungsmittel eine außerordentliche Wohlfeilheit herrschte.

Anno 1464 kostete 1 Pfund Schweinfleisch 5 Heller, Rindfleisch 3 Heller 2 Pfennig, Hammelfleisch 2 Pf., Kalbfleisch u. Bockfleisch 3 hl. – **Anno 1506** stieg das Rindfleisch schon auf 4 Pf., Kalbfl. auf 3 Pf. Das Simra Korn kostete zu BAYREUTH und KULMBACH 4 fl., Waizen 5 fl., Gerste 3 ½ fl., Haber 1 fl. Ein Paar Stiefel 1 fl. – **Anno 1533** herrschte eine Teuerung, in der das Simra Korn (16 Metzen) 4-6 fl. oder nach dem heutigen Geldwert 40-60 fl. kostete, Haber 3-5 = 30-50 fl., Waizen 5-7 fl.

Jene große Wohlfeilheit der Lebensmittel hatte aber

auch den Nachteil, dass man den Handwerkern und Arbeitsleuten ungewöhnlich viel bezahlen musste; denn da sie die nötigen Lebensbedürfnisse auch bei großer Trägheit leicht gewinnen konnten, so waren sie nur durch den Reiz übergroßer Bezahlung zum Arbeiten zu bewegen. Ein Taglöhner z. B. konnte sich für die 18 Pf. seines täglichen Verdienstes anno **1464** 9 Pfund des besten Rindfleisches kaufen, wozu er heute 1 fl. 12 kr. bedürfte.

Nach diesem Maßstab muss man wohl auch die hie und da so geringen Taxen bei manchen amtlichen Verrichtungen berechnen und nicht vergessen, dass derjenige, der vor 300 Jahren 20 kr. empfing, damit ungleich mehr ausrichten konnte, als mit derselben Summe heutzutage, wo das Geld im Werte gefallen, die Lebensbedürfnisse aber im Preise gestiegen sind. In bürgerlichen Verhältnissen hat man diesen Missstand von Obrigkeit wegen ausgeglichen, und den Lohn der Bauleute, z.B. die 1794 noch 20 kr. in langen und 18 kr. in kurzen Tagen bekamen, auf 39 kr. erhöht.

Gesees auf den Uraufnahmeblättern 1850

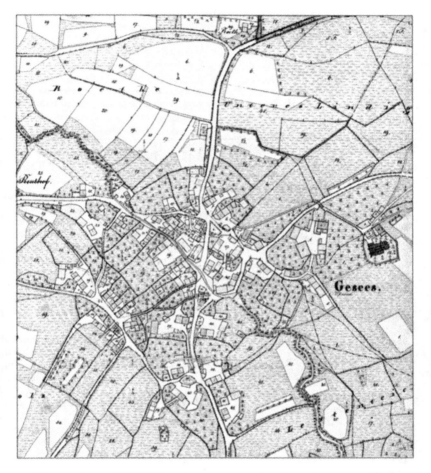

Diese sehr maßstäblich und genau gezeichnete regierungsamtliche Karte der „königlichen Steuervermessungskommission" von 1850 zeigt das Dorf Gesees im Wesentlichen in dem Erscheinungsbild, wie es auch dem „Geseeser Büchlein" und der Titelgrafik zugrunde liegt. D. h. bis auf die Kirche und die beiden Pfarrhäuser steht noch kaum eines der heute typischen Sandsteingebäude. Die Mehrzahl der Bürger wohnt noch in feuergefährdeten Holzbauten mit Stroh- oder Holzschindeldach.

Synopse

Pfarrer und Ereignisse in Gesees 1321 - 2021

Nach FRIEDR. BUCKEL, „Abriss der Geseeser Geschichte", handschriftl. 1931, S.8ff, zitierend und ergänzend zu Dr. J. G. Ad. Hübsch, „Gesees und seine Umgebung" 1842. – Informationen für Zeit nach 1931, Bemerkungen und geschichtliche Ereignisse ergänzt: J.TAEGERT, 1999ff

I. Pfarrstelle in Gesees:	II. Pfarrstelle:	Bemerkungen zur Geseeser Pfarr-u. Kirchengeschichte:	Ereignisse der allgemeinen und Regionalgeschichte:
LfdNr. / Zeit des Wirkens in GESEES / Namen der Geistlichen auf der I. Pfarrstelle /Wichtige persönliche Daten / Gesondert: Vikare **- Erste urkundl. Erwähnung der Kirche 1321.**	*(Kirchenbücher erst ab 1556; frühere Nachweise durch Archiv Bamberg u.a.):* Titel: „Frühmesser, Kaplan, Diakon, Pfarradjunkt, ..." – seit 1824 „Zweiter Pfarrer".	**Vorgeschichte:** - **Gottesdienst u. Begräbnisstätte in Gesees** bereits aus vorchristlich-slawischer Zeit. - **Gezielte Missionierung** des Hummelgaues nach 1058. Wurzeln der Geseeser **Mariensage** **Älteste Spuren der Kirche:** - **Fundamentreste Wachturm der Karolingerzeit 9.Jh.** (dort angebaut die erste hölzerne Marienkapelle?) - **Romanische Fundamente und Mauern**, u. ein Schlüssel Ende 12.Jh. - **Älteste Glocke von 1306**, 200 kg, Ton a", „Markus, Lukas, Johannes". - **Erste urkundl. Erwähnung der Kirche 1321.**	**Reihengräber in Gesees Altdorf aus karoling. Zeit.** Gründung des **Bistums Bamberg 1007** unter **HEINRICH II**; Bischof **GÜNTHER 1058: Bamberger Synode** zur Missionierung von Oberfranken, Meranier besitzen dort große Gebiete Verlegung des Altdorfes Gesees, wohl im Zusammenhang mit der Verlegung des Sitzes der Meranier 1170 von Altentrebgast 1 Std. westl. an den Mainübergang, **Gründung Bayreuths, „Baierrute" 1194.** **1321 HERREN VON MISTELBACH** verkaufen das Präsentationsrecht an der **Burggrafen** von Nürnberg.
Erste namentliche Erwähnung eines Geistlichen 1324: „**JOHANS** pfarrer zum Gesese" – als Zeuge genannt anlässl. Schenkung eines von WOLFRAM V. MISTELBACH zu Lehen gehenden Hofs in Gesees durch den Bayreuther Bürger WALTER POTTENSTEINER an das Kloster Michelfeld. (Joh. Looshorn, Geschichte des Bisthums Bamberg, Bd.3, zit. bei Th. Pöhlmann, Das Amt Bayreuth im frühen 15. Jahrhundert – Ldb. B 1421/24).			

I. Pfarrstelle	II. Pfarrstelle	Kirche u. Gmd.	Allg. Gesch.
1) um 1401-14 **FRIEDRICH SESSELMANN.** Aus Kulmbach um 1401. 1414 Pfr. in Cadolzburg. 1415 Rat bei Kurfürst Friedrich I – Stiftungsurkunde eines Hofes zu Busbach an der Kapelle z. Hl. Kreuz-Bayreuth.	*Frühmesser (bis 1514):* JOH. EYSENGREIN *empfängt am 21.Okt.1412 zusammen mit* HANS LANGENLOHER *einen Bauernhof in Donndorf mit einem Baumgarten und allem, was dazugehört.* (Aus dem Lehenbuch von 1398 des Burggrafen Johann III. von Nürnberg)	Gotischer Hallenchor (vor 1380?). 1410 Gotische Einwölbung und Erweiterung der alten romanischen, noch mit Holzbalkendecke versehenen Kirche.	Gesees 1398: ein Hof und elf Lehen BURGGRAF JOHANN 1397-1420: Kirchenerweiterung und Bestätigung 1417 durch Papst MARTIN V als Kollegialkirche **mit 3 Geistlichen** (mit Mistelbach). BURGGRAF FRIEDRICH I. 1420-1440, seit 1415 Kurfürst von Brandenburg (erbt 1398 das untergebürgische **Ansbach** und 1420 das obergebürgische Fürstentum **Kulmbach**).
2) 1414-78 (wohl 1448) **ULRICH PÜTINGER (Ulricus Buticher)** *"Putinger, P. et Decanus"* (Messingtafel am Grabstein, nach WILL). Viele Reparaturen u. Neubauten; deshalb Söldengut bei den Reuthöfen an Jungfrau ADELHEID, Hannsen Holdens Tochter, zu Lehen (38fl). 1445 (2.6.) Wiese zu Kerzendorf u. zu Kirchahorn von ihm gestiftet. BUTICHER erscheint auch im Protokoll der Kirchensynode vom 17. März 1448	**1) Um 1426** **NICOLAUS FEULNER.**	Zweite Glocke 1417 500 kg, Ton cis", „Lukas, Markus, Matthäus, Johannes". Ortseintrag Gesees im Landbuch 1421/24 des Burggrafen von Nürnberg, Mutterkirche für **Mistelbach**: *„Die pfarrkiche daselbsten mit anhangender Cappellen mistelbach Rürt von der herschaft zw lechen, alls offt sich gepüret."* 1430 (Mo. nach Lichtmess) Hussiten brennen Dorf und Kirche Gesees nieder. Wiederaufbau bis	1415 Konzil zu Konstanz, Verbrennung von JOHANN HUS als Ketzer. **HUSSITENKRIEGE 1419-36.** MARKGRAF JOHANN DER ALCHEMIST 1440-57

I. Pfarrstelle	II. Pfarrstelle	Kirche u. Gmd.	Allg. Gesch.
als Mitunterzeichner neben den Dekanen von Kronach und Eggolsheim mit den Titeln: "Pfarrer zu Gesesse und Dekan im **Archidiakonat Hollfeld**", zu dem Gesees damals gehört. Die Jahreszahl „1478" bei Hübsch ist wohl Verschreibung.		1441 als **Kirchenburg Gesees** unterstützt durch Fam. **HEERDEGEN** vom Culmberg. **Marienfresken, Schlusssteine, Geseeser Wallfahrtsweg.**	MG **ALBRECHT ACHILLES** 1457-86
3) 1468? - 1499 **CHR. LANDSCHREIBER.** Vorher Rektor „sive perpetuus vicarius ecclesiae" in Kulmbach. 1484 (25.7.) Bär- oder Poppenmühle v. Gebr. LORENZ u. JORG COYAT fürs Gotteshaus erkauft (115 fl.rhl.).	2) Um 1499 **HANNS OTSCHNEIDER** (+ vor 1502; erscheint u.a. im Landbuch 1499). 3) Um 1504 **JACOB GUT.** 4) Um 1509 Christoph **Pöll** (Poll?), von Wichsenstein.	1468 Errichtung des **Glockenhäuschens** (Eichenholz ohne Nagel).	MG **SIEGMUND** 1486-95. 1499 Die meisten Ortsnamen des Geseeser Kirchspiels finden sich im **Landbuch.**
4) o. J. Ulrich **SCHOLL.** Von Pfarrei Bindlach.	Um 1511 LUDWIG **HAINOLD**, u. Chr. **Maier.**		MG **FRIEDRICH II.** 1495-1515 (wegen Verschwendung abgesetzt).
5) Um 1514-23 Hanns **Oettelmann** (Otthelmann). 1523 Pfr. in Mistelgau.	*Kapläne und Frühmesser ab* 1514: **HERRMANN PAULUS.**		MG Kasimir 1515-27 (katholisch gesinnt, hielt Reformation und Aufruhr für gleichbedeutend).
6) Bis 1527 **CHRISTOPH PÖLL.** Vorher Frühmesser.	6) Um 1520 **ALBRECHT MÜLLER.**		1525 **BAUERNKRIEG** 1536 Nic. v. Heerdegen legt Thalmühle an.
7) 1528-51 **GEORG HEYDERER** (Myrizius). Von Dillingen. Schüler Luthers.	7) Um 1528 **CONRAD STEIGEL**, erster Kaplan nach der Reformation; erhalten: sein Revers	Einführung der **REFORMATION** in Gesees 1528	MG **GEORG DER FROMME** 1527-41, führt die Reformation ein, setzt 1528 die „Schwabacher

I. Pfarrstelle	II. Pfarrstelle	Kirche u. Gmd.	Allg. Gesch.
Dekan des Bayreuther Kapitels. Empfehlungsbrief Luthers 1528 (Himmelfahrt) an MARKGRAF GEORG für die Plassenburg. Bald darauf mit Gesees abgefunden. [1528 Vereidigung. Auf der Plassenburg war seitdem nur ein Kaplan. Nahm 1531 in Kulmbach an Versammlung teil: Entwurf einer neuen **Kirchenordnung**. Dto. 1548 (9.-18.10.) im Kulmb. Augustinerkloser, Abstimmung gegen Interim Karls V zur Rekatholisierung des Protestantismus],	über luth. Rechtgläubigkeit 1528. **8) Um 1534** CONRAD LYNTZ, Diakon u. Frühmesser, **9) 1545-55** SIMON **GÜNTER**, starb in Gesees; Witwe mit 1 Jahr Nachsitz,		Artikel", die älteste luth. Bekenntnisschrift, als Grundlage für die Reformation in seinen Ländern in Kraft, MG ALBRECHT ALKIBIADES 1541-54, „Bellator", wechselt mehrfach die Fronten; strebt ein vereinigtes Franken an, was aber im II. MARKGRÄFLERKRIEG 1553-54 u.a. mit Zerstörung von Hof und Bayreuth endet. Danach Interregnum 1554-57,
8) 1551-55 LORENZ DÖRFLER,		**1556 Neue Schlaguhr** (alte von Nürnberger Feinden 1554 mitgenommen),	
9) 1555-74 CONRAD **BAUERNSCHMIED.** Geb. 1522 zu Creussen (Vater Heinrich B., Schullehrer u. Stadtschreiber, später Rektor in Kulmbach). Versah Schule Stadtsteinach, 1552 Diakonus Weismain. Albertinische Unruhen; gefährl. Flucht n. Pegnitz. 1553-55 Diakonus u. Pfarrer. Unterstützt s. Schwiegervater, den Superintendenten JUSTUS PLOCH, b. s.	**10) 1555-57** SALOMON KRAUS. (Ab 1559 Pfarrer in Muggendorf) **11) Um 1557** GEORG KREGLINGER (Kregelmaier). (Uni Wittenberg; zuletzt in Spitalprediger Nürnberg). **12) 1557-59** BARTHOLOM. **WOLSCHENDORF.** Aus Neustadt/Culm; wohnte beim I. Pfarrer. Zuletzt in		MG GEORG FRIEDRICH d. Ä. 1557-1603 (strebt Reformen nach preußischem Vorbild an)

I. Pfarrstelle	II. Pfarrstelle	Kirche u. Gmd.	Allg. Gesch.
Visitationsreisen.–. 1574 Spitalprediger u. **Superintendent** in Bayreuth. Viermal verheiratet (1. Witwe d. Pfr. Heyderer). 1557 (8.3) Einkünfte der Kaplanei für Bau Pfarrstadel. Liebte Gesees sehr, wollte 1587 vergeblich wieder dorthin. +1602 **Pest** (14.1.).	Ansbach. 13) **1560-64** TOBIAS **BAUERNSCHMIDT** Bruder von Conrad B., zuletzt Kaplan in Creußen. 14) **1565-68** GABRIEL **BAIER**. Aus Bayreuth, hat in Jena studiert. 15) **1569-71** JACOB **DORNER**. Verspricht fleißiges Studium der Hl. Schrift und der symbol. Bücher. 16) **1571-73** GG **KÜFFNER**. Aus Bayreuth; 1973 Limmersdorf.	1562 Geseeser **Steinkanzel** mit lateinischen Inschriften 1569 (Walpurgis) Lehensbrief von Pfr. BAUERNSCHMIED für STEPHAN MEYER von Mausgraben (Spänfleck), errichtet als Einzelne.	
10) **1574-92** WOLFGANG **FROSCH**. Aus Creussen gebürtig. Kandidierte 1573 vergeblich in Weidenberg gegen Bartholomäus Zöttlein, („Zottlerus"), den dortigen bish. Inhaber der Kaplanstelle. Hat 1577 (22.10.) unter MARKGRAF GEORG FRIEDRICH mit 500 Pfarrern u. Lehrern die „Formula Concordiae" unterschrieben (gegen calvinische	17) **1573-74** (?) CHR. **HÄFNER** (Figulus), aus Pottenstein, danach in Mistelbach. 18) **Bis1577** HEINRICH **LACHTER**. Danach Pfarrer in Harsdorf. 19) **1580-86** WOLFGANG ERNST **BAUERNSCHMIDT**. Aus Creußen	Glockenhäuschen 1587 erblich verliehen an PETER BEHEIM. **1583 Glockenturm** (Jahreszahl auf Nordseite ganz oben 1842 entdeckt), durch Blitzschlag 1592 (22.4.) nachts bis auf die Grundmauern niedergebrannt, Glocken	

I. Pfarrstelle	II. Pfarrstelle	Kirche u. Gmd.	Allg. Gesch.
Bestrebungen). 1590 (1.2.) Besichtigung sämtlicher Gotteshausgrundstücke. Streitsüchtiges Ehepaar, deshalb 1591 **amtsenthoben.** Bindlach 1597. +1602 **(Pest).**	20) 1587-89 DR. CHR. SCHLEUPNER *„einer der merkwürdigsten Männer, die hier gelebt haben;"* aus Pfarrhaus Trumsdorf, stud. Wittenberg, Superintendent in Graz, Generalsuperintendent in Eisleben, Bayreuth und Würzburg mit leidvollen Widerfahrnissen des 30-j. Krieges; +1635.	heruntergeworfen, der von 1417 brach ein Ohr ab	
11) 1592-1625 SAL. **BRATER,** Magister. 1583 Tertius an Kulmbacher Schule. 1588 Diakon, 1589 Archidiakon u. Kamerar. 1592 (Martini) Aufzug in Gesees. Grenzbesichtigung der Stiftungsgrundstücke; Verzeichnis in die leeren Blätter einer alten Kirchenrechnung. +1625 (24.8.; 72 j., 28.8.) begraben im Chorraum hinter d. Altar.			1602 (Sept.) 25 Einwohner sterben an Pest. MG Christian 1603-55 wählt Bayreuth zur Residenzstadt.
	21) 1590-95 JOH. **GÜNTHER** 22) 1595-1606 JONAS **CODOMANN.** Aus Hof. 23) 1607-19 Chr. JAC. **WEDEL,** von Speinshart.	1625 Grabmahl von SAL. BRATER in der Kirche.	
12) **1626-33** WOLFGANG. **LAUTERBACH** (LAUTERBECK), Magister. Geb. zu Kulmbach 1584 (V.: fürstl. Rat GEORG L.). Stud. in Heilsbronn u. Wittenberg. 1606 Stadtkantor Bayreuth. 1610-26 Pfr. u. Hospitalprediger in Himmelkron. 1633 Subdiakon.	24) Um 1619 STEPHAN KÖNIG. 25) 1623-34 WOLFG. **BAUERNSCHMIDT,** aus Creußen. danach wieder dort; seine Tochter wurde als erste am neuen Geseeser Taufstein getauft.	1628 **Schalldeckel** 1630 Neuer Taufstein **Im 30-Jähr.Krieg:** Die Pfarrstelle Gesees war damals in einem „betrübten Zustand". 1633-34 Brandschatzungen durch Kaiserliche auch in Gesees; etwa 100 Kriegstote am Ort, fast alle Häuser brennen nieder,	1618-48 **30-Jähr.Krieg.** 13 Jahre bleibt das Bayreuther Land durch die Umsicht des Markgrafen verschont, geht aber nach einem Überfall der Schweden auf Hof mit diesen ein Bündnis ein. Am 20.9.1632 wird Bayreuth von Kaiserlichen überfallen, Erpressung von 10.000 Talern, Wegführung von 23 prominenten Geiseln; Kämpfe bei

I. Pfarrstelle	II. Pfarrstelle	Kirche u. Gmd.	Allg. Gesch.
13) 1634-35 CHR. **RÜGER.** 1614 Diakon Berneck. 30.7.1634 Gesees, aber wegen Kriegsgefahr etliche Wochen in Bayreuth. 12. p.Tr. Amtsantritt. 1635 Pfr. in Benk.		aber kirchl. Gebäude verschont; Bevölkerung stark dezimiert, *„dass man das Dorf nicht wieder ganz aufbauen konnte und Felder und Wiesen mit Wald überflogen"*.	
14) 1635 MICHAEL EC-CARD, Magister. Aus Pegnitz. 1613 Tertius Bayreuth. 1618 Pfr. Mistelgau. 1623 Archidiakonus Kulmbach. 1626 Pfr. in Melkendorf. 1628 Pegnitz. +1635.		1649 Blitzschlag beschädigt den Kirchturm.	
15) 1635-51 (1658) DANIEL **FRÖH-LICH**, Magister. Geb. z. Goldkronach 1585 (24.6.) (V.: M. Richard Fröhlich, Diakonus, dann Pfr. in Nemmersdorf). 1610 Pfarrsubstitut Neukirchen. 1612 Pfr. in Schornweisach. 1635 (7.8.) Dekret von Markgraf Christian. Nov. aufgezogen (5 fl. Aufzugskosten). Mit Diakon Buchka zugleich installiert. Später **Senior** des Bayreuther Kapitels. Kränklich.	**26) 1635-44** LUDWIG **BUCHKA.** Schullehrersohn aus Brandenburg. *Weil alles öde und wüst lag, spannte er sich selbst in den Pflug.* **27) 1644-47** JOH. **SEITZ.** (War Rektor in Selb). **28) 1651-58 s.u.** J. EBERH. **VETTERLEIN.** (5.5.1651 Pfarr-Adjunkt).	*Nachdem in Gesees drei Gotteshausmeister 1634 an Pest starben, übernahm Pfr.* BUCHKA *zusammen mit Pfr.* FRÖHLICH *die Gotteshausrechnung.*	

I. Pfarrstelle	II. Pfarrstelle	Kirche u. Gmd.	Allg. Gesch.
16) 1658-65 **JOH. EBERH. VETTERLEIN.** Aus Creussen. Geb. 14.5.1619. Versieht die Kaplanei 1661-65 mit; sie *„war ihres gar geringen Einkommens halber in so schlechtem Rufe, dass sich Niemand mehr darum melden mochte. Das Kaplaneihaus war um diese Zeit vermietet".* Weiter nach Bindlach, dort gestorben.	**29) 1658-60** **JOH. ADAM WENDT, Mag.** Ehem. Franziskanermönch aus Köln, verehelicht m. Hofangestellter, unverträglich: *„olim pontificius, post conversus, denique perversus"* = *„einst päpstlich, dann bekehrt, zuletzt verkehrt."* **30) 1661-65** **JOH. EBERHARD VETTERLEIN.**	**Große Glocke** gegossen 1665 in Nürnberg, 570 kg, Ton A (1842 umgegossen).	MG CHRISTIAN ERNST 1655-1712 (Glockeninschrift) Militär. Karriere.
17) 1665-1668 **JOH. DÖRFLER, Magister.** **Amtsenthebung** wegen Unverträglichkeit, danach versah Kaplan GLÄSEL beide Stellen 1668 (Febr.) - 1669 (März).	**31) 1665-1701** **ADAM GLÄSEL.** Aus Ador., **Verweildauer in Gesees: 33 Jahre,** aber Klage über Armut trotz Kinderlosigkeit. Nahm 1667 H. L. MÖSCH zum Adjunkten, der sein unmittelbarer Nachfolger wurde. Vertrat 1668/69 die I. Pfarrstelle.		1666 Anlage des Thiergartens durch MARKGRAF CHRISTIAN ERNST, Einbeziehung des Ortes Breitengrasse (1 Hof, 1 Söldnergütlein)
18) 1669-77 **CONRAD GASSNER, Magister** Aus Nürnberg. Informator des MARKGRAFEN ERDMANN PHILIPP ZU BRANDENBURG. 17.2.1669 durch MARKGRAF CHRISTIAN ERNST ernannt. Korpulent, ihm war der Kirchweg zu steil. 22.2.1677 Busbach.		Geseeser **Christus-Altar** 1670-73 (JOH. BRENCK *1674) Errichtung Orgelchor 1675	

I. Pfarrstelle	II. Pfarrstelle	Kirche u. Gmd.	Allg. Gesch.
19) 1677-1702 GEORG FR. FISCHER, Magister. Geb. in Bayreuth 1640 (16.6.). 1677 (22.2.) berufen, Antrittspredigt Lk.18, 31ff. 6fl.38kr Aufzugskosten. **Bild!** – 1668 von **Wittenberg** auf Diakonat Lindenhardt. 1669 in Filiale Trockau auf Befehl des kath. gesinnten CHR. ERNST GROß V. TROCKAU aufgehoben u. nach Pichenbach entführt, in derselben Nacht v. d. Bayreuthern wieder heimgeholt. 1670 Pfr. in **Thuisbrunn**. †1702 (1.4.; 62 j.); in Gesees gegenüber dem Glockenhäuslein begraben. Ein WOLFGANG FR. FISCHER von Thuisbrunn, vielleicht der Enkel oder Urenkel, ist Stifter des Emporengemäldes „Taufe Christi", wohl von RUD. ERNST WUNDER von ca. 1786 oder später.		Beichtstuhl um 1680. Vortragekreuz um 1680. Kelch Nürnberg um 1680. **Orgel: II. Neubau** Mst. STREIT, Kulmbach 1696 (6.12. geweiht) – Geschick der Vorgängerorgel(n) seit Reformation unbekannt.	
	32) 1701-40 HEINR. LORENZ MÖSCH, aus Bayreuth; studierte in Jena. **Wirkte 39 Jahre in Gesees;** *„mit seinem Kollegen Pfarrer HAAG I. lebte Mösch in unveränderlicher kollegialischer Eintracht, Freundschaft und Liebe beisammen, darüber sich Hohe und Niedrige erfreut und als ein ganz besonderes Exempel bewundert haben!"* Mit Pegnitzer Pfarrerstochter verheiratet. Sein Sohn: **33) 1740-46** ADAM LORENZ MÖSCH geb. 1709.	*Pfr. FISCHER führte 1698 (1.1.) in Verbindung mit Diakon GLÄSEL auf hochfürstl. Befehl den Kirchen- und Altardienst ein, wie er noch zu Pfr. Hübsch's Zeiten in Gesees üblich war.* **Ölbild** von Pfr. FISCHER im Pfarrhaus.	
20) 1702-1760 JOH. HAAG I Geb. 1676 (20.3.) im Städtchen Sindringen/Hohenlohe. Aufgezogen 1702 (21.4.). **Bild!** 1712		**Ölbild** von Pfr. HAAG I. im Pfarrhaus. Errichtung des ersten **Schulhauses** an der Kirche 1707.	MG GEORG 1712-26 legte St. Georgen mit See, Thiergarten mit Jagdschloss und Eremitage an. Zahlreiche typische „Markgrafenkirchen". Hinterließ einen

I. Pfarrstelle	II. Pfarrstelle	Kirche u. Gmd.	Allg. Gesch.
erbaut er mit Kaplan MÖSCH d. Felsenkeller am Funkenbach. 1719 kauft er Spänfleck (Mausgraben) um 1300fl.fr zurück (als Lehensherr u. Lehensmann). 1726 Erlaubnis, den Hof zu dismembrieren. Eigenes Familienbegräbnis unter dem verfallen Ölberg rechts beim vorderen Eingang in d. Kirche. **Senior** des Bayreuther Kapitels. 1748 emeritus. Sein Sohn „adjunctus cum spe successionis". +1760 (20.1.; 83j.)	Mit Stammbacher Pfarrerstochter verheiratet; körperlich schwächlich, starb bereits mit 36 Jahren. 34) 1746-52 JOH. GOTTFRIED **RUCKTESCHEL** aus Hallerstein, kam als cand. theol. nach Gesees; danach Pfarrer in Benk. 35) 1752-60 WILH. HEINRICH **ELLRODT**.	Bau der **Geseeser Pfarrhäuser**: II 1720 und I 1731-35 für 2779 fl 2 ¾ Kr.fr. 1722 Gesees hat mit Spänfleck und Eichenreuth zusammen 44 Häuser.	völlig zerrütteten Haushalt. MG GEORG FRIEDRICH KARL 1726-35 war besorgt um die religiösen, sozialen und kulturellen Belange seiner Untertanen. MG FRIEDRICH III. 1735-63, Ehegatte von MARKGRÄFIN WILHELMINE, der Schwester Friedrichs d. Gr., galt als beliebt beim Volk und bemühte sich um Kunst und Wissenschaft.
21) 1760-1808 J. CARL AUGUST **Haag** II. Geb. 1723 (5.jüngster Sohn), stud.1742-43 in Bayreuth, 1743-45 in Erlangen. Adjunktus. Später **Senior**. Humorvoll, viele Anekdoten von ihm noch zu Zeiten von Pfr. Hübsch im Umlauf. Schwer entzifferbare Handschrift. Um Verschönerung der Kirche sehr bemüht. Nahm Vikar FR. CARL AUGUST BASOLD, an, schöne Handschrift, kam 1809 als Rektor n. Lichtenberg. +1808	36) 1760-77 J. ANDR. **RUCKTESCHEL**, *„verwaltete sein Amt mit besonderer Liebe und Treue, scheint aber doch auch von rohen Menschen bisweilen gekränkt worden zu sein; im Übrigen lebte er mit der Gemeinde in Frieden und wurde von ihr sehr geliebt".* 37) 1777-1808 NICOLAUS **GRÖTSCH** (s.u. I. Pfarrstelle, Nr. 22).	Pfr. HAAG I + II zusammen **106 Jahre** Dienstzeit in Gesees! **1767 Taufengel.** 1767 u.1793 Renovierung der Kanzel (gedrehte Säule). 1769 Neue Kirchturmspitze. 1770/75 Barocker **Fenster**umbau. 1776 Herausnehmen der Gitterstühle, neue „Weiber- und Männerbänke". **1777/78 Orgel-III**, HACKER/WIEGLEB; Rokoko-Gehäuse bis heute erhalten, 1785 bemalt durch	MG **Friedrich Christian** 1763-69 (bescheiden und zurückgezogen, letzter dieser Linie). **Christian Friedrich Karl Alexander** 1769-1791 (war bereits seit 1757 Markgraf von Ansbach; trat im Geheimvertrag von 1791 das Markgrafentum Ansbach-Bayreuth gegen eine stattliche Leibrente an Preußen ab und zog mit seiner Geliebten ELISABETH CRAVEN nach England. 1787 *Pfarrlehenbauer J. BACKER in Mausgraben*

I. Pfarrstelle	II. Pfarrstelle	Kirche u. Gmd.	Allg. Gesch.
(2.3.; 85 j.); in Familiengruft in Gesees Vorhalle. Dienstzeit Pfr. Haag I+II in Gesees zus. = 106 Jahre.	37a) FR. CARL AUGUST BASOLD. War als Vikar bei Haag II als dessen Adjunkt im Alter. Ab 1809 Rektor in Lichtenberg.	WUNDER II., s.u. 1788 Wappenschild „A" ALEXANDER, dto. bemalt durch Hofmaler WUNDER. 1785/86 **Emporen-Erweiterung** (Zimmermstr. ANGERER) und **Bemalung** (Hofmaler WILH. ERNST WUNDER u. RUD. HEINR. WUNDER). 1786 Obere Empore als Orgelchor errichtet. 1806 Zerstörung der **Turmuhr** und 1808 **Entwendung des Marienbildes** durch napoleonische Soldaten. Danach 1808 Kirchenrenovierung.	*(Spänfleck) darf an sein Haus eine Tagelöhnerwohnung anbauen; dort 1789 Konzession zum Bierausschank, 1791 zum Speisen. 1799 Forsthaus.* **DIE NAPOLEONISCHEN KRIEGE** berühren Oberfranken 1805-10: Dez. 1805 BLÜCHER in Bayreuth, seit 9.10.1806 französische Provinz, hohe Kriegskontribution auch von „Knechten und Mägden" KURFÜRST MAX JOSEPH am 1. Januar 1806 in München als MAXIMILIAN I. JOSEPH **erster König von Bayern.**
22) 1808-1817 NICOL. GRÖTSCH. Geb. z. Thierstein 1741 (11.11.), Sohn d. CHRISTOPH LEONHARD GRÖTSCH u. d. BARBARA SCHMIDT. Schule in Wunsiedel u. Gera 1763-65, Uni Jena 1763-65 u. Erlangen 1765-68, Ordination 1777 in Bayreuth, 1769-77 dort Waisenhauslehrer. 1777 (30.4.) Diakon in **Gesees**. 1808 (22.12.) **auf Wunsch der Gemeinde I. Pfr.** Unverheiratet,	38) 1809-18 GG. MARTIN GEIGER. Aus Stübach. War Rektor in Arzberg, kam mit Frau und vier Kindern. Schulinspektor. – Nach dem Tod von Pfr. GRÖTSCH Verweser der I. Pfarrstelle. War später Pfarrer in Gutenstetten und Dietenhofen.	**Ölbild** von Pfr. GRÖTSCH im Pfarrhaus. *„Ihm soll die Beförderung nicht in dem erwarteten Maße zugesagt haben, was wohl daher gekommen sein mag, dass die vielen amtlichen und ökonomischen Geschäfte der ersten Pfarrei die Kraft oft ungewöhnlich in Anspruch nahmen."* - Hübsch. 1815 Blitzschlag, Turm beschädigt; 1816 Blitzableiter, 1833 verbessert.	1808 Bayer. Verfassung: **Aufhebung d. Leibeigenschaft.** 1809 Besetzung des Bayreuther Landes durch Österreich, danach durch Franzosen (General JUNOT) **1810 Verkauf des ehem. Fürstentums Bayreuth an das Königreich Bayern.** 1810-1833 Verdopplung der Getreideanbauflächen in Gesees. **1816/17 Das „Jahr ohne Sommer".**

I. Pfarrstelle	II. Pfarrstelle	Kirche u. Gmd.	Allg. Gesch.
bejahrt, empfand amtl. u. ökonom. Geschäfte als schwer. + 1817 (26.11.). Begraben auf dem vorderen Kirchhof nächst der Vorhalle. **Bild!**			1817 Bau der Distriktstraße Bayreuth-Pottenstein.
23) 1818-1825 JOH. GOTTFRIED FR. SCHILLING. Geb. in Bayreuth 1768 (17.8.). 1806 Stifts-u. Strafarbeitshaus-Prediger in St. Georgen. Unerschrocken, Aufschwung des Kirchen-, Schul- und Stiftungswesens in Gesees, Achtung und Vertrauen der Gemeinde; *„suchte Ehre mehr bei Gott als den Menschen."* +1825 (8.5.) nach schwerer Krankheit.	**39) 1818-21** J. THEODOR HERMANN. Aus Rumlas, studierte in Hof und Halle. Danach Pfarrer in Busbach. *Seit 27. November 1824 Titel „Zweiter Pfarrer"* **40) 1821-30** GG. CHR. HOFMANN. *1794 in Mistelbach, Pfarrerssohn.	HÜBSCH über Pfr. SCHILLING: *„ Wohl mag er, der liebe strenge Freund der Ordnung und der christlichen Zucht, manches an seiner neuen Gemeinde zu tadeln und zu bessern vorgefunden haben..."* 1818 Ausbesserung der **Orgel III** durch HEYDENREICH	1825 KÖNIG LUDWIG I. von Bayern.
24) 1826-1848 **Döhla**, J. Jac. Geb. auf der Haid bei Zell 1762 (1.4.) 1781-84 Erlangen Universität. 10 Jahre Hauslehrer in Gräfenberg u. Stammbach, 2 Jahre Vikar in Helmbrechts, 4 Jahre Pfarradjunkt in St. Johannes, 26 Jahre Diakon in Wonsees. Durch gewissenhafte Amtstreue u. Herzensgüte allgemein	**41) 1830-35** J. MART. MAIER. Aus Erlangen, V: Musiklehrer. Stud. Erlangen. Seit 1824 Pfarrer in **Haag**, aber Übernahme II. Pfarrstelle Gesees und freiwill. Verwesung von Haag, um Kosten für den dort. Kirchbau zu sparen (!). Seit 1835 Dekan in Rügheim.	1835 Anbringung des **bayer. Wappens und der Lutherrose an der Kanzel** als Zeichen der Identitätsfindung der Evang. Kirche in Bayern.	1835 Römersberg erbaut v. JOH. BÄR, mit einer Ziegelhütte bei Thiergarten.

I. Pfarrstelle	II. Pfarrstelle	Kirche u. Gmd.	Allg. Gesch.
geehrt und beliebt auch in hohem Alter. War Kollege zur Zeit von Pfr. Dr. HÜBSCH, von ihm mit Segenswunsch versehen (*"Gott lasse den Abend seines Lebens recht heiter und ungestört sein, und ihn noch lange das Glück seiner Kinder und Enkel schauen"*).	**42) 1836-37** **J. Chr. Hutzschky.** Aus Marktbreit; bereits ½ Jahr nach Amtsantritt im Alter von 46 J. an Grippe verstorben; posthum Prozess gg. Witwe wg. Umzugskosten. **43) 1837-48** **Dr.** JOH. GG. ADAM **HÜBSCH**. Geb. in Baiersdorf 1805 (22.8.), verh., 3 Kinder. 1824-28 Stud. phil. et theol. in Erlangen; 1828 Instituts-u. Hauslehrer in Erlangen u. Weiher; 1829 Vikar in Memmelsbdorf; 1830 Vikar u. Rektoratsverweser in Kitzingen; dort 1832 Lehrer der höh. Bürgerschule. 25.9.1837 Aufzug in **Gesees**. Vorstand der Kirchenverwaltung 1840ff. – 1848 Naila, Gründung des **Diakoniewerks Martinsberg**. 1862 Helmbrechts. 1866 Eysölden (Chroniken). +1872	**1838-39 Einriss der Burgmauer,** Abbau von vier Wehrtürmchen, Friedhofserweiterung 1840 Sturmschäden (Januar) an Kirche und Turm; **Abbau der vier Eckürmchen,** Neudeckung mit neuer Spitze; Außenverputzung des Turmes (dabei Entdeckung der Jahreszahl 1583). 1841 Turmuhr Zifferblatt erneuert. 1842 Umguss der **Glocke** von 1665 wegen Rissbildung (1840) bei Fa. Heinz in Bayreuth: Ton As 604 kg. 1842 Pfr. HÜBSCH: gibt das „**Geseeser Büchleins**" heraus. *1843 beschwert sich Pfr. Hübsch über Holzabpostungen durch Geseeser Bürger während der Feiertage.*	1836-37 Forstmühle abgebrannt und neu aufgebaut. 1837 u. 40 (nach Brand) Neubau Ziegelhütte in Gesees. 1838 erstes Haus in Forkendorf aus Sandstein mit „festem Dach" beim Schwarzenbauern 1841: Gesees hat immer noch 50 stroh- oder schindelgedeckte, zumeist Holz-Häuser, 360 Einwohner (Dr HÜBSCH)
25) 1848-64 ANDREAS DORST (Dost?). Geb. in Bayreuth 12.7.1795, gest. ebd.	**44) 1848-54** G. K. GOTTFR. **HORN**		1848 „**Deutsche Revolution**", Geburtsstunde der politischen Parteien und der unabhängigen politischen Presse.

I. Pfarrstelle	II. Pfarrstelle	Kirche u. Gmd.	Allg. Gesch.
13.12.1864, Sohn d. Büttnermstr. ANDREAS DOST u. d. KATHARINA MARG. JOH. HOPFENMÜLLER, Stud. Erlangen 1814-18, Ordination Bayreuth 8.11.18; 1818 Vikar Kasendorf, 1819 Ludwigsstadt, 1820 II. Pfarrer u. Lateinlehrer in Thurnau, 1834 Erbendorf, 1844 **Senior**, ab 1.12. 1848 **Gesees**. - 1. Ehe 1820: HENRIETTE ISAB. GEORG, Tochter d. Dekan PETER CHR. G. in Thurnau, +1826, 2 Ki.; 2. Ehe 1827 JOH. SYBILLE ZIMMLER, Tochter d. Pfr. in Limmersdorf AUGUST GABRIEL Z. +1843, kinderlos. 1858/59 Disziplinarverfahren wegen angebl. „unsittlichen Lebenswandels"	45) 1854-87 G. F. AUG. LÄMMERMANN. Recht streitbar; *Beschwert sich über den schlechten Zustand des II. Pfarrhauses; führt in den folg. Jahren immer wieder Reparaturen auch auf eig. Kosten aus. – 1859 verweigert er dem Sohn des Müllermeisters* RUCKRIEGEL *in der Steinmühle die Konfirmation, weil ihm die nötigen Kenntnisse dafür fehlten. Nach großem Wirbel nötigt die Kirchenleitung zum Einlenken.*	*Am 7. Dezember 1859 konnte wegen plötzlich eintretender großer Kälte und ungewöhnlicher Schneemassen kein Gottesdienst in der Kirche stattfinden.* 1859 Abriss und Neubau des Geseeser **Schulhauses** (heutiges Kantorat) auf gedrehtem Grundriss In Gesees entstehen nach dem **Brand v. 1862** zahlreiche Häuser neu in Sandstein und mit „festem Dach"	20.3.1848 Abdankung des bayer. Königs Ludwig I.; Nachfolger **Maximilian II.** **Bauernaufstände** in Franken, Schwaben und Niederbayern mit Weigerung der Fronen und Abgaben. Juni 1848 „Grundentlastungsgesetz" (Bauernbefreiung), aber begrenzt durch das Eigentumsrecht der Grundherren. Bewirkt Verdopplung d. Flächenertrages. 1853 und 1863 **Eisenbahn** erreicht Bayreuth, Bahnhof am Brandenburger Tor.
26) 1864 (65?) - 74 J. FRIEDR. WILH. CHRISTIAN **SCHMIDT**. Geb.1805 (26.3.) in Creussen. gest. 25.11. 3.4.1874 Aufzug in Gesees. Sohn d. Lehrers JOHANN SCH. in Creußen u. d. SOPHIE DOMBART.. Stud. in Erlangen 1827-31. Hauslehrer in Felda/Hessen 1832, Vikar		23. Oktober 1866 große **Kirchenvisitation** mit ausführl. Bericht. Am 11. Dezember 1868 weitere Visitation.	1864-1886 Ludwig II., König von Bayern **1866 PREUßISCH-ÖSTERREICHISCHER KRIEG** (4.7. Königgrätz)

I. Pfarrstelle	II. Pfarrstelle	Kirche u. Gmd.	Allg. Gesch.
in Kemmoden 1834, Verweser in Obererlach 1838, Pfr. in Erlach 1842, 1. Ehe 1836: ANNA GÖBEL, Tochter d. Bürgermst. JOHANN G. in Felda, +1847, 6 Kinder; 2. Ehe 1848: Schwägerin KATH. G., geb. 1821, 5 Ki.	*Noch 45) bis 1887* G. F. AUG. LÄMMERMANN.		1870/71 DEUTSCH-FRANZÖSISCHER KRIEG (18.1.1871 Kaiserproklamation Wilhelm I)
27) 1874 (75?) -77 FRIEDMANN CHRISTIAN JUNG. Dr. phil. Geb. 3.8.1811 Burghaslach, gest. in Gesees 14.5.77. - Sohn d. Kaufmanns JOH. BERNH. JUNG, u. d. JOHANNA ELIS. MICHELS. 1830-1837 Stud. in Erlangen, Berlin u. München, Ordination 1839 in Bayreuth, Vikar, dann Verweser in Kleinlangheim, Vikar Burghaslach, 1841 Verweser Mainstockheim, Pfr. Kirchrimbach, Verw. Gleißenberg. Ehe 1843: BAB. REINHOLDINE SITTIG, geb. 1812, Tochter d. Pfr. in Eschenau, 5 Kinder. 1850 in Unteraltertheim, ab 24.4.1874 o. 75 I. Pfr. in **Gesees**.			
28) 1877-1882 KARL FRIEDRICH WILH. HAHN. Geb. in Möhrendorf 25.10.1823, gest. in Alesheim 4.10.97, Sohn d. Pfarrers JOH. GOTTLIEB H. u. d. FRIEDERIKE GOES, Stud. Erlangen 1842-46, Ordination Bayreuth 1847; Vikar Bayreuth 1847, Azendorf 1849; Verweser Küps 1849, Pfarrer in Gemünda 1850, Tambach, Höllrich 1859; 1870 Senior. Ab 30.8. 1877 Pfarrer in **Gesees**, Verweser in Mistelbach 1879. Gundelsheim 1884, Alesheim 1882, Verw. Weißenburg 1894. 1. Ehe 1851 KAROLINE ALT, Tochter d. Gerichtsdirektors in Untersiemau KARL ALT, +1854, 2 Kinder; 2. Ehe 1858 in Bayreuth, SOPHIE DITTMAR, Tochter d.			

I. Pfarrstelle	II. Pfarrstelle	Kirche u. Gmd.	Allg. Gesch.
Dekans in Bayreuth JOH. CHR. DITTMAR, +in Bayreuth vor 1864; 3. Ehe 1864, CHARLOTTE FÖRDERREUTHER, aus Nürnberg, +1865, 1 Kind.			
29) 1883 (82)-1914 HEINRICH JOHANN WEIGEL. Geb. 12. 11.1837 in Altdrossenfeld, gest. 20.5.1923 in Bayreuth, Sohn d. Landwirts JOHANN WEIGEL u. d. ANNA HÖHN, Stud. Erlangen u. Leipzig 1858-62, Ordinat. 1863 in Bayreuth; Verweser in Streitberg1862, Privatvikar1863, Verw. Wunsiedel, ständiger Vikar u. Verweser Gefrees 1863-64 Gefrees, Reiseprediger in Schwandorf 1865, Stadtvikar Würzburg1867, Pfarrer Herchsheim1868, 27.12.1882 Pfarrer in Gesees, 1914 in Ruhestand. - Ehe 1870: ROSINE ELISE STRAUß, geb. 1850 in Altdorf, Lehrerstochter, +1940, 7 Ki., Tochter SOFIE +1962 in Gesees.	Noch 45) bis 1887 *G. F. AUG. LÄMMERMANN.* 46) 1890-1914 FRITZ SPÄTH. Zuständig für Pettendorf-Pittersdorf (dann ab 1914 Inhaber der I. Pfarrstelle, s.d.), mit zwiespältigem Image: *„Er hatte ein einnehmendes Wesen, er hätte auch den Weinberg mitgenommen."* (überlieferte Aussage von Gemeindegliedern).	*Am 3. Dezember 1885 beschwert sich Pf. Weigel über den unbeschreiblich nachlässigen Besuch der Christenlehre seitens der christenlehrpflichtigen Jugend der Schule Pittersdorf während der Wintermonate* (Pensel). 1902:18 flamm. **Kerzenlüster** in der Kirche (Wellhöfer Nürnberg) **Kirchensanierung Teil I:** 1907-10 **Abriss u. Neubau des Glockenturms** mit (mangelhaftem) eisernem Glockenstuhl (dabei Fund „Kirchenschatz" Kupferbecher) **Orgelbau-IV 1913**	1886-1912 (91 jähr.) **Prinzregent Luitpold** 1911 **Prinzregent Ludwig III.** (für Otto), ist 1912-1918 **der letzte König von Bayern und zugleich der letzte „summus episcopus" der Evang.-Luth. Kirche in Bayern.**
30) 1914-1932 FRIEDRICH KARL CHRISTIAN „Fritz" SPÄTH Davor auf der II. Pfarrstelle 1890-			1914-1918 ERSTER WELTKRIEG Im Amtsblatt der Evang.-Luth. Landeskirche vom 3.8. 1914 warnt

I. Pfarrstelle	II. Pfarrstelle	Kirche u. Gmd.	Allg. Gesch.
1914. Geb. in Mainbernheim 26.10 1862, gest. in Erlangen 1.2.1943. - Sohn d. Lehrers in Fröhstockheim KARL SPÄTH u. d. BABETTE SIMON, Stud. Erlangen u. Leipzig 1881-85, Ordination 1886 in Bayreuth. Verweser Pegnitz I 1886, Weißenstadt u. Ebenried 1887, Vikar Gefrees 1888, Verweser Berg I u. Vikar in Hof II 1889, ab Nov. 1890 **Gesees II**, ab Mai **1914 Gesees I**, dazu ab März 1915 Verweser in Mistelbach. Eheschließung 1891 in Gesees: Färberstochter MARG. KATH. MARIA HAßFURTHER, geb. 1866 in Gefrees. Seit Dez. 1932 in Ruhestand. +31.12. 1946 in Bayreuth.	47) **1920-46** JOHANN FRIEDRICH **BUCKEL**. *22-05-1886 Ransbach b. Feuchtwangen. Seit 1.8.1920 II. Pfr. in **Gesees**. Zuletzt wohnhaft in Gesees Nr. 47. +15.3.1969 im Krankenhs. Bth. *Ein Mann von etwas unbeholfenem Äußeren ... Ernst, eifrig und willig, aber mit Neigung zum Sonderling* (Pers.-Akt). Aus bäuerlicher Familie, aus 2. Ehe des Landwirts JOH. CHRISTIAN B. +1912 u. d. KATH. MARIA BEIER +1917, 4 Brüder, 3 Schwestern; ledig. Stud. 1906-10 Erlangen, Berlin, Leipzig. Ordination 1913 Ansbach; Privatvikar Vestenberg u. Ettenstadt 1912-13; Verweser Volkratshofen 1914, Hernsheim, Langenzenn I u. II 1915. Hilfsgeistlicher Pasing 1915-18, dort amtsenthoben und direkt dem Konsistorium Ansbach unterstellt. Hilfsgeistlicher in Nürnberg für St. Jobst. Unsicherer	Kirchenamtl. Vorwurf gegenüber Pfr. SPÄTH im April 1930: *Pf. Späth vernachlässigt die Verwaltungspflichten. Wird aufgefordert, in allen Zweigen der kirchlichen Geschäftsführung die erforderliche Gewissenhaftigkeit und Pünktlichkeit zu zeigen* (Pensel). Pfr. DIEGRITZ, seit 1933 Nachfolger von Pfr. SPÄTH, ein mutiger Mann der Bekennenden Kirche. Über ihn beschwert sich am 12. Juli 1935 der Mistelbacher Kirchenvorstand, weil D. es öffentlich wagte, die hitlertreuen sg. „Deutschen Christen" als „von	Kirchenpräsident FRIEDR. VEIT vergeblich vor „Sünde", „Hochmut" und „Leichtsinn" und ordnet anlässlich der Kriegserklärung des Dt. Kaisers für alle Gemeinden die Abhaltung eines „allgemeinen außerordentlichen Buß- und Bettages in der ganzen Landeskirche" an. Der Krieg fordert allein in Deutschland 6,3 Mio. Opfer. **Revolution** in München 7./8. November 1918, Abdankung des letzten Bayer. Königs Ludwig III., **Ende des Staatskirchentums** und des Summepiscopats. **Hitlerputsch** München 8./9.11.1923. **30.1.1933 Machtübernahme** durch ADOLF HITLER. Ermächtigungsgesetz 4.3.1933. KZ Dachau 22.3.1933. Parteienverbot 14.7.1933. Gründung der NS-Parteigruppierung „Deutschen Christen" 1932; **Kirchenkampf** 1933-39 („Barmer
31) **1933-1946** THEODOR **DIEGRITZ**. Geb. in Gleisenau 22.8.1901, +10.5. 1992, Sohn d. Pfarrers u. Dekans in Rügheim Kirchenrat JOH. GEORG D. u. d. JUSTINE WILHELMINE EMILIE KÜHL, Stud. Erlangen u. Tübingen 1920-24, Ordination 1925;			

I. Pfarrstelle	II. Pfarrstelle	Kirche u. Gmd.	Allg. Gesch.
Predigerseminar Nürnberg 1924-25, Hilfsgeistl. in Augsburg St. Anna 1925, expon. Vikar u. Pfr. in Krumbach 1925-1933. **Ab 1933 Pfarrer in Gesees.** Ehe1934: MARIANNE BRANDT (1904-87) in Erlangen), 3 Kinder. Ab 1.6.1946 Pfarrer und Dekan Schwabach I, ab 1958 Frauenaurach, 1965 Kirchenrat, 1968 Ruhestand. Begraben in Frauenaurach im Alten Friedhof h.d. Kirche. **Bericht** über die Jahre 1933-46 von seiner Tochter **Ursula Garbe** im Geseeser Gemeindebrief Dez. 2009 bzw. von Jürgen Taegert im Heimatbuch 2021 der Gemeinde Gesees unter „Eine Herde und ein Hirte". - 15. März - 30. Sept. 1945 Verwaltung des Pfarramtes durch Pfarrer KARL STEINHÄUSER als Kriegsvertreter. - Anschl. Pfarrverweser LAMMEL bis Dez.1946.	Kandidat mit knappem Examen 1919, Hauptnote IV 4/9. Nach den Erschütterungen des Ersten Weltkrieges ein Eiferer für den Frieden, fantasievoller Erfinder der Weltsprache „Una", erklärter NS-Gegner, zurückgezogen lebender Kinderfreund, nach Protesten der Gemeinde wg. seiner Predigtweise Apr. 1943 vorübergehend z. Kriegsvertretung nach Berndorf und Limmersdorf (Wohnsitz) im Dekanat Thurnau berufen, daher Gerücht, er habe sich in einer Höhle versteckt. Mit Entschließung vom 1.8.1944 im Wartestand, mit Versehung der Gem. Limmersdorf beauftragt bis 31.8.1944; Ruhestandsversetzung Gesees 1.8.1949. Bericht von Jürgen Taegert im Heimatbuch 2021 der Gemeinde Gesees.	Dämonen besessen" zu bezeichnen. – Herausgeber der hitlerkritischen Bekenntnisschrift „Eine Herde und ein Hirt", Freimund-Verlag N'dettelsau 1936. Einer der wichtigsten Bekenntnispfarrer des Bayreuther Pfarrkapitels mit großer Wirkung durch Vorträge und Predigten gegen die deutschen Christen. Vom eigenen Ortsgruppenleiter abgehört und denunziert, 1938 vor ein Sondergericht gestellt, aber nach Österreich-Annektion amnestiert. 1943 zur Disziplinierung zum Wehrdienst einberufen; bei Verschleppung nach Sibirien entkommen. Elektrische Kirchenbeleuchtung 1937.	Bekenntnis" 1934) **Gleichschaltung** der Gem.räte durch die Dt. Gemeindeordnung 1935. „Anschluss" Österreichs 11-13.3.1938. Sudetenkrise und Münchner Abkommen Okt. 1938. 8.-9.11.1938, **Reichspogromnacht.** Zerschlagung der Tschechei 3/1939. Seit 1939 gezielte **Euthanasieprogramme**: Kinder-Euthanasie, T4-Programm, dezentrale Euthanasie in den Psychiatrien. Zus. rd. 250.000 Opfer. „Fingerübung" zur industriellen Judenvernichtung in den KZs seit 1942. Überfall auf Polen. 1.9.1939. **1939-1945 ZWEITER WELTKRIEG** mit über 50 Mio. Opfern weltweit und 6,3 Mio. deutschen Opfern.
32) 1946-1950 HERMANN HANS ENDRES.		1945 Flüchtlinge im Kantorat. WC-Neubau am Kantorat 1949.	

I. Pfarrstelle	II. Pfarrstelle	Kirche u. Gmd.	Allg. Gesch.
Geb. in Nürnberg 5.4.1910, gest. ?, Sohn eines Oberlehrers u. Schulleiters. Stud. Erlangen u. Tübingen, Ordinat. Neuötting 1934; Predigerseminar Nürnberg 1935, Vikar Nürnberg-Lichtenhof, expon. Vikar Dachau 1936, Ehe 1939 O'lehrerstochter ELISABETH SCHAUDIG, 1914-1986. 3 Kinder. Pfarrer in Dachau 1941. Seit **15.12.1946 Pfarrer in Gesees. Danach 1.2.1950** Rel.Lehrer u. Studienprof. Städt. Realgymnasium f. Mädchen Bayreuth. 1958 Realgymnasium München. 1960 Pfarrer Nürnberg-Lutherkirche I, Freilassing 1965, Wettelsheim mit Bubenheim 1971. Ruhestand 1.10.1974		Erster **Gemeindebrief** Nov.1949	Durch den Zuzug der Flüchtlinge erhöht sich der bislang minimale **Anteil der Katholiker** in Gesees langfrist auf über 10%
		Einleitung der Kirchensanierung Teil II 1949. Neuverglasung Chorfenster nach Hagelschlag 1949 (Juli/Nov.).	24.5.1949 GRÜNDUNG der BUNDESREPUBLIK DEUTSCHLAND. Einführung der D-Mark. 7.10.1949 GRÜNDUNG der DDR.
33) 1950-1965 PHILIPP **KOHLMANN.** Geb. 2.8.1901. Aufzug 1.9.1950. Vorher Rugendorf. Poetisch und geologisch versiert (große Steinsammlung in Pfarrscheune); Idee und Begeisterung: „Rettung der Geseeser	1951 RUDOLF WANKE. Pfarrdiakon, Pfarrverwalter; Amtsaushilfe in Gesees 1.9.1948-1953, danach Mönchsondheim. Missionsvikar	Renovierung Brücklein 1951. **Kirchensanierung Teil II 1953-55** (alter Lüster teils verschrottet) 2 neue Rincker-**Glocken geweiht, 9.10.1955** provisorisch aufgestellt.	Erster antistalinistscher **Aufstand** im Ostblock am **17. Juni 1953** in Ostberlin und DDR, gewaltsame Niederschlagung durch sowjetische Besatzungssoldaten.

I. Pfarrstelle	II. Pfarrstelle	Kirche u. Gmd.	Allg. Gesch.
Kirche" als persönl. Berufung. Fundamentgrabung, Auffindung romanischer Kirchenreste u. eines Eisenschlüssels von ca. 1190. Zielbewusster Gemeindeaufbau; gezielte Öffentlichkeitsarbeit. Mitbegründer des HHB; Koop. mit Lehrer WEIß. Zunehm. Herz-, Kreislaufprobleme, Depessionen. Pensioniert nach Betzenstein 30.6.1965. Bericht der Tochter IRMINGART SCHINDLER im Geseeser Gem.Br. März 2001. - Gedichte in Akten des Pfarramtes: „Lieder aus der Krankenstube"	1953-55 WERNER SINDRAM. *Das Ende der II. Pfarrstelle:* Pfr. KOHLMANN war mitentscheidender Geburtshelfer zur Neugründung der **Kirchengemeinde Hummeltal** (bis dahin: II. Sprengel Gesees, Mistelgau und Lindenhardt). Errichtung Tochterkirchengem. Pettendorf mit Pittersdorf, Creez, Bärnreuth, Nees 9.7.1954. Bau der **Friedenskirche** aufgrund Kriegsgelübde, **Einweihung 2.10.1955.**	El. **Kirchenheizung** 1956 Renov. Taufengel u. Beichtstuhl 1958 (Verbleib der alten Bilder?) Grundstücktausch „Frühmesswiese" für Pfarrhausbau in in Pettendorf 1957 1959 Einrichtung **Gemeindehaussaal** im OG und **erster Kindergarten** der Kirchengemeinde im UG des II. Pfarrhauses. Sperrung der Kirche 1963 (.9.2.) **Kirchensanierung Teil III 1963-64.** Turmuhr 65/68. Kirchenbänke umgestellt gegen Meinung der Denkmalpflege.	Bürgerlich-demokratische **Revolution Ungarn Okt. 1956.** Erster Weltraum-Satellit Sputnik 4.10.1957. Wachsende Studentenunruhen seit den „Schwabinger Krawallen" 1962 kulminieren in den Anti-Schah-Demonstrationen und am Mord am Studenten Benno Ohnesorg 2.7.1967.
Pfarrer auf der I. Pfarrstelle	**Bauwesen, Gemeindearbeit**		**Ereignisse** der allgemeinen und regionalen Geschichte:
34) 1965-1982 WALDEMAR **SPERL.** Geb. 11.10.1921 in Aufseß. Soldat im II. WK in Frankreich u. Russland, verwundet. Stud. theol. (statt Mathematik) in Erlangen. Vikar in Brannenburg, Pfr. in Oberaudorf, Aufseß, Hersbruck III. Aufzug in **Gesees** 1.10.1965. Pers. Akzent: „Kirche für andere"; Weihnachtsmarkt und Dritte-Welt-Kaffeekränzle (seit	Tür u. Fenster Kantorat 66/68. Kirchensanierung Teil IV: **Kirchturm-Renov.** 1969. 2. Sperrung der Kirche ab 4. Adv. 1973, **Kirchensanierung Teil V 1975-79. Wiedereinweihung Pfingsten 3.6.79.** Dach u. Kanal am		Protestbewegung der sg. 68-er.Programm der „Antiautoritären Erziehung". „Prager Frühling" 1968. Erste Mondlandung 20.7.69. NATO-„Doppelbeschluss" 12.12.1979. **Friedensbewegung** in West und Ost, verknüpft mit wachs. Umweltbewusstsein. Mündet kirchlich ein in den

I. Pfarrstelle	Kirche u. Gmd.	Allgem. Geschi.
25.11.79). - Herzinfarkt 1971; Pensionierung 30.4. 1982. +20.1.1993 in Immenreuth; Bee. 23.1.1993 in Gesees durch Pfr. TAEGERT (Rö.8,38f), dort Grabstein.	Kantorat 1978. Lautsprecher-Anlage 1979. Gem. Haus-Renov. 1980.	„Konziliaren Prozess" des ökumen. Rates der Kirchen: Gemeinsamer Lernweg christlicher Kirchen zu Gerechtigkeit, Frieden und Bewahrung der Schöpfung. (VI Vollversammlung des ÖKR in Vancouver/Kanada)
35) 1983-1992 **MARTIN PFEIFER.** Geb. 27.3.1929 in Dresden. Spätberufen 1968. Pfr.1970 Wuppertal-Langerfeld. 1976 Bayreuth-Altstadt II. Aufzug in **Gesees** 1983. Pensionierung 1992 nach Glauchau / Sachsen. Der Sohn CHRISTIAN PFEIFER arbeitet als Arzt in Mistelgau.	Renovierung Pfarrscheune. Orgel-Neubau **Bosch-Orgel** 1988. **Kindergarten**-Neubau 1990.	Solidarnosc-Bewegung in Polen 1980/81, gewaltsam beendet. **1989, 9.11. Öffnung der Berliner Mauer** Ende der kommunistischen Regime 1989/90. 3.10.1990, Vollzug der Deutschen Einigung.
36) 1992-2005 **JÜRGEN JOACHIM TAEGERT** Geb. 17.8.1941 in Rosenheim. Stud. theol. in Heidelberg, Berlin, Erlangen. Vikar in Nürnberg u. München 1968. Pfr. in Haarbrücken 1972. Dek.-Jug.-Pfarrer in Nürnberg 1984. Pfr. in Röthenbach/P. 1988. Aufzug in **Gesees** 1992. – Seit Juni 2005 im Ruhestand in Kirchenpingarten/Frankenpfalz. Dort Verfasser zahlreicher kulturhistor. Schriften und Biographien (u.a. „Spurensuche Frankenpfalz", „Marterlwege Frankenpfalz", „Myrten für Dornen" = Orts- und Kirchengeschichte Weidenbergs; Neuausgabe „Geseeser Büchlein" I 2020, II 2021; Mitwirkung beim Geseeser Heimatbuch 2021)	**Renovierung** Kircheneinrichtung: Schalldeckel, Pfarrstuhl, Christus-Altar, Tauf-Engel, Wegrastkapelle, Marienfresken, Kirchenbeleuchtung. **Posaunenchor-Gründung** 1993 Sanierung unteres **Gemeindehaus EG** mit Neubau Kirchweg-Aufgang 1994 Sanierung und Umbau des **Kantorats** an der Kirche als Gemeindehaus, Umgriff Kirche u. Friedhof, 2003-04. „Passionsweg", „Offene Kirche".	Der vorausgesagte Zusammenbruch der Computer zur Milennium-Wende bleibt aus. 11. September 2001 („one-eleven"): Der absichtliche Crash von drei Passagierflugzeugen in den USA in das Wold-Trade-Center bzw. Pentagon durch islamische Attentäter läuter eine neue Qualität des weltweiten **Terrorismus** ein. 2002, 1.1. Einführung des **Euro** als Bargeld. Der Sieg der **neuen digitalen Welt** zeichnet sich auch für den Lebensalltag ab.
37) Seit 2005 **EKKEHARD DE FALLOIS**		Weiteres Vordringen der **digitalen Geräte und Anwendungen**: 2001 IPod, 2007

I. Pfarrstelle	Kirche u. Gmd.	Allgem. Geschi.
Geb. 31.01.2063 in Nürnberg. Stud. theol. in Erlangen und Heidelberg. Vikariat in Pegnitz. Pfr. in Pegnitz und Bayreuth. Dienstbeginn in **Gesees** 01.09.2005 mit Interimswohnung in Bayreuth wg. umfass. Pfarrhaussanierung, Einzug erst im März 2008. Kirchliche Trauung mit LISBETH DE FALLOIS am 01.07.2006, „Patchwork-Familie" mit 6 Kindern. Wie schon bei den Vorgängern SPERL, PFEIFER und TAEGERT: Intensive Mitarbeit der Pfarrfrau in verschiedenen Bereichen der Gemeindearbeit. Stellenreduzierung für Gesees um 0,25 % durch Landesstellenplan 2012. Seitdem übergangsweise Mitversehung der III. Pfarrstelle in Mistelgau mit Zuständigkeit für Seniorenheim Glashütten, Mistelgauer Hinterland und Tröberdorf. Vakanzvertretung in Haag. Zeltgottesdienste in Bocksrück. Anbahnung der Vereinigung der Gemeinden mit einer gemeinsamen Pfarrstelle.	Künstlerische Gestaltung der Pilgerkapelle 2007 und „Hand-Werk" 2009 durch HANNES NEUBAUER. Meditatives Abendgebet. MiniKinderKirche Verkauf des unteren **Gemeindehauses** an die Kommune 2012. Neubau **Krippe und Hort** durch Kommune 2013. Pflegefreie Grabanlagen 2015, Kronleuchter-Replik 2017. 2014-2015 Aufnahme von fünf Kirchenasylanten aus Irak, Syrien, Eritrea. Beschluss der Kirchenvorstände von **Gesees** und **Haag** zur Gründung einer gemeinsamen Pfarrei ab Mai 2020. Projekt Sanierung des **Glockenhäuschens** ab 2021 geplant. Planung der Feierlichkeiten der **Gemeinde Gesees** zum 700. Jubiläum der ersten urkundlichen Erwähnung von 1321-2021, Beteiligung beim „Heimatbuch" 2021.	IPhone; 2001 Wikipedia; Soziale Netzwerke: 2004 Facebook. 2005 YouTube, 2006 Twitter. 2005 Erste weibliche Bundeskanzlerin ANGELA MERKEL. 2005 „Wir sind Papst". 2006 „Sommermärchen" Fußball-WM. 2008 Weltfinanzkrise. 2009 Tod des Popkünstlers MICHAEL JACKSON. 2009 Schweinegrippe. 2011 Fukushima. 2015 **Migrationskrise** in Europa mit Flüchtlings-Diskussion. Weltweiter Streit um den **Klimawandel**: Erster Schulstreik der damals 15-jährigen Klimaschutzaktivistin GRETA THUNBERG seit 20. August 2018 mit täglichem Sit-in vor dem schwedischen Reichstagsgebäude in Stockholm, Schild mit Aufschrift „Skolstrejk för klimatet" („Schulstreik fürs Klima"), Fridays-for-future. 15. März 2019 erster weltweit organisierter Klimastreik mit fast 1,8 Mio. Menschen. 1.1.2020 Brexit. Dez. 2019, Wuhan-China, Ausbruch der Corona-Epidemie; seit Frühjahr 2020 weltweite **Corona-Krise**.

CPSIA information can be obtained
at www.ICGtesting.com
Printed in the USA
LVHW021404280520
656808LV00003B/210

9 783752 899030